# 바나나 산책시키기

HOW TO CONTROL THE UNCONTROLLABLE

**How to Control the Uncontrollable**

# 바나나 산책시키기

벤 알드리지 지음
김지연 옮김

헤다

헬렌과 올리에게

이 책을 바칩니다

prologue

# 인생이 180도 달라진 이야기

"명심하라. 우리가 통제할 수 없는 것을 중요하게 생각할수록 우리가 가진 통제력은 더욱 줄어든다."

— 에픽테토스 —

사는 동안 누구에게나 힘든 시기가 찾아온다. 탈출구는 없다. 살다 보면 언젠가는 역경을 마주하기 마련이다. 고통, 두려움, 슬픔, 지루함, 분노, 좌절, 불안 등, 이 모든 것이 인생의 일부다. 인간으로 산다는 것은 이 모든 감정을 떠안고 살아가야 한다는 뜻이다. 하지만 이 힘든 시기를 조금 더 수월하게 넘길 수 있는 방법은 없을까? 인생의 역경에 조금 더 탄력적으로 대처할 수 있는 방법은 없을까? 스토아 철학에 이 질문에 대한 답이 있다. 나는 시대를 초월한 지혜와 조언으로 가득한 이 고대 철학을 조금만 더 빨리 알았더라면 하는 아쉬움을 항상 느낀다. 그랬더라면 인생에서 가장 힘들었던 시간들을 그토록 힘겹게 지나오지 않아도 되었을 텐데 말이다.

몇 년 전부터 나는 심각한 신경쇠약과 불안 증상에 시달리기 시작했다. 특별한 계기는 없었다. 딱히 인생의 위기나 트라우마가 있었던 것도 아니다. 불안감은 어느 날 불쑥 찾아왔다. 아무런 예고도 없이 공황 발작이 나를 덮쳤다. 금방이라도 죽을 것 같았고, 머리가 '펑' 하고 터져 버릴 것 같았다. 엄청난 공포가 엄습했다. 아드레날린이 잠시도 멈추지 않고 끊임없이 분출된다고 상상해 보라. 이후 나는 항상 위험에 처해 있는 사람처럼 긴장과 불안을 안고 일상을 살아가야만 했다. 끊임없는 긴장 상태에 있다 보니 몸마저 점점 지쳐갔다. 잠을 잘 수가 없었다. 식사도 제대로 할 수 없었다. 나는 언제나 두려움에 휩싸여 있었다. 동네 공원을 산책하거나 버스를 타는 것 같은 단순한 일상생활조차 감당하기가 힘들어졌고, 결국 집 밖으로는 한 발자국도 나갈 수 없는 지경에 이르렀다.

여태껏 살아오면서 정신 건강에 대한 교육을 단 한 번도 제대로 받아본 적이 없었던 나는 이 모든 증상이 시작됐을 때 진심으로 '내가 곧 죽는구나.'라고 생각했다. 불치병에 걸린 줄만 알았고, 관 속에 들어갈 날이 머지않았다고 생각했다. 그 당시만 해도 인간의 정신력이 얼마나 강한지 전혀 알지 못했던 나는 이런 증상이 정신과적 문제일 것이라고는 상상조차 하지 못했다.

여기서 이토록 개인적이고 내밀한 경험담을 털어놓는 이유는 그 덕분에 스토아 철학을 접할 수 있었기 때문이다. 두려움과 공황 발작에 보다 잘 대처하고 내 상태를 보다 정확하게 파악하기 위해 나는 닥치는 대로 책을 읽기 시작했다. 당시 내게 독서란 일상적인 일이 아닌 생존이 달린 행위였다. 심리학부터 철학 그리고 자기 계발에 이르기까지 다양한 주제의 책들을 수도 없이 읽었다. 그사이 집은 도서관으로 변해 갔다.

그러던 어느 날 스토아주의를 접하게 되었다. 나는 깊은 울림을 주는 이 고대 그리스 철학에 순식간에 빠져들었다. 무엇보다 그 실용성이 마음에 들었다. 실생활에 쉽게 적용할 수 있는 스토아 철학은 2,000년이 넘는 세월을 건너뛰어 오늘날에도 완벽하게 유효한 사상이었다.

스토아 철학자들은 **정신력**resilience(시련과 고난을 이겨 내고 마음의 중심을 되찾을 수 있는 능력_옮긴이)에 관해선 그 누구보다 전문가였고, 정신력을 단련시키기 위해서라면 그 어떤 정신 나간 짓도 마다하지 않는 사람들이었다. 이런 점이 바로 내가 스토아주의에 입문하게 된 결정적인 이유였다. 스토아 철학자들은 미리 연습하면 미래에 닥쳐올 역경에 대비할 수 있다고 믿었다. 그야말로 내 마음에 쏙 드는 생각이었다! 스토아 철학자 카토가 자신의 마음가짐을 시험하고자 일부러 남들 보기에 낯부끄러운 옷을 입고 다녔다는 일화를 읽었을 때, 나는 스토아주의가 도대체 어떤 것인지 궁금해서 견딜 수가 없었다. 창피함을 자초하는 사람이 있다고? 내향적인 나로서는 상상만으로도 등줄기가 서늘해졌다.

하지만 공부를 하면 할수록 스토아주의를 더 알고 싶다는 열망은 계속 커져만 갔다. 스토아 철학자들은 정신력을 단련하고자 일부러 더위와 추위에 자신을 내던지거나, 딱딱한 바닥에서 잠을 청했다. 또한 끼니를 거르고 거친 옷을 입고 맨발로 다니며 몸소 '빈곤을 실천'했다. 이 모든 것은 스토아주의가 철학의 한 갈래라는 사실조차 잊게 할 만큼 나의 관심을 끌었다. 온갖 독특한 방법으로 정신력을 단련했던 스토아 철학자들의 매력에 나는 걷잡을 수 없이 빠져들었다.

## 나만의 도전 목록

스토아 철학에서 영감을 받은 나는 나만의 심리적 안전지대 comfort zone를 벗어나고자 개인적인 도전 목록을 작성하기 시작했다. 이처럼 본능을 거스른 채 불편함과 역경에 직면하면서부터 나와 내 인생은 송두리째 바뀌기 시작했다. 그

제야 나는 내가 누구인지 그리고 어떻게 하면 불안한 마음을 관리할 수 있는지 알게 되었다. 두려움이 엄습할 때 효과적으로 대처하는 방법을 배우고 나자, 나는 다시 나 자신을 믿을 수 있게 되었다.

나는 스토아주의를 바탕으로 다양한 도전 목록을 작성했고, 여러 측면에서 나 자신을 테스트했다. 그중에는 물리적인 도전도 있었고, 정신적인 도전도 있었으며, 심지어 기술적인 도전도 있었다. 공통점이 있다면 하나같이 벗어나기를 두려워했던 심리적 안전지대 밖으로 나를 밀어내는 것들이었다는 사실이다. 생애 처음으로 마라톤을 완주했고, 산에 올랐으며, 먼 거리를 걷는 일에도 성공했다. 틈만 나면 추위를 견디는 훈련도 했다. 날마다 찬물로 샤워를 했고, 강이나 바다에서 수영을 즐겼으며, 얼음물에 뛰어들었다. 루빅큐브를 1분 안에 푸는 법을 습득했고, 일본어와 종이접기도 배우기 시작했다. 한의사를 찾아가 침을 맞으며 침에 대한 공포를 극복했고, 딱딱한 바닥에서 잠을 잤으며, 일부러 우스꽝스러운 옷을 입기도 했다. 카드를 한 번씩만 보고 카드 덱 전체를 통째로 암기하는 법과 자물쇠 따는 법도 스스로 터득했다. 순전히 내 정신력을 단련하고자 길게 늘어선 줄을 보면 아무런 이유 없이 그 대열에 합류해 내 차례를 기다리기도 했다. 하지만 이 모든 것이 빙산의 일각에 불과했다. 정신력을 단련하는 방법은 그야말로 무궁무진했다.

도전과 역경을 자발적으로 찾아 나서기 시작하면서 내 인생은 180도 달라졌다. 나는 끊임없이 발전을 추구하는 삶을 살게 되었다. 그전까지는 결코 할 수 없다고 생각했던 일을 해낼 때마다 엄청난 자신감을 얻었다. 이게 바로 스토아 철학에 입문한 뒤로 내가 얻은 가장 중요한 깨달음이다. 《불편함을 편안하게 받아들이는 법: 강한 정신력을 기를 수 있는 이상하고 놀라운 43가지 방법How to Be Comfortable with Being Uncomfortable: 43 Weird and Wonderful Ways to Build a Strong Resilient Mindset》은 내가 지나온 이 여정을 기록한 책이다. 여기엔 개인적으로 정신력을 키우는 데 도움이 된 도전들에 대해 적어 놓았다. 물론 책 전반에 걸쳐 스토아주의를 언급하긴 했지만 본격적으로 다루지는 못했다.

스토아주의는 그 자체로 책 한 권을 쓸 수 있을 만큼 실용적인 사상으로 가득한 철학이다. 지금 당신의 손에 들린 이 책은 바로 그 결과물이다. 이 책은 내 인생을 바꾼 철학에 바치는 찬사이자, 스토아주의를 탐구하는 방법과 이 철학 사상이 어떻게 나를 도와주었는지 그 구체적인 내용을 공유할 수 있는 하나의 통로다.

처음 스토아주의를 접했을 당시 나는 심각한 불안 증상

에 시달리고 있었는데, 이를 완화하는 데 스토아 철학이 큰 도움이 되었다. 점차 불안을 통제할 수 있게 되자 스토아 철학은 내 삶의 다른 영역으로 확장되기 시작했다. 이제 나는 매일매일 스토아주의를 적용하고 실천한다. 모험적인 일을 할 때나 그렇지 않을 때나 스토아주의는 언제나 나와 함께 한다. 스토아 철학은 집 안에서나, 야생의 세계에서나, 장애물을 맞닥뜨릴 때나, 계획대로 일이 진행되지 않을 때나, 언제 어디서나 도움이 된다. 또한 분노와 두려움 같은 격한 감정을 다스리는 법과 어렵고 까다로운 사람들을 다루는 법도 가르쳐 준다. 첫아들 올리를 출산할 당시 난산과 조산이 겹쳐 긴박하고 힘든 상황 속에서도 스토아 철학은 내게 크나큰 도움이 되었다. 이처럼 인생의 여러 측면에서 나는 스토아 철학의 도움을 받았다.

이 책에 기술된 모든 내용은 내가 스스로 깨우치고 실생활에서 직접 실천한 것들이다. 이 책에서 다룬 스토아 철학은 하나같이 내 인생에 크나큰 영향을 미친 것들이다. 나의 목표는 이 책을 읽는 이들이 이 유용한 철학 사상을 실천하도록 만드는 것이다.

지금쯤 다들 눈치챘겠지만 나는 스토아주의를 전공한 철학자가 아니다. 그저 스토아 철학에 관한 지식을 직접 실생활에 적용해 보면서 느낀 유용함을 여러 사람과 나누고 싶었을 뿐이다. 따라서 이 책은 스토아주의라는 고대 철학 사상에 대한 학문적 분석이 아니라 실천서에 가깝다.

스토아 철학을 가능한 한 명확하게 표현하고자 최선을 다했지만, 혹시라도 오류가 있다면 스토아주의가 틀린 것이 아니라 내가 틀린 것이다. 그러니 부디 너그러운 마음으로 용서해 주시길 바란다(나는 한낱 인간일 뿐이다). 철학이라는 학문의 특성상 '아' 다르고 '어' 다른 부분이 있는 관계로 철학자들 사이에서도 오늘날까지 치열한 논쟁거리를 양산하는 쟁점들이 많이 있다. 나는 철학을 전공한 학자는 아니기 때문에 혹시라도 의도치 않게 잘못 기술한 부분이 있다면 스토아 철학자처럼 너그러이 눈감아 주시리라 믿는다. 이에 대해 미리 감사 인사를 드린다.

## 정원에서 마라톤을 뛰다!

첫 번째 책 집필을 막 끝냈을 무렵만 해도 그 안에 담긴 내용과 철학이 그토록 빨리 유용해질 줄은 꿈에도 몰랐다. 그 발단은 2020년 초 전 세계를 강타한 코로나19 바이러스였다.

팬데믹 초기에는 모두가 공포에 휩싸였다. 미지에 대한

두려움은 상황을 악화시켰다. 코로나19 바이러스의 실체조차 완전히 파악하지 못한 상태라 어떤 미래가 펼쳐질지 아무도 예상할 수 없었다. 그러던 중 첫 번째 봉쇄 조치가 시행되자 공포감은 최고조에 이르렀다. 어느 순간 사람들은 생필품을 사재기하기 위해 마트로 달려갔고, 화장지 하나를 놓고 싸우기 시작했다. 그렇게 세상은 미쳐 돌아가는 것처럼 보였다. 그처럼 부조리한 상황을 조금이나마 견딜 수 있게 해 준 것은 인터넷에서 무수히 떠돌던 잘 만들어진 밈(사진이나 짧은 영상 등의 형태로 인터넷이나 소셜 미디어에서 유행하는 창작물을 통칭하는 말_옮긴이)이었다(아, 세상이 불타고 멸망의 소용돌이에 휩싸일지라도 누군가는 끝까지 유머 감각을 잃지 않고 우리를 웃게 만들어 줄 것이다. 내가 인류를 사랑하고 높이 사는 이유는 바로 이런 정신 때문이다).

이 무렵 나는 스토아 철학에 심취해 있었다. 세상의 종말이 임박한 것 같은 상황에서도 스토아 철학은 내게 크나큰 도움이 되었다. 이 사상은 주변 상황을 객관적으로 바라볼 수 있게 해 주었고, 집중해야 할 것이 무엇인지 분별할 수 있게 해 주었다. 스토아 철학을 깊이 탐구하며 시간을 보내다 보니 마음의 평화가 저절로 찾아왔다.

내 첫 번째 저서 《불편함을 편안하게 받아들이는 법》이 출간됐을 당시 영국에서는 첫 번째 봉쇄 조치가 시행되고 있었다. 모든 가게가 문을 닫고, 많은 사람들이 해고를 당하고, 문을 연 서점이 단 한 군데도 없는 상황에서 내 책이 세상에 나왔다는 건 아무리 생각해도 기적 같다. 비록 혼란의 소용돌이 속에서 세상의 빛을 보게 되었지만, 한편으론 정신력을 주제로 다룬 책이 출간되기에 이보다 더 적절한 시기는 없지 않았을까 싶기도 하다.

반응은 좋았다. 정말 많은 독자들이 개인적인 경험담을 나누거나 질문하기 위해 내게 연락을 해 왔다. 출간되기까지 장애물이 많았지만 정말로 꼭 필요한 시기에 책이 나온 것 같아 무척 기뻤다.

첫 번째 책이 출간됐을 무렵 나는 어차피 봉쇄 조치로 집 안에 갇혀 있는 상황이었기에 스토아주의에서 받은 영감을 바탕으로 통제력을 기를 수 있는 다양한 도전 목록을 작성했다. 나중에 더 자세히 다루겠지만, 스토아 철학자들은 사건이 발생했을 때 사건 자체가 아니라 자신이 보이는 반응에 집중하라고 말한다. 그러면 상황에 대한 통제권을 되찾을 수 있다고 말이다. 물론 봉쇄 기간 동안 수많은 제약이 있었지만 그렇다고 도전할 기회조차 없는 것은 아니었다. 나는 이러한 제약에 나 자신이 어떻게 반응하는지 주의 깊게 관찰하면서 어려운 상황에서도 최선의 결과를 이끌어 내기 위해 노력했다.

우선, 봉쇄 조치를 탓하며 손 놓고 있는 대신 집 안에서 모험을 감행하기로 결심했다. 평소 등산을 즐겼던 나는 산에 갈 수 없다면 산을 집으로 옮겨 오자고 생각했다. 그래서 에베레스트산을 등반하는 것만큼 집에 있는 계단을 오르락내리락하기로 했다. 나도 안다, 이게 얼마나 황당무계한 도전인지!

에베레스트산의 높이가 8,848m니까 계산해 보면 계단을 2,137번 오르락내리락해야 한다는 결과가 나왔다. 이 도전을 완수하기까지는 당연히 꽤 오랜 시간이 걸렸다. 일정한 속도를 유지했지만 등반을 완료하기까지는 총 21시간이 걸렸다. 날수로 치면 8일이 걸렸는데, 그동안 소모한 칼로리도 엄청났다. 맞다, 정말 희한한 등반이었다.

이 등반의 백미는 소셜 미디어를 통해 이루어진 소통이었다. 나는 사람들의 뛰어난 공동체 의식 덕분에 '가상 등반 대원'을 모집할 수 있었는데, 심지어 에베레스트산 등반 회사로부터 셰르파를 지원해 주겠다는 제안을 받기도 했다!

에베레스트산 등반이 끝나고 몇 주가 지났다. 봉쇄 기간 동안 계속해서 도전을 이어 나가기 위해 이번에는 정원에서 마라톤을 해 보기로 했다. 계산기를 두드려 보니 4,802바퀴를 돌아야 한다는 결론이 나왔다. 또 다른 황당무계한 도전이 시작된 것이었다.

마라톤을 완주하는 데는 생각보다 오랜 시간이 걸렸다(정원이 작아 멈추었다 뛰기를 반복해야 했던 탓이다). 이웃 주민들은 아마 내가 미쳤다고 생각했을 것이다. 하지만 이웃집 아이들은 다정하게도 응원 팻말을 만들어 우리 집 울타리에 걸어 두었다.

계단으로 에베레스트산을 등반하고, 정원에서 마라톤을 뛰는 나를 두고 많은 사람들이 제정신이 아니라며 입방아를 찧어 댔다. 하지만 나는 전혀 개의치 않았다. 둘 다 내 평생 가장 기억에 남는 경험이 되었으니 말이다. 모든 것은 상황을 어떻게 바라보느냐에 달려 있다. 이제 나는 영국이 첫 봉쇄 조치에 돌입했던 그 시기를 돌이킬 때마다 특별한 추억을 떠올릴 수 있게 되었다. 그 시간 동안 나는 힘든 상황 속에서도 어떻게 최선의 결과를 이끌어 낼 수 있는지를 배웠다.

물론 스토아 철학자들이 계단으로 에베레스트산을 등반하거나 정원에서 마라톤을 뛰었던 것은 아니다. 이건 그저 내가 스토아 철학을 공부하면서 떠오른 영감 때문에 감행한 일들이었다. 스토아 철학이 당신을 어디로 이끌고 갈지는 결코 알 수 없다. 다만 집 안에 있는 계단 꼭대기보다는 더 먼 곳으로 독자 여러분을 데려가 주길 바랄 뿐이다!

## 안티 버킷 리스트

첫 번째 저서에서 언급한 '안티 버킷 리스트anti-bucket list'라는 개념에 대해 공감하는 이가 많았다. 나는 강연을 하거나 팟캐스트에 출연하거나 인터뷰를 할 때 이 개념을 단골 소재로 사용하곤 한다. 내겐 스토아 철학에서 직접적으로 영감을 받아 창안한 이 개념을 통해 철학에 기여하고 싶은 소망이 있다. 초심을 잃어 가고 있긴 하지만, 어쨌거나 내가 가장 이루고 싶은 꿈이다.

안티 버킷 리스트는 버킷 리스트의 반대말이다. 버킷 리스트란 죽기 전에 하고 싶은 일을 적어 내려간 목록으로, '죽다'의 관용적 표현인 '양동이를 걷어차다kick the bucket'에서 유래한 단어다. 버킷 리스트는 오로라 보기, 책 쓰기, 라스베이거스 여행하기, 다른 나라 언어 배우기 등등 사람마다 다르다. 안티 버킷 리스트는 그 반대다. 인생에서 무슨 수를 써서라도 피하고 싶은 일, 당신을 두려움에 떨게 하고 불편하게 만드는 일들의 목록을 뜻한다. 예를 들면 헌혈하기, 맨손에 거미 올려놓기, 깊은 물에서 수영하기 등과 같은 일들이다. 버킷 리스트와 마찬가지로 안티 버킷 리스트도 사람마다 다를 것이다.

어른이 되고 나면 두렵고 불편한 일을 피하는 것이 그리 어렵지 않다. 안 하고 살면 그만이다. 가령 개 공포증, 치과 공포증, 고소 공포증이 있다면 이러한 상황을 피하는 쪽으로 삶을 제한할 수 있다. 문제는 그렇게 해도 두려움에서 완전히 벗어나긴 어렵다는 것이다. 우리는 인간이기에 누구나 두려움을 느낄 수밖에 없다. 이는 지극히 정상이다. 다만 두려움을 받아들이고 함께 살아가는 법을 배워야 한다.

안티 버킷 리스트는 이러한 두려움을 적극적으로 활용하는 것이다. 전혀 어울리지 않는 목적어와 동사를 연결해 놓은 것처럼 보이지만, 두려움에 직면하는 것은 인간으로서 성장할 수 있는 놀라운 방법이다. 또한 스토아주의에 완벽하게 부합하는 일이기도 하다.

극도의 불안감에 시달리던 시절, 내 안티 버킷 리스트는 끝이 없었다. 대부분의 사람들에겐 너무나 사소해서 고려할 거리조차 되지 않을 일들이 리스트에 들어가 있었다. 당시 내겐 버스를 타거나 고속도로를 운전하는 것과 같은 단순한 일상생활조차 큰 부담이었다. 시간이 흐른 후 나는 안티 버킷 리스트에 있는 것들을 열심히 지워 나가기 시작했다. 그러자 내 자신감도 함께 회복되기 시작했다. 나는 서두르지 않고 나의 한계를 하나둘 깨 나갔다. 바늘 공포증을 극복하기 위해 한의사를 찾아가 침을 맞기도 했다(첫 침 치료는 지금까지도 아주 강렬한 기억으로 남아 있다). 집 안에 있는 거미를 찾아 맨손으로 잡기도 했다. 큰 거미 말고 집 안에 서식하는 작은 거미들 말이다. 어쨌거나 이러한 도전은 내 삶에 큰 영향을 미쳤고, 내 사고방식에도 큰 변화가 일어났다. 나는 여전히 두려움을 안은 채 살아가고 있고, 내 안티 버킷 리스트에는 아직도 많은 것들이 남아 있다. 하지만 여전히 하나둘 극복해 나가며 삶의 주도권을 잃지 않으려 노력 중이다.

오늘날 행해지고 있는 심리 치료 중엔 환자가 공포증을 극복하도록 돕는 '노출 요법exposure therapy'이란 게 있다. 두려움을 일으키는 대상에 환자를 노출시켜 점차 둔감해지게 만드는 방법이다. 안티 버킷 리스트도 이와 비슷한 원리다. 극복할 수 있는 두려움은 성장할 수 있는 기회가 된다. 이 책의 뒷부분에서 다시 다루겠지만, 지금부터 마음속으로 당신의 안티 버킷 리스트를 작성해 보라.

봉쇄 조치 때 실행에 옮겼던 도전 목록과 마찬가지로 안티 버킷 리스트 또한 스토아 철학에 대한 근본적인 이해를 바탕으로 탄생했다. 바로 이것이 사물을 보는 새로운 방식에 우리 자신을 노출시킬 때 얻을 수 있는 이점이다. 새로운 사고방식을 받아들이면 또 다른 관점으로 나아가는 디딤돌을 얻을 수 있다. 누구나 스토아 철학을 탐독하고 나면 자신에게 필요한 요소를 추출해 삶에 적용할 수 있으리라 확신한다. 스토아 철학으로 당신의 삶이 변화될 상상을 하니 벌써 기분이 좋다.

여기까지가 내가 스토아 철학에 입문하게 된 계기와 이 고대 사상으로 나 자신을 시험해 보았던 이야기다. 이 과정에서 많은 것을 배운 나는 앞으로도 자기 계발을 위한 도구로써 스토아주의를 계속 이용할 생각이다. 그럼, 이제 스토아주의라는 철학에 관해 본격적인 이야기를 시작해 보자.

## 이 책을 활용하는 법

이 책은 단지 읽는 데서 그치지 않고 반드시 실천으로 옮겨야 한다. 본질적으로 이 책의 목표는 다음과 같다.

- **스토아주의가 무엇인지 명확하게 이해시킨다.**
- **스토아주의를 실생활에서 실천할 수 있는 여러 가지 방법을**

**공유한다.**

이 책은 크게 세 부분으로 나뉜다.

1부 '스토아주의 사용 설명서'에서는 스토아학파의 핵심 사상과 역사를 간략히 소개한다. 걱정하지 않아도 된다. 이 책은 무미건조한 학술서가 아니다. 그저 맥락을 이해할 수 있을 정도로 기본적인 배경지식만 다루고 넘어갈 것이다.

2부 '인생을 뒤바꿀 10가지 방법'은 이 책의 핵심이다. 여기서는 스토아주의에 입각해 인생을 뒤바꿀 수 있는 10가지 방법을 소개한다. 독자 여러분이 즐겁게 연습하거나 도전할 수 있을 만한 과제들도 제시할 것이다.

3부 '스토아주의 실천하기'에서는 기간이나 난이도가 제각각인 연습 과제들을 통해 스토아주의적인 아이디어들을 통합하는 몇 가지 흥미로운 방법을 소개한다. 스토아적인 삶의 여정에 도움이 될 만한 자료들도 함께 소개할 것이다.

이 책을 활용할 때 가장 중요한 것은 스토아 철학을 일상에서 실천해 보는 것이다. 외출할 때도 활용해 보길 권한다. 항상 스토아 철학을 가까이하면서 어떤 개념이 당신에게 적합한지 알아보라. 그리고 긍정적인 사고방식으로 어려움을 정면 돌파하고 불편함을 감수하려 노력해 보라.

가장 유명한 스토아 철학자 가운데 한 사람인 에픽테토스가 남긴 다음 명언은 스토아 철학을 아는 데서 그치지 않고 일상생활에서 실천하는 것이 얼마나 중요한지를 되새기게 해 준다.

**"교실에서 제아무리 뛰어난 학생일지라도**
**막상 실전에 나가면 인정사정없이 깨지기 마련이다."**

이 명언의 주체가 당신이 되지 않도록 하라. 이 책을 읽기만 하고 실천하지 않으면 아무 소용이 없다. 분명 에픽테토스가 실망할 것이다.

스토아주의에서는 이 모든 것을 아우르는 말로 '**아스케시스**askêsis'라는 단어를 사용한다. 아스케시스란 본질적으로 '훈련'을 의미한다. 이를테면, 말로만 떠들지 않고 벌떡 일어나 산책을 나가는 걸 가리킨다. 이는 스토아 철학에서 특별히 강조하는 부분이다. 실천이야말로 스토아주의를 스토아주의답게 만들어 준다. 실천하지 않는 철학은 그저 단어를 나열하는 것과 다르지 않다.

실천과 더불어 성찰하고 메모하는 습관을 들이면 더욱 큰 효과를 볼 수 있다. 이 책을 읽을 때 메모장이나 일기장을 옆에 두고 새롭게 발견한 내용을 기록해 보자. 메모광이었던 스토아 철학자들처럼 이 책에 나오는 원리들을 정리하고 짧게 메모하면서 읽길 권한다. 메모는 큰 시간을 들이지 않고도 스토아 철학의 개념을 어떻게 삶에 접목할지 생각해 보는 계기를 제공할 것이다. 굳이 종이가 아니어도 된다. 휴대폰에도 얼마든지 메모할 수 있으니 변명은 통하지 않는다.

지금부터 이야기할 내용들이 당신의 삶에 지식과 통찰력을 가져다주길 진심으로 바란다. 스토아학파의 철학자들이야말로 진정 위대한 사상가들이었으며, 혼란스러운 인생에 멋지게 대처하는 방법을 누구보다 잘 아는 사람들이었다.

# 차례

## PART 02 인생을 뒤바꿀 10가지 방법

## PART 03 스토아주의 실천하기

# 스토아주의
# 사용 설명서

PART 01

이 책을 통해 스토아주의에 입문하게 된 것을 환영한다. 1부에서는 스토아 철학의 개요를 살펴보고자 한다. 스토아주의란 무엇이고 어디서 왔는지 간략히 설명할 것이다. 1부를 읽고 나면 당신은 이 책의 핵심인 뒷부분, 즉 인생을 뒤바꿀 10가지 방법과 실천 방안으로 넘어갈 준비가 완벽하게 끝날 것이다.

참고로 이 책의 말미에는 스토아 철학에서 다루는 주요 개념과 용어를 요약해 둔 '스토아주의 커닝 페이퍼'가 첨부되어 있다. 책을 읽다가 중간중간 뜻이 잘 생각나지 않는 용어가 있을 때 이를 참고하면 된다.

• 01 •

# 스토아주의란 대체 뭘까?

자, 그럼 이제 본격적으로 시작해 보자. 스토아주의란 무엇인가?

스토아주의는 고대 그리스 철학으로, 사람들이 더 나은 삶을 살 수 있도록 돕는 걸 목표로 한다. 스토아 철학에는 여러 가지 위대한 사상이 담겨 있지만 '잘 사는 법'을 가르치는 일을 가장 중요하게 생각한다. 인간으로서 주어진 삶을 최대한 잘 살아 내는 것, 행복하게 사는 것, 눈앞에 닥친 문제를 해결할 수 있는 능력을 갖추는 것, 언제 닥쳐올지 모르는 인생의 파고를 헤쳐 나갈 수 있는 마음가짐을 갖추는 것. 이것이 바로 스토아 철학의 궁극적인 목표다.

스토아 철학자들은 이런 마음가짐을 가리켜 '**에우다이모니아**eudaimonia'라고 불렀다. 유럽에서 새로이 유행하는 테크노 음악의 이름처럼 들리지만, 그렇진 않다. 에우다이모니아는 본질적으로 '행복'을 의미한다. 물론 아주 정확한 번역이라고 할 수는 없다. 어쩌면 '평온equanimity'이라는 단어에 더 가까울지도 모르겠다. 이를테면 균형을 찾는 것 혹은 '웰빙well-being'으로 나아가는 것과 비슷하다. 삶이 아무리 힘들어도 마음의 평정을 유지할 수 있는 능력이라고 봐도 무방하다. 에우다이모니아는 스토아 철학의 기초다. 이 책에 담긴 모든 내용이 이 한 단어로 귀결된다. 모든 길은 (관점에 따라) 결국엔 행복/균형/평온으로 통한다.

스토아 철학자들은 이러한 마음가짐을 통해 더 나은 삶을 사는 방법을 다양하게 제시하고 있는데, 그러기 위해선 무엇보다 선과 덕을 갖춘 인격을 함양해 나가는 게 좋다고 권한다. 지나치게 고상하고 원대하게 들릴 수 있지만, 사실이 '덕virtue'이라는 개념을 빼놓고 스토아주의를 논하기란 불가능하다. 스토아 철학자들은 인격이 당신의 전부이며, 당신이 어떤 사람인지를 알려 주는 가장 중요한 척도라고 생각했다. 덕 있는 삶을 산다는 것은 윤리적 규범에 따라 산다는 것을 의미한다. 스토아 철학자들은 이 윤리적 규범에 대해 고민하고 또 고민했다. 이들에게 윤리는 너무나도 중요했다. 이렇게 스토아 철학에서는 윤리가 매우 커다란 부분을 차지하기에, 어떻게 행동하는지를 보면 그 사람이 얼마나 철학적인지 알 수 있다고 생각했다. 인생에서 어떠한 역경을 마주하든지 간에 그에 대처하는 법에는 철학적인 방법과 비철학적인 방법이 있다. 다시 말해, 도덕적으로 높은 길과 낮은 길이 있다. 예를 들면 건널목에 서 있는 쇠약한 노인이 무사히 길을 건널 수 있도록 도와주는 사람이 될 수도 있고, 광기 어린 웃음을 지으며 노인의 손에 들린 식료품을 훔쳐 달아나는 사람이 될 수도 있는 것이다.

덕 있는 인격을 기른다고 하면 꽤 거창하게 들릴 수 있지만, 본질적으로는 자기 성찰의 과정일 뿐이다. 스토아 철학자들은 삶의 매 순간마다 지금 이 모습이 자기 자신에게서 이끌어 낼 수 있는 최선인지 자문하곤 했다. 스토아 철학에는 이러한 개념을 가리키는 용어가 있는데, 바로 '**아레테** aretê'다. 아레테는 어떤 상황을 마주하든 자신에게서 이끌어 낼 수 있는 최선의 모습으로 살아가는 것을 말한다. 물론 불가능한 일이다. 우리는 모두 한낱 인간일 뿐이므로 언제든 잘못을 저지르고 실수를 한다. 하지만 중요한 건 이 모든 게 끝이 아니라 과정이기에, 자신에게서 최선의 모습을 이끌어 내려는 노력을 끊임없이 이어 나가는 것이다. 간단히 말해, 분별력을 길러 인간다운 인간이 되어야 하는 것이다 (혹은 그렇게 되고자 항상 노력하는 것이다).

스토아 철학자들은 선한 인격을 갖추면 행복하고 균형 잡힌 삶을 살 수 있다고 믿었다. 어려운 말로 포장하면, 덕과 아레테를 갖추면 에우다이모니아를 이룰 수 있다고 믿었다.

나는 스토아주의가 행복에 대한 책임은 우리 손에 달려 있다고 이야기하는 점이 마음에 든다. 우리는 우리 손으로 직접 행복을 일구어 나갈 수 있다. 외부적인 조건이 충족되어야 행복해질 수 있는 것이 아니란 말이다. 우리가 행복하지 않다면 그건 순전히 우리 탓이다. 결코 다른 누구의 탓도 아니다. 이처럼 개인의 책임을 강조한다는 점에서 스토아 철학은 불교와도 맞닿아 있다. 불교에선 행복이 내면에서 온다고 가르친다. 스토아주의도 마찬가지다. 행복은 외부에서 오는 것이 아니라 내면에서 온다. 행복은 람보르기니나 자동으로 물이 내려가는 황금 변기를 가지고 있는 것과는 무관하다. 행복은 내면에서 어떤 감정을 느끼는지, 세상을 어떻게 인식하는지에 달려 있다.

그렇다면 선한 인격을 갖추기 위해선 어떻게 해야 할까? 그리고 덕 있는 존재로 산다는 것은 정확히 무슨 의미

일까? 스토아 철학자들은 '기본 덕목The Cardinal Virtues'이라 부르는 것을 삶의 지침으로 삼았는데, 이 기본 덕목이 바로 '선한' 인간이 되기 위한 기준이라 볼 수 있다.

## 행복한 삶을 위한 4가지 기본 덕목

이 기본 덕목은 어느 날 갑자기 하늘에서 뚝 떨어진 게 아니다. 이를 확립한 건 고대 그리스의 철학자 플라톤인데, 스토아학파는 플라톤이 옳다고 판단을 내렸다. 이 판단을 근거로 스토아학파에서는 4가지 기본 덕목을 자신들의 사상의 근간으로 삼기로 결정했다.

스토아 철학에서 '덕'을 이야기할 때 가장 중요하게 고려하는 것이 바로 이 기본 덕목이다. 스토아 철학자들은 인생을 살면서 지혜, 정의, 용기, 절제라는 4가지 덕목을 갖추려 노력해야 한다고 생각했다.

### 1. 지혜

지혜(분별력prudence이라고도 한다)는 우리를 둘러싼 세상을 이해하고, 이러한 이해를 바탕으로 올바른 결정을 내리는 능력이다. 살면서 통제할 수 있는 것과 없는 것을 구별하는 능력 또한 포함된다(이 부분은 나중에 더 자세히 다룰 것이다).

스토아 철학에서 말하는 지혜란 다음과 같다.

- **지혜롭고 합리적인 결정을 내릴 수 있는 능력이다.**
- **날씨에 대해 불평해 보았자 날씨가 바뀌진 않는다는 사실을 아는 것이다.**
- **인생에서 마주치는 수많은 문제에 대한 최선의 해결책을 철학에서 찾을 수 있다는 걸 아는 것이다.**

스토아학파는 지혜를 얻으면 인생에서 어떤 역경을 마주해도 이겨 낼 수 있다고 말한다. 스토아학파는 철학이 이러한 지혜의 가장 큰 원천이라고 믿었기에, 철학을 연구하는 데 시간을 투자하는 것은 너무나도 당연한 일이었다. 나 또한 이 말이 사실임을 확인했다. 인생에서 유독 어두운 시기가 닥쳐왔을 때 철학은 내게 크나큰 도움이 되었다(철학은 그 단어 자체가 '지혜에 대한 사랑'을 의미한다는 면에서 스토아학파에서 이야기하는 4가지 기본 덕목과도 맞닿아 있다).

## 2. 정의

덕목으로서 정의란 공정하고 품위 있는 인간이 되는 것이다. 말 그대로다. 정의란 상대방이 아무리 짜증 나게 굴더라도 친절하게 대응하는 능력이다. 더 나은 인류가 되고자 개인적 책임을 다하는 것이라고도 할 수 있다. 다음과 같은 것들이 바로 정의다.

- **누군가 우리에게 무례하게 굴어도 흥분하며 목소리를 높이지 않는 것이다.**
- **다른 사람을 친절하고 공평하게 대하는 것이다.**
- **세상을 더 나은 곳으로 만들고자 열망하는 것이다.**

정의란 평등과 공정에 관한 것이다. 오늘날과 마찬가지로 2천 년 전에도 정의는 여전히 중요한 덕목이었다. 우리는 모두 개별적인 존재이지만 크게 보면 인류를 구성하는 일부이기에, 개개인이 인류 전체에 영향을 미칠 수 있다고 스토아 철학자들은 말한다. 여기에 대해서는 뒤에 나오는 원리 부분에서 더 자세히 다루려고 한다.

### 3. 용기

용기는 고난을 견디고 역경을 효과적으로 극복해 내는 능력이다. 두려움을 정면으로 마주하고, 삶이 우리에게 던지는 변화구에 맞서 용기 있게 인생을 살아 내는 힘은 결국 인격에서 나온다. 스토아 철학에서는 용기라는 덕목을 가리킬 때 정신력을 강조하는 단어인 'fortitude(불굴의 정신)' 대신에 행동을 강조하는 단어 'courage(배짱)'를 쓰기도 한다. 이를 '정신력'으로 대체해도 의미상으로는 완벽하게 들어맞는다. 기본 덕목으로서 용기란 다음과 같다.

- **어려움을 이겨 내고 우리 앞에 놓인 역경에 맞서는 능력이다.**
- **(5초마다 불평을 늘어놓는 대신) 불편함을 우아하게 감내하는 능력이다.**
- **아무리 힘든 상황에서도 끝까지 신념을 지켜 낼 수 있는 능력이다.**

용기는 집념과 인내와 정신력으로 대표되는 덕목이다. 나는 이 용기라는 덕목을 생각할 때마다 북극이라는 혹독한 환경에서도 한 걸음 한 걸음 앞으로 나아가고 있는 누군가를 떠올린다. 하지만 실제로 그렇게까지 극단적일 필요는 없다. 용기를 기르기 위해 북극이나 남극으로 탐험을 떠날 수는 없는 노릇이다. 그저 길게 늘어선 줄을 인내심을 가지고 기다리는 것만으로도 충분하다. 불편함을 감수하거나 개인적으로 고집해 오던 심리적 안전지대 밖으로 한 걸음 걸어 나오는 것만으로도 충분하다.

### 4. 절제

절제는 자기 통제력이다. 규율을 지키거나 어렵고 힘든 상황을 견디는 능력으로 해석하기도 한다. 그 자체로 자명해서 긴 설명이 필요하지 않은 덕목이다. 절제란 다음과 같다.

- **거절할 수 있는 능력이다.**
- **규율을 지키고, 목표를 이루고자 헌신할 수 있는 능력이다.**
- **사흘 연속으로 피자를 배달시켜 먹지 않을 수 있는 능력이다.**

이 덕목은 감정을 다스리는 방법과 밀접하게 연관되어 있다. 어떤 일이 일어나더라도 마음을 통제할 수 있는 능력이라고 생각하면 된다. 나중에 격한 감정을 다스리는 방법을 살펴볼 텐데, 그때 당신의 절제력을 시험해 볼 수 있을 것이다.

이 4가지 기본 덕목은 번역하기가 조금 까다로운 그리스어에서 유래했다. 원어를 번역하는 과정에서 미묘한 의미들이 손실되었을 수도 있다. 이는 학자들 사이에서도 종종 논쟁이 되는 부분이지만, 독자 여러분이 핵심을 이해했다면 나는 그걸로 만족한다.

스토아 철학자들은 이 기본 덕목을 윤리적 원리로 삼고 살아간다면 에우다이모니아(행복/평온/균형/번영/웰빙)에 이를 수 있다고 믿었다. 이 4가지 기본 덕목을 추구하며 살다 보면 선한 사람이 될 수 있을 뿐만 아니라 더 나은 삶을 살 수 있게 된다. 그러니 이제부터 이 4가지 덕목을 마음에 새기고 책장을 넘기길 바란다. 스토아학파가 훌륭한 인격을 갖추는 게 중요하다는 걸 깨닫게 된 과정에 대해 생각해 보자. 그리고 인생을 살면서 이 4가지 덕목을 최대한 자주 떠올리고 실천하려고 노력해 보자.

## 내 머릿속 사자 한 마리

여기서 잠시 기본 덕목을 쉽게 외울 수 있는 요령을 공유하려고 한다.

물을 한 모금 마시면서 책을 읽고 있는 사자 한 마리를 상상해 보자. 갑자기 그 사자가 벌떡 일어나더니 판사 가발을 쓰고 법정으로 들어간다. 여기까지 잘 따라왔는가? 조금 이상하다는 거, 나도 안다. 그러나 이상하고 강력한 이미지일수록 암기에는 더욱 효과적이다.

사자는 4가지 기본 덕목 가운데 '용기'를 상징한다. 여기까지는 기억하기 쉽다. 사자는 강하고 용감하고 두려움을 모르는 동물이니 말이다. 책은 '지혜'를 상징한다. 책은 지혜의 원천이기 때문이다. 물은 '절제'를 상징한다. 조금 억지스러울 수도 있지만 사자가 카페인 음료를 끊고 물만 마신다고 상상해 보라. 오로지 물만 말이다. 이 사자는 믿기 어려울 정도로 자기 입에 들어가는 것에 대해 강한 자제력을 갖고 있다. 따라서 물은 자기 통제력 또는 절제를 상징한다. 잘 따라오고 있는가? 마지막으로, 이미 짐작했겠지만 판사 가발과 법정은 '정의'를 상징한다.

다소 억지스럽게 느껴질 수 있지만, 4가지 기본 덕목을 처음 접한 사람은 잊어버리기 쉽다. 이 방법은 매우 간단해서 계속해서 사용하다 보면 나중엔 굳이 사자를 떠올리지 않아도 이 덕목들을 쉽게 기억할 수 있게 된다. 이 기억법이 빠르고 효과적이긴 하지만, 가발을 쓰고 자기 절제를 실천하는 사자 이미지가 불편하다면 얼마든지 다른 걸로 바꿔도 좋다.

## 통제할 수 없는 것을 통제하는 법

통제력에 접근하는 스토아학파의 방식은 내 인생에 크나큰 도움이 되었다. 내가 '통제할 수 없는 것을 통제하는 법'에 대해 이야기하려는 것도 모두 이 때문이다.

스토아학파는 외부 사건, 즉 우리 인생에서 벌어지는 일 대부분은 우리가 통제할 수 없다고 생각했다. 인생은 불확실하기에 우리가 그 결과를 좌지우지하기란 불가능하다. 그러나 스토아 철학자들은 외부 사건에 어떻게 반응할 것인지는 우리 스스로 결정할 수 있다고 생각했다. 결국 우리는 나의 통제력과 상관없이 벌어지는 일들에 어떻게 대응할 것이냐에 집중함으로써 인생의 주도권을 어느 정도 되찾을 수 있는 것이다.

그렇다면 실제로 통제할 수 없는 것을 통제하는 일이 가능할까? 가능하다면 그 방법은 무엇일까?

사실 통제할 수 없는 것을 직접적으로 통제하기란 불가능하다. 날씨를 예로 들어 보자. 인간이 비를 내리게 할 수는 없다(하늘을 향해 막대기를 휘두르며 기우제를 지낼 수는 있지만 실제로 비를 내리게 할 수는 없다). 반대로 비를 그치게 할 수도 없다. 하지만 비가 오는 날에는 우산을 쓸 수 있고, 비가 오지 않는 날엔 화분에 물을 줄 수 있다. 날씨를 통제할 수는 없지만 적절한 행동으로 대응할 수는 있다. 통제할 수 있는 범위 밖에서 일어난 사건을 마주할 때 어떤 행동을 할 것이냐는 전적으로 우리가 선택할 수 있다는 이야기다.

통제할 수 없는 사건을 실제로 통제할 수는 없다. 그러나 그다음에 어떻게 행동할지는 분명 내가 통제할 수 있다. 이것이 바로 통제할 수 없는 것을 통제하는 방법이다. 본질적으로는 인생을 경영하는 전략이라고도 할 수 있다. 비가 내리면 우산을 챙겨 나가고, 인생에 혼란이 닥치면 합리적으로 사고하고, 문제가 발생하면 다음 단계에 집중해 해결책을 찾아내는 것이다.

스토아 철학자 에픽테토스는 이 모든 것을 한 문장으로 간결하게 정리했다.

**"중요한 것은 당신에게 무슨 일이 일어나는지가 아니라,**
**당신이 그 일에 어떻게 대응하느냐다."**

이미 일어난 일은 제쳐 두고 어떻게 대응할지에 집중하자고 마음먹을 때 삶의 주도권을 되찾을 수 있다. 아무리 끔찍한 일이 일어나도 그다음에 어디로 나아갈지 그리고 어떻게 대처할지는 우리 손에 달려 있다. 모든 것은 마음먹기 나름이다. 이는 시련과 역경에 대처하는 아주 훌륭한 방법이다.

'무엇을 통제할 수 있는가?'라는 주제는 철학이라는 학문 전체를 관통하고 있으며, 스토아 주의에서도 큰 부분을 차지한다. 나는 첫 번째 책에서 이를 가리켜 '황금률Golden Rule'이라 명명했다. 이 책에서도 동일한 용어를 사용하려 한다. 책 전반에 걸쳐 '스토아주의 황금률'이라는 용어가 자주 등장할 것이다. 하지만 '통제의 이분법'이라는 학술 용어도 엄연히 존재한다. 비록 고대 스토아 철학자들 사이에서 통용되던 용어는 아니지만 현대 스토아 철학자들이 자주 사용하는 용어이므로 이 또한 알아 둘 가치가 있다.

'통제의 이분법'이라고 부르는 이유는 통제에는 깔끔하게 구분되는 두 가지 측면이 존재하기 때문이다. 즉, 우리가 어찌할 수 있는 것(우리의 대응)과 어찌할 수 없는 것(나머지)이다. 스토아 철학자들에게 이 둘을 구별하는 것은 아주 중요한 문제다.

스토아학파의 창시자인 제논은 이 문제를 비유를 통해 이해하기 쉽게 설명했다. 수레 뒤에 목줄로 묶여 있는 개 한 마리를 상상해 보자. 이 개는 수레의 방향을 결정할 수 없지만 두 가지 선택권을 가지고 있다. 하나는 수레가 가는 대로 순순히 따라가는 것이고, 다른 하나는 저항하며 질질 끌려가는 것이다.

여기서 개는 우리를 상징하고 수레는 인생을 상징한다. 우리에게는 선택권이 있다. 인생이 이끄는 대로 순응하며 살 것이냐, 아니면 (발길질을 하고 비명을 지르며) 끌려갈 것이냐. 그렇다. (목줄에 매인 개처럼) 우리에게도 선택의 여지가 있긴 하지만, 어쨌거나 인생이라는 수레는 쉬지 않고 굴러갈 것이다. 그러니 어찌 됐든 뒤따라가는 편이 낫다!

스스로 통제할 수 있는 것과 없는 것을 구분할 줄 알게 되면 우리 힘으로 바꿀 수 없는 일에 매달리는 시간을 낭비하지 않게 된다. 그러면 삶이 훨씬 수월해진다. 집중해야 하는 것에 집중할 수 있기 때문이다.

## 무관심이라는 방패

스토아 철학자들은 우리가 통제할 수 없는 것들에는 무관심해야 한다고 생각했다. 이는 스토아 철학에서 굉장히 흥미로운 대목이다.

무관심해야 한다는 것은 무슨 뜻일까? 쉽게 말해 우리가 통제할 수 없는 일에 큰 비중을 두지 말라는 뜻이다. 타인을 평가할 때 통제할 수 없는 영역을 기준으로 삼지 말라는 의미이기도 하다. 예를 들어 스토아 철학자들이 무관심해야 한다고 생각한 것들은 돈, 건강, 명예, 소유, 아름다움 등이었다.

이것들은 우리가 통제할 수 없는 영역에 속한다. 우리 힘으로 바꿀 수 없는 것들이다. 건강한 식습관을 유지할 수는 있지만 그렇다고 해서 갑작스럽게 생기는 질병이나 건강 문제를 피해 갈 수는 없다. 돈도 마찬가지다. 열심히 일해도 어느 날 갑자기 강도를 당할 수도 있고, 인플레이션으로 자산 가치가 떨어질 수도 있으며, 투자에 실패할 수도 있다.

그러나 스토아주의자들은 통제할 수 없는 것에 관심을 두지 않는 것만으로 본질적으로 더 나은 사람이 되는 것은 아니라고 주장한다. 똑같이 어마어마한 부를 소유한 사람일지라도 누구는 극악무도한 인간이 되기도 하고 누구는 선하고 자비로운 인간이 되기도 한다. 이처럼 돈은 단지 변수일 뿐이다. 반대의 경우도 마찬가지다. 아무리 가난해도 인간으로서의 품위를 지키며 살 수도 있고, 천박하게 살 수도 있다. 결국 문제는 돈을 얼마나 가졌느냐가 아니라 인생을 어떻게 사느냐다. 스토아주의자들이 중요하게 생각한 것은 사람의 됨됨이, 즉 인격이다.

건강도 다르지 않다. 살다 보면 누구나 아플 수 있지만 그렇다고 해서 모두가 인격까지 망가지는 것은 아니다. 중

병을 앓아도 여전히 선한 인격을 유지할 수 있다. 아름다움 또한 마찬가지다. 외모가 당신의 인격을 결정하는 것은 아니다. 얼마나 부유한지가 당신이 어떤 사람인지를 결정하는 것도 아니다. 아름다움이나 부는 영원하지 않다. 스토아 철학자들이 중요하게 생각한 것은 단 하나, 바로 인격이었다.

인간이라면 대부분 아프기보다는 건강하길 원하고, 먹고살 만큼 충분한 부를 소유하길 원한다. 이는 지극히 당연하고 정상적인 욕구다. 스토아주의자들 또한 이러한 욕구를 인정했기에 돈, 건강, 명예, 소유, 아름다움 등을 가리켜 '선호할 만한 무관심의 대상들preferred indifferences'이라 불렀다. 그러나 스토아 철학에서는 이러한 것들이 선호와는 상관없이 무관심해야 할 대상이라는 사실은 변하지 않으며, 지나친 의미를 부여해서는 안 된다고 주장한다.

## 활이 이미 시위를 떠났다면

스토아 철학자들은 사람들이 삶에 대해 갖는 많은 불만이 현실에 대한 비현실적인 기대에서 비롯된다고 믿었다. 실제보다 인생을 더 잘 통제할 수 있다고 착각하면 막상 일이 계획대로 풀리지 않을 때 좌절하고 실망하게 된다. 스토아 철학은 이에 대해 훌륭한 해결책을 제시한다. 스토아 철학자들은 인생에서 보장된 것은 아무것도 없다는 사실을 기억하라고 말한다. 인생에는 변수가 너무 많기 때문에 계획은 언제든지 어그러질 수 있다. 항상 그런 것은 아니지만, 어쨌거나 인생은 예측할 수 없으므로 예상치 못한 일이 일어날 수도 있다는 걸 항상 염두에 두어야 한다. 계획이 아무리 완벽해도 언제든지 크고 작은 차질이 발생할 수 있다.

스토아 철학에는 이러한 마음가짐을 갖는 데 도움이 되는 '보류 조항The Reserve Clause'이라는 개념이 있다. 고대 스토아학파는 이를 가리켜 '**후펙사이레시스**hupexairesis'라 불렀는데, 쉽게 말해 계획을 세울 때 문장 끝에 덧붙이는 '운명이 허락한다면fate permitting'이라는 표현과 거의 동일하다. 예를 들어 이런 식이다. "난 내일 해변에 갈 거야. 운명이 허락한다면 말이야." "오늘 저녁은 포장해 와서 먹을 거야. 운명이 허락한다면 말이야."

뭔가를 할 때마다 매번 이렇게 말할 필요는 없지만, 평소 인생에서 보장되는 것은 아무것도 없다는 사실을 되뇌며 정신력을 무장하는 데는 꽤 도움이 된다. '내일 해변으로 놀러 가는데 뜬금없이 비가 올지도 몰라. 차가 고장 날 수도 있어. 야생 오소리 떼가 공격해 올 수도 있지.' 아마 마지막 말이 현실이 될 가능성은 거의 없지만, 내 말뜻은 충분히 전달됐으리라 믿는다. 모든 일은 내 의도와 다르게 흘러갈 수 있다. 모든 일이 계획대로 되리라는 생각은 착각이다. 이 사실을 반드시 기억해야 한다. 아무 계획도 세우지 말고, 아무 기대도 하지 말라는 뜻이 아니다. 단지 우리가 통제할 수 없는 일이 많다는 사실을 항상 인식하며 살라는 뜻이다.

스토아 철학자들은 '스토아 궁수'라는 비유를 들어 이를 설명한다. 활을 들고 활시위를 당겨 과녁을 조준하는 궁수를 상상해 보자. 궁수는 과녁의 정중앙을 맞히려 하지만 화살이 활을 떠나고 난 뒤 벌어지는 일들을 통제할 수는 없다. 때마침 돌풍이 불어 화살이 전혀 엉뚱한 방향으로 날아갈 수도 있다. 과녁이 움직이는 일이 벌어질 수도 있다. 어쩌면 이번에도 야생 오소리가 난입하여 상상조차 하지 못한 일이 벌어질 수도 있다. 이 밖에도 나의 의도와는 전혀 다른 결과가 펼쳐질 수도 있다는 걸 보여 주는 사례는 수없이 많다.

스토아주의가 알려 주는 좌절과 실망을 피하는 법은 애초에 기대를 하지 않거나 미리 어떤 결과가 나와야 마땅하다고 단정 짓지 않는 것이다. 이는 주어진 상황에서 최선을 다하되 언제나 결과는 원하는 대로 나오지 않을 수 있다는 사실을 받아들이는 것이다. 하지만 어떤 결과가 나오더라도 어떻게 대응할지는 우리가 선택할 수 있기에, 무슨 일이 일어나도 우리는 감당할 수 있다.

## 스토아 철학을 처음 접하는 이들을 위해

스토아 철학을 처음 접했을 당시 나는 철학의 학문적 체계에 대해 아는 게 없었다. 별다른 방법이 없었기에 나는 무작정 책을 찾아 닥치는 대로 읽기 시작했다. 그러던 어느 날 드디어 스토아 철학이 어떻게 구성되어 있는지 한눈에 보였다. 하지만 스토아 철학을 처음 접하는 이가 이를 파악하기란 쉽지 않기에 알아 두면 유용한 것들을 미리 일러두고자 한다. 스토아 철학은 크게 논리, 윤리, 물리의 영역으로 나뉜다. 이 3가지 분야는 모두 우리가 일반적으로 알고 있는 개념과는 조금 차이가 있다.

### 논리학logic

논리학은 주로 우리의 사고방식에 어떻게 이성을 적용할 것인가에 관한 것이다. 판단과 인식에 초점을 맞춘다는 점에서 현대 심리학과 유사하다. 스토아학파는 이를 '학문'으로 정립시킨 다음 '동의에 관한 학문Discipline of Assent'이라 이름 붙였다. 어렵게 들리지만 본질은 우리가 살아가는 방식에 논리와 이성을 적용하는 것이다. 즉, 논리학이란 감정이 격해질 때 통제력을 유지한 채 신중한 판단을 내리는 능력을 가리키는 것으로 매우 실용적인 분야라 할 수 있다.

### 윤리학ethics

윤리학은 우리가 아는 바로 그 윤리에 관한 것이다. 우리가 어떻게 행동하는지 그리고 좋은 행동, 나쁜 행동, 중립적인 행동을 구분하는 기준은 무엇인지 살펴본다. 스토아학파는 윤리학을 '행동에 관한 학문Discipline of Action'이라고 부른다. 주로 우리의 행동에 초점을 맞추고 있지만 인간관계에 대해서도 다룬다. 그러니 지금 이 시점에서 당신의 식사 매너를 한번 돌아보아도 좋겠다….

### 물리학physics

물리학은 큰 그림, 즉 우주적 질서에 대한 것이다. 전반적으로 보면 약간의 신학이 가미된 철학이라고 할 수 있다. 스토아학파는 물리를 '욕망에 관한 학문Discipline of Desire'이라고 부른다. 흥미롭게도 여기서 스토아학파의 황금률이 등장한다. 인생에서 통제할 수 있는 것과 통제할 수 없는 것을 구별하고, 나아가 우주적 질서에 대해 생각해 보라는 것이다. '욕망에 관한 학문'이라는 명칭에서도 알 수 있듯이 물리학에서는 우리가 원하는 것이 무엇인지를 살펴본다. 여기서 짚고 넘어가야 할 중요한 사실은, 스토아 철학에서 말하는 물리학은 현대 물리학처럼 과학적 힘을 계산하는 데 기반을 두고 있지 않다는 점이다.

이 3가지 분야는 현대 스토아 철학에서 끊임없이 등장하기 때문에 알아 둘 만한 가치가 있다. 하지만 결국엔 이 3가지가 서로 융합되므로 이 책에서는 굳이 이러한 철학적 구조를 따르지는 않으려 한다.

## 제우스를 믿지 않아도 괜찮아!

고대 스토아학파의 신학적 세계관은 범신론汎神論이었다. 범신론이란 우주가 곧 신이며 신이 곧 우주라고 생각하는 관점이다. 물론 우리도 우주의 일부다. 스토아주의, 특히 에픽테토스의 가르침을 읽다 보면 제우스가 자주 등장하는 걸 볼 수 있다. 여기서 주목할 만한 점은, 스토아주의에서는 신비한 파이프를 피우며 구름 사이를 떠다니는 제우스를 신들의 왕이라 여기지 않았다는 것이다. 스토아 철학자들에게 제우스는 곧 우주였다. 다시 말해, 제우스는 자연과 동의어이자 우주 만물의 표상이었다.

스토아 철학에는 (제우스뿐만 아니라) 다른 신들도 여럿 등장한다. 어찌 보면 신들은 힘을 상징하는 존재라 할 수 있다. 그중에서도 가장 잘 알려진 '포르투나Fortuna'는 운명을 의인화한 신이다. 스토아 철학에 등장하는 다른 신들은 전부 제우스의 또 다른 측면이거나 그의 현현顯現이라 할 수 있다. 모든 길은 제우스로 통한다…. 이걸 슬로건으로 쓰면 어떨까?

만약 당신이 무신론자이거나 종교적 신념이 강한 사람이라면 제우스를 믿는다는 사실이 스토아주의에 입문하는 데 걸림돌이 될 수도 있다. 그러나 현대 스토아 철학에선 제우스는 물론이고 신이라는 개념 자체를 그다지 중요하게 다루지 않는다. 실제로 현대 스토아학파는 고대 스토아학파와는 달리 신에 관한 글은 쓰지도 않는다. 이처럼 현대 스토아학파는 신이라는 개념을 중요하게 다루지 않기 때문에 아예 없는 셈 쳐도 스토아주의를 이해하고 실천하는 데 전혀 문제가 없다.

그러나 개인적으로 고대 스토아 철학을 읽어 보길 강력

히 추천하기 때문에 이런 사실을 대략적으로나마 알아 두는 건 중요하다고 생각한다. 이런 내용을 미리 알면 '신'이라는 단어에 얽매이지 않고 현대적인 맥락에서 스토아 철학을 이해하는 데 도움이 될 것이다.

이쯤에서 스토아주의가 종교가 아닌 철학이라는 점을 짚고 넘어가야 할 것 같다. 고대 스토아학파가 신들에 관해 이야기했다고 해서 제우스를 숭배할 필요는 없다. 만약 당신이 이미 종교를 가지고 있다면 스토아 철학은 그 종교와 아름답게 양립할 수 있다. 신앙을 포기하지 않고도 스토아 철학의 개념을 당신의 삶에 통합시킬 수 있다는 뜻이다. 만약 당신이 무신론자나 불가지론不可知論자라 하더라도 스토아 철학은 당신의 세계관과 잘 어우러질 것이다. 스토아주의는 주로 이성과 논리에 기반하고 있기에 현대의 과학적 사고를 잘 보완해 준다. 따라서 스토아주의를 따른다고 해서 반드시 신의 존재를 믿을 필요는 없다.

우주론적으로, 신학적으로, 철학적으로 어떤 배경을 가지고 있든지 간에 스토아주의는 바로 당신을 위한 것이다!

## 스토아주의는 금욕주의가 아니다

본격적으로 스토아주의를 탐구하기에 앞서 반드시 짚고 넘어가야 할 아주 중요한 사실이 하나 더 있다. 스토아주의Stoicism는 종종 '금욕주의적stoic'이라는 단어와 혼동된다. 헷갈린다고? 그럴 만도 하다! 대문자 'S'로 시작하는 '스토아주의'는 고대 그리스 철학을 뜻한다. 그렇다, 바로 이 책이 다루고 있는 그 사상이다. 반면에 소문자 's'로 시작하는 '금욕주의적'이라는 단어는 '감정을 겉으로 드러내지 않거나 혹은 그냥 참고 넘어가는' 사람을 묘사할 때 사용된다.

스토아주의를 금욕주의로 오해하는 경우는 흔하다. 어쩌면 스토아주의에 관한 가장 큰 오해일지도 모른다. 스토아주의를 따른다는 게 디즈니 영화를 보고도 눈물 한 방울 흘리지 않는 냉혈한이 되라는 뜻은 아니다. 스토아주의는 감정이 당신을 통제하지 못하게 하는 것이지 감정을 억압하라는 것이 절대 아니다. 이 내용은 뒷장에서 더 자세히 다룰 것이다.

일단 스토아주의가 당신을 냉정하고 감정 없는 로봇으로 만들려는 건 아니라는 사실만큼은 반드시 알고 넘어가자. 스토아 철학자 가운데 그러한 사람은 단 한 명도 없었다는 사실 또한 기억했으면 좋겠다.

이제 스토아주의가 무엇인지 (그리고 무엇이 아닌지) 알았으니, 내 나름대로 최선을 다해 수천 년에 걸친 스토아주의의 역사를 간략하게 정리해 보겠다….

• 02 •

# 간략하게 살펴보는 스토아주의의 역사

개인적으로 스토아주의 역사에는 3가지 주요 흐름이 있다고 생각한다. 스토아주의를 창시한 그리스 철학자들, 그 뒤를 이은 로마 철학자들 그리고 현대 스토아 철학자들이다. 이들은 모두 스토아 철학을 형성하고 발전시키는 데 기여했다. 그럼 그 시작부터 살펴보자.

## 고대 그리스의 스토아학파

스토아주의는 기원전 300년경 제논이라는 인물이 창시했다. 제논은 키프로스섬의 키티온이라는 도시에서 태어났는데, 공식적으로는 '키티온의 제논Zeno of Citium'이라고 알려져 있다.

제논이 어떻게 스토아학파를 창시하게 되었는지에 관한 재미있는 일화가 있다. 어느 날 그는 타고 가던 배가 침몰하는 사고를 당하는데, 다행히 목숨은 건졌지만 어마어마한 재산을 잃고 말았다. 이 사건은 제논의 인생을 뒤바꿔 놓는 계기가 되었고, 이후 아테네에 도착한 그는 철학에 관심을 갖게 된다. 당시 아테네는 철학을 배우기에 가장 이상적인 도시였다.

어느 날 제논은 책방에서 소크라테스에 관한 책을 발견한다(소크라테스(기원전470?~399)는 '서양 철학의 대부'라 불리며 역사상 가장 중요한 철학자로 손꼽히기도 한다. 논리와 추론에 기반한 소크라테스의 대화법은 스토아학파에 크나큰 영향을 미쳤다). 책장을 넘기던 제논은 책방 주인에게 어디로 가면 소크라테스 같은 사람, 즉 철학자를 만날 수 있느냐고 물었다. 바로 그때 테베의 크라테스라는 철학자가 그의 옆을 지나가고 있었다. 예나 지금이나 모름지기 될 사람은 어떻게든 되나 보다.

어쨌거나 제논은 그렇게 크라테스의 제자가 되어 그의 문하에서 철학을 배우기 시작했다.

크라테스는 견유학파Cynics(견유학파는 견유, 즉 '개와 같은 생활'을 지향한 고대 그리스 철학의 한 유파로, 세속적인 행복에 냉소적인 태도를 유지한 까닭에 오늘날 '냉소주의cynicism'라는 단어의 어원이 되었다_옮긴이) 출신이었다. 견유학파는 매우 극단적인 성향을 지니고 있었다. 금욕주의를 철저하게 지키며 살아가는 수도승이라고 생각하면 된다. 누군가 견유학파를 일컬어 '고대 그리스 시대의 트롤'이라고 했던 말이 기억나는데, 개인적으로 이 표현이 참 마음에 든다. 이들은 공공장소에서 뒤로 걷거나, 영화가 끝난 후 극장에서 밀려 나오는 인파에 일부러 휩쓸려 들어가고도 남을 사람들이다. 이처럼 힘들고 도발적인 일을 즐겨 했던 이들이 바로 견유학파다. 스토아주의를 공부하다 보면 이런 부분에서 견유학파로부터 얼마나 큰 영향을 받았는지 알게 될 것이다.

철학적 훈련의 일환으로 크라테스가 제논에게 수프가 들어 있는 커다란 사발을 들고 아테네 시내를 가로지르게 했던 일화는 유명하다. 제논은 이를 무척 창피한 일로 생각했다. 오직 가난한 사람들만 수프 사발을 들고 거리를 활보한다는 편견 때문이었다. 제논이 자의식으로 머뭇거리자 크라테스는 한 수 단단히 가르쳐 주기로 결심했다. 잠시 후 제논과 함께 나란히 걸어가던 크라테스는 갑자기 제논이 들고 있던 수프 사발을 내리쳤고, 그 바람에 제논은 온몸에 수프를 뒤집어쓰고 말았다. 그런 제논에게 크라테스는 정신을 바짝 차리고 다른 사람들 눈에 어떻게 보일지 따위는 신경 쓰지 말라고 소리쳤다! 크라테스가 정확히 뭐라고 말했는지는 알 수 없지만 이 훈련을 통해 그가 말하고자 했던 바는 충분히 전달됐으리라 생각한다.

제논은 얼마간 크라테스 문하에서 철학을 배우다가 이후 다른 학파의 사상도 탐구하기 시작했다. 그리곤 마침내 미지의 길에 들어서기로 결심했다. 바로 자신만의 학파를 설립한 것이다. 그동안 여기저기서 공부한 철학 사상과 제논만의 고유한 사상이 합쳐져 탄생한 새로운 학파가 바로 스토아주의다.

제논은 '**스토아 포이킬레**Stoa Poikile'라고 불리던 거대한 주랑主廊(여러 개의 기둥들이 나란히 서 있는 벽이 없는 긴 복도_옮긴이)에서 강의를 시작했다. 이 주랑은 신화 속 이야기와 전쟁을 묘사한 그림으로 꾸며져 있었다. 스토아 포이킬레는 직역하면 '색이 칠해진 주랑'이라는 뜻으로 스토아주의라는 이름은 스토아주의를 강의하던 장소를 일컫는 단어에서 유래했다. 이 얼마나 단순명료한가!

스토아주의라는 이름이 창시자인 제논이 아니라 스토아 철학을 가르치던 장소에서 유래했다는 사실이 흥미롭기만 하다. 많은 종교와 철학이 창시자의 이름을 따라 명명되었지만, 스토아학파는 세상에 완벽한 인간은 존재하지 않는다고 믿었기에 사람이 아닌 장소를 이름으로 선택한 것이었다.

제논의 강연은 누구나 들을 수 있었는데 얼마 후 추종자도 꽤 많이 생겨났다. 각지에서 사람들이 제논의 강연을 들으려 몰려들었다. 그의 수업은 민중이 길거리에서 들을 수 있는 최고의 철학 강연이었다.

마침내 은퇴할 시기가 다가오자, 제논은 자신의 뒤를 이어 스토아학파를 이끌어 나갈 지도자로 클레안테스를 지명했다.

클레안테스는 수년간 제논에게 가르침을 받은 성실한 제자였다. 더 나은 인간이 되고자 아테네에 왔던 클레안테스는 이제 한 철학 학파를 이끄는 수장이 되었다. 맨 처음 지녔던 목표를 이룬 셈이다.

처음 아테네에 왔을 당시 클레안테스는 빈털터리였음에도 엄격한 직업윤리를 가지고 있었다. 그는 명망 있는 권투 선수로 활동하면서 육체노동도 병행했는데, 아테네 전역에 물을 길어다 주는 일을 했다고 전해진다. 이렇듯 힘들게 하루 벌어 하루 먹고사는 와중에도 클레안테스는 철학 공부에 매진했다. 오히려 고단한 현실을 자신이 배운 것을 시험할 수 있는 소중한 기회로 여겼다.

클레안테스는 느리지만 꾸준히 공부하는 태도를 지닌 걸로 유명했다. 사람들은 그런 클레안테스를 가리켜 '당나귀'라 부르며 조롱했지만 정작 그는 그 별명이 그다지 나쁘지 않다고 생각했다. 당나귀는 부지런할 뿐만 아니라 무거운 짐도 실어 나를 수 있는 동물이었기 때문이다. 이런 이유로 클레안테스는 이 조롱 섞인 별명을 자신이 스토아학파를 등에 지고 이끌어 나갈 수 있다는 의미로 받아들였다.

클레안테스는 여러 권의 책을 썼지만 당대에 쓰인 대부분의 책들이 그렇듯이 역사 속에서 유실되고 말았다. 그는 정확히 100세가 되던 해에 세상을 떠났다.

클레안테스가 죽고 크리시포스가 그 뒤를 이었다. 스토아학파의 3대 지도자가 된 크리시포스는 스토아주의를 한층 더 발전시켰다. 크리시포스는 달리기를 즐겼는데 이것이 그의 철학 사상에도 영향을 미친 것으로 보인다. 달리기를 할 때 필요한 경쟁심과 절제력이 그의 태도에 고스란히 반영되었기 때문이다. 크리시포스는 스토아주의가 승리하길 원했다.

크리시포스는 쟁점을 찾고 반론에 대비하고자 경쟁 관

계에 있는 철학 사상을 연구했다. 이는 스토아학파의 약점을 찾아 개선하는 활동으로 이어졌고 결국 스토아주의를 발전시키는 데 도움이 되었다. 지적이고 예리했던 크리시포스는 놀라울 정도로 활발한 저술 활동을 펼쳤다. 무려 705권이 넘는 책을 썼다고 전해진다.

크리시포스는 특출난 인물이었다. 스토아 철학자 가운데 최초로 스토아 포이킬레를 벗어나 다양한 장소에서 강연을 했고, 더 큰 무대에서 철학을 가르쳤다. 스토아주의가 널리 알려진 건 크리시포스 덕분이다. 이러한 업적을 기리기 위해 사후 그의 얼굴은 동전에 새겨졌다.

크리시포스는 그다지 평범하지 않은 죽음을 맞았다. 전설에 따르면 그는 웃다가 사망했다고 전해진다. 어느 날 점심을 먹던 크리시포스는 근처에서 나무 울타리를 씹고 있는 당나귀를 발견하곤 이런 말을 건넸다고 한다. "와인도 한 잔 곁들이시겠어요?" 그러고 나서는 자신이 건넨 농담이 너무 웃겨서 포복절도하다가 그만 세상을 떠났다고 한다. 이 일화는 감정이 없고 차가운 사람들이라 알려진 스토아학파의 이미지와는 사뭇 다른 느낌을 준다. 오히려 세상에서 가장 재미있는 농담을 개발해 전쟁이 터지면 비밀 무기로 사용하겠다던 몬티 파이튼(영국의 전설적인 코미디 그룹_옮긴이)의 코미디가 생각날 정도로 우습다.

스토아학파는 철학이 번성했던 고대 그리스에서 계속해서 수장을 바꾸어 가며 그 명성을 유지해 나갔다. 하지만 안타깝게도 이 시기에 쓰인 책과 문헌은 대부분 유실되고 말았다. 그렇다, 크리시포스가 쓴 705권이 넘는 서사시 또한 그렇게 유실된 자료 중 하나다.

오늘날 우리가 그리스 시대 스토아주의에 대해 알 수 있는 건 여러 사람이 스토아학파에 관해 글을 남긴 덕분이다. 게다가 곧 알게 되겠지만 다행히도 고대 스토아 철학자들이 남긴 글이 모조리 다 사라져 버린 것은 아니다. 스토아주의는 고대 로마로 전파되었는데, 로마는 그리스보다 책이 분실되는 일이 적었다!

## 고대 로마의 스토아학파

스토아주의 역사에서 고대 그리스 시대 스토아학파가 남긴 책은 대부분 사라졌지만, 고대 로마 시대 스토아학파가 기록한 것은 많이 남아 있다. 로마 시대는 스토아학파가 저술 활동을 활발히 펼쳤던 시기로, 오늘날 우리가 깊이 파고들 만한 훌륭한 내용들도 이 시기에 많이 탄생했다. 실제로 이 책에 나오는 인용문의 대부분도 이때 나온 것이다. 고대 로

마는 그야말로 스토아주의의 황금기였다.

이 시기를 연대순으로 나열하기보다는 당시 활동했던 스토아 철학자들 가운데 가장 중요한 인물들을 추려서 그들의 전기를 간략히 정리해 보고자 한다. 무엇보다 지금부터 소개할 인물들은 이 책 전반에 걸쳐 자주 등장할 것이기 때문에 잘 알아 두는 게 좋다.

고대 로마 시대에 활동했던 스토아 철학자 가운데 반드시 알아 두어야 할 인물은 네 명이다. 바로 세네카, 무소니우스 루푸스, 에픽테토스, 마르쿠스 아우렐리우스다.

### **루시우스 안나이우스 세네카**Lucius Annaeus Seneca

**(기원전 4?~기원후 65)**

세네카는 고대 로마 시대 철학자로 스토아주의 발전에 크게 공헌한 인물이다. 스페인에서 태어났지만 로마에서 자랐으며, 철학을 공부했다. 정치가이자 작가로 성장한 세네카는 네로 황제의 보좌관 자리에까지 올랐다. 그러나 네로가 자결하라는 명령을 내리는 바람에 그의 삶은 비극적으로 끝나 버리고 말았다. 죄목은 네로의 암살 음모에 가담했다는 것이었지만 이는 사실이 아니었을 가능성이 높다. 그럼에도 세네카는 아무런 불평 없이 운명을 받아들이고 담담히 자결했다.

나는 첫 번째 책에서 세네카를 로마의 '오프라(〈오프라 윈프리 쇼〉를 진행했던 미국의 유명 방송인_옮긴이)'에 비견했는데, 그 생각은 지금도 여전히 변함없다. 나는 세네카가 로마 시대에 활동했던 가장 위대한 자기 계발 전문가였다고 생각한다. 그 이유는 세네카가 남긴 저술 가운데 상당수가 친구나 가족에게 보내는 편지 형태이기 때문이다. 이 편지들엔 역경에 대처하는 자세부터 목적 있는 삶에 이르기까지 광범위한 주제에 대한 조언이 담겨 있다. 세네카의 편지는 오랜 세월이 지난 오늘날에도 여전히 쓸모 있는 실용적인 지혜들로 가득하다.

세네카는 희곡과 수필, 풍자문학 등도 썼다. 모두가 스토아 철학을 더 깊이 이해하는 데 도움이 되는 내용들이니, 시간이 난다면 한 번쯤 읽어 보길 권한다.

참고로 맨 뒷부분에 부록으로 '스토아주의 추천 도서 목록'을 실어 두었다. 이 책에서 내가 언급하는 모든 책은 여기서 찾을 수 있다.

**가이우스 무소니우스 루푸스**Gaius Musonius Rufus

**(기원전 20 또는 30~기원후 101)**

이탈리아에서 태어난 루푸스는 '로마의 소크라테스'라 불리며 자기 절제와 덕 있는 삶의 본보기를 보여 준 인물이다. 철학을 가르치며 명성을 얻은 그는 스토아 사상을 전파하는 데 크게 공헌했으며, 불편함이 삶의 일부라고 생각하고 이를 당연하게 받아들인 사람이었다.

평등에 대한 신념을 지니고 있던 루푸스는 여성도 철학을 공부할 수 있고 평등하게 대우받을 권리가 있다고 열정적으로 주장하는 글을 썼는데, 이는 당시로서는 엄청나게 진보적인 주장이었다. 그러나 스토아 철학은 덕 있는 삶을 강조했기에 이 같은 수많은 시대적 한계와 부당함을 초월할 수 있었다. 루푸스는 검소한 삶을 산 것으로도 유명하다. 음식, 의복, 가구 등 모든 면에서 소박한 삶을 지향했는데, 이런 점은 루푸스가 남긴 몇 안 되는 조각 글에서도 엿볼 수 있다.

루푸스는 평생에 걸쳐 여러 차례 추방을 당했다. 새로운 황제가 집권할 때마다 늘 이전과는 다른 법규를 철학자들에게 적용한 탓이었다. 이처럼 루푸스는 잦은 고초를 겪으면서도 스토아 철학에 의지해 시련들을 견뎌 냈다.

루푸스는 머나먼 이국땅으로 추방당한 시기를 제외하곤 언제나 스토아학파의 저명한 스승이었다. 스토아주의의 발전에 크게 공헌한 에픽테토스 또한 루푸스의 제자였다. 이 사실만으로도 루푸스가 얼마나 유능한 스승이었는지 충분히 짐작할 수 있다.

**에픽테토스**Epiktētos

**(기원후 55?~135?)**

에픽테토스는 오늘날 튀르키예라 불리는 지역에서 태어났다. 아버지가 노예였기에 그 또한 태어나자마자 노예가 되었다. 에픽테토스라는 이름은 그리스어로 '획득한 자'라는 뜻인데 여기서도 출생 당시 그의 신분을 알 수 있다.

에픽테토스는 절름발이였다. 노예 시절 주인이 다리를 반대로 꺾어 부러뜨리는 바람에 불구가 되었다는 이야기가 있다. 사실인지 확인할 수는 없지만 노예 시절부터 다리를 절기 시작한 건 확실하다. 당시 법에 따라 에픽테토스는 서른 살이 되던 해에 노예 신분에서 해방되었다. 자유를 얻은 뒤 철학을 공부하러 떠난 그는 루푸스를 만나 그 밑에서 공부를 시작했고, 이후 자신만의 철학 학교를 세우기에 이른다.

에픽테토스는 직접 글을 쓰진 않았다. 오늘날 우리가 에픽테토스의 철학적 견해를 접할 수 있는 것은 전부 제자 아리아노스가 스승의 강의 내용을 충실히 기록해 책으로 엮어 낸 덕분이다. 에픽테토스의 이름이 적힌 글이나 책은 엄밀히 말하면 모두 아리아노스가 집필한 것이다.

에픽테토스는 우리가 통제할 수 없는 일에 어떻게 대응하는지가 중요하다는 사실을 거듭 강조한다. 노예로 태어나 유독 힘든 초년 시절을 보냈다는 걸 감안할 때, 에픽테토스가 스토아주의 황금률을 그토록 중요하게 여긴 것은 어찌 보면 당연한 일이다.

훨씬 인기가 많은 글 모음도 있지만 에픽테토스의 철학적 견해를 배우기에는 삶의 지침이 담긴 소책자 《엥케이리디온The Encheiridion》이 제격이다. 술술 읽히기 때문에 에픽테토스 입문서로도 좋다.

### 마르쿠스 아우렐리우스Marcus Aurelius
**(기원후 121~180)**

마르쿠스 아우렐리우스는 아마도 지구상에 현존했던 가장 유명한 스토아 철학자가 아닐까 싶다. 아우렐리우스는 서기 161년부터 180년까지 로마 제국을 통치했던 황제로서 권력의 정점에 서 있던 인물이다. 재위 기간 동안 그는 전쟁, 반역, 자녀의 죽음 등 힘든 상황을 수없이 마주해야 했다.

심지어 그가 통치하던 시기에 치명적인 전염병이 창궐하기도 했는데, 사람들은 황제인 그의 이름(마르쿠스 아우렐리우스 안토니우스)을 따서 '안토니우스 역병'이라고 불렀다. 유럽 역사상 최악의 전염병 중 하나였던 이 역병으로 인해 무려 5백만 명이 죽었으며, 아우렐리우스 본인 또한 이 병에 걸려 사망했다. 당시 이런 재난 상황을 통제하고 로마 제국 전체를 관리하는 건 어마어마하게 힘든 일이었을 것이다.

바로 이때 스토아 철학이 등장한다. 스토아 철학은 아우렐리우스가 이 모든 고난과 역경에 대응해 나갈 수 있도록 도와주었다. 아우렐리우스가 《명상록Meditations》을 집필한 것도 바로 이 시기였다. 상상조차 할 수 없을 만큼 절박하고 힘든 시기에 그는 역사상 가장 영향력 있는 철학서를 창작해 낸 것이었다.

《명상록》은 결코 출판을 염두에 두고 쓴 글이 아니다. 실상은 아우렐리우스의 개인적인 기록 또는 일기에 가깝다. 이 글들은 그에게 스토아 철학의 가르침을 묵상하며 그 가르침에 합당한 삶을 살고 있는지 스스로 성찰하는 방편 중 하나였다. 《명상록》은 아우렐리우스가 남긴 유일한 글이지만 정말이지 시대를 초월하는 실용적인 지혜로 가득 차 있다.

아우렐리우스는 로마인에게 큰 사랑을 받은 황제였다. 그처럼 타락하기 쉬운 자리에서도 아우렐리우스는 스토아 철학의 가르침을 충실히 이행했다. 이는 스토아 철학이 지닌 힘을 입증하는 동시에 아우렐리우스가 이 철학 사상을 얼마나 헌신적으로 실천했는지를 보여 준다.

### 그 밖에 뛰어난 인물들

이 밖에도 로마 시대에 활동했던 스토아 철학자는 많이 있지만 개인적으론 앞서 언급한 네 명이 스토아주의를 발전시키는 데 가장 큰 공헌을 했다고 생각한다. 이런 까닭에 그다지 이름이 알려지지 않은 스토아 철학자들까지 언급해서 독자 여러분의 머릿속을 복잡하게 만들고 싶지는 않다. 무엇보다 이 네 사람을 먼저 알아 나가는 것이 중요하다고 생각하기 때문이다. 뒷부분에 다른 스토아 철학자들이 등장하기는 하지만, 주로 세네카, 루푸스, 에픽테토스, 아우렐리우스 이 네 인물의 사상을 다룰 것이다.

스토아 철학자들과 그리스·로마 시대 스토아 철학의 역사에 관해 더 자세히 알고 싶은 독자들을 위해 이 책의 뒷부분에 추천 도서 목록을 실어 놓았으니 부디 도움이 되길 바란다.

## 현대의 스토아학파

고대 로마 이후 스토아주의는 꽤 오랫동안 침체기에 빠지게 된다. 그렇게 스토아주의가 밀려난 자리를 기독교가 꿰차고 수백 년간 군림했다. 한때 유스투스 립시우스(1547~1606)가 기독교와 스토아주의를 통합하려고 시도하면서 다시 예전의 명성을 되찾을 뻔한 적도 있긴 했지만 결국에는 아무런 성과 없이 끝나고 말았다.

그러나 현대로 넘어오면서 다시금 주목받기 시작한 스토아주의는 많은 사람과 다양한 분야에 영향을 미치고 있다. 작가, 운동선수, 기업가, 음악가, 정치인, 심리학자, 교사 등 수많은 사람이 스토아 철학에 관심을 표명하기 시작했다.

1950년대 심리 치료사이자 심리학자인 앨버트 엘리스가 인지정서행동치료(REBT)라는 새로운 유형의 치료법을 개발했는데, 이는 스토아 철학의 영향을 많이 받은 것이었다. 1960년대 정신과 의사인 아론 벡 박사가 창안한 인지행동치료(CBT) 또한 스토아 철학에서 영감을 받은 것이었다. 스토아 철학의 개념을 차용한 이 두 가지 치료법에 대해서는 나중에 더 자세히 다루고자 한다.

스토아 철학에 대한 관심이 다시 높아지고 있는 데는 여러 가지 이유가 있겠지만 가장 큰 이유는 실용성이다. 인생의 어려움을 헤쳐 나가는 데 스토아 철학이 도움이 되기 때문이다.

온라인에서도 스토아 철학 운동이 활발하게 일어나고 있다. 이를테면 다양한 스토아 철학자들이 남긴 명언이 인터넷을 가득 채우고 있다. 이러한 스토아주의의 부흥에는 유명 인사와 연예인들이 단단히 한몫했다. 베스트셀러 작가이자 팟캐스트 운영자인 팀 페리스는 스토아주의를 자기 인생의 '운영체제(OS)'라 비유하며 애정을 과시했고, 이는 엄청난 홍보 효과를 불러왔다. 스토아주의를 향한 팀의 열정은 수많은 팔로워와 독자 그리고 청취자 사이에서 스토아 철학에 대한 커다란 관심을 불러일으켰다.

라이언 홀리데이가 운영하는 '데일리 스토익Daily Stoic'이라는 소셜 미디어 계정도 빼놓을 수 없다. 매일 수백만 명에 달하는 팔로워가 인스타그램, 트위터, 페이스북, 틱톡, 유튜브, 팟캐스트, 신문 등을 통해 스토아주의를 배우려 한다.

실제로 현대사회를 살아가며 자신의 삶에 스토아주의를 접목한 사람들의 사례는 무수히 많다. 그중에 내가 가장 좋아하는 사례는 매우 독특하다. 그 주인공은 바로 수영으로 영국 본토를 한 바퀴 완주한 로스 에글리다.

영국 출신 모험가인 로스는 2018년에 이 기록을 세웠다. 그가 수영으로 영국 본토를 한 바퀴 빙 도는 데 걸린 시간은 무려 5개월로, 거리로 따지면 1,791마일(약 2,880km로 서울에서 부산까지 거리의 7배쯤 된다_옮긴이)에 이른다. 이는 역사상 전례가 없는 일로, 실로 엄청난 일을 해낸 것이다. 그는 밤마다 후방에서 따라다니는 보트 위에서 잠을 청하며 도전을 이어 나갔고, 157일 동안 육지에는 단 한 발자국도 디디지 않았다.

로스는 스토아 철학 덕분에 이 도전을 완수할 수 있었다고 말한다. 한동안 스토아 철학에 탐닉한 그는 이후 어려운 일이 닥칠 때마다 그 가르침이 큰 도움이 되었다고 한다. 로스는 이러한 경험을 바탕으로 《정신력The Art of Resilience》이라는 근사한 책을 썼다. 스토아주의 개념이 책 전반에 잘 녹아 있어 나 또한 읽으면서 큰 영감을 받았다. 야생의 세계를 마주한 채 조류에 맞서 싸우고 해파리 떼 사이를 유영했던 로스의 경험은 스토아주의 황금률을 실천에 옮긴 멋진 사례다.

무엇보다 로스한테 가장 본받을 만한 점은 입으로만 스토아주의를 떠들지 않고 몸소 실천했다는 것이다. 로스는 스토아 철학을 눈으로 읽고 손으로 쓰기만 하는 데서 그치지 않고, 극도로 힘든 상황에 스스로 뛰어든 다음 스토아 철학의 개념을 현실에 접목시키는 방식으로 어려움을 이겨냈다.

**"당신이 어떤 철학을 가지고 있는지 설명하지 말라.**

**몸으로 살아 내라."**

**— 에픽테토스 —**

에픽테토스의 말처럼 로스는 그야말로 스토아 철학을

몸으로 살아 냈다. 수영으로 국토 전체를 일주하다니, 철학 사상을 스트레스 테스트(의학, 금융, 제조업 등 여러 분야에서 일부러 과부하 상황을 만들어 실제로 위기 상황이 닥쳤을 때 대처 능력을 미리 시험해 보는 것_옮긴이)로 이용하다니, 이 얼마나 근사한 방법인가!

로스의 사례는 제대로 된 마음가짐만 갖추면 놀라운 일을 해낼 수 있다는 사실을 보여 준다. 스토아주의를 실천했을 때 당신의 삶에 어떤 변화가 일어날지 상상해 보라. 마음속 깊이 묻어 둔 꿈이 마침내 현실이 될지도 모른다.

## 끊임없이 진화하는 스토아주의

오늘날 스토아학파를 이끄는 수장이나 스토아 포이킬레는 사라졌지만, 스토아주의에 관심을 보이는 사람들은 꾸준히 늘고 있다. 작가, 운동선수, 콘텐츠 제작자, 사상가 등 많은 사람이 스토아 철학이 재조명을 받는 데 일조하고 있다. 이러한 움직임을 가리켜 '현대 스토아주의Modern Stoicism'라고 부른다. 현대 스토아주의는 시대적 변화에 맞추어 몇몇 개념이나 사상을 업데이트했는데, 제우스와 같은 신에 대한 개념이 대표적 사례다. 앞서 말했듯이 고대 스토아 철학과 비교하면 이러한 차이점이 눈에 띌 수 있으니 미리 알아 두는 것이 좋다. 현대 스토아 철학서를 먼저 읽고 나서 고대 스토아 철학서를 읽게 될 경우엔 더욱 그렇다.

현대 스토아 철학이 지닌 가장 큰 장점은 스토아주의에 대한 관심이 커질수록 끊임없이 성장해 나간다는 점이다. 나는 진화를 거듭하고 있는 스토아 철학의 미래가 무척 궁금하다. 인터넷의 등장으로 스토아 철학이 전 세계 곳곳에 전파된 상황이지만, 여전히 세계 어디서나 이 고대 철학을 접할 수 있다는 사실이 놀랍기 그지없다. 이런 상황을 놓고 볼 때 지금이야말로 스토아 철학이 융성하기에 더없이 좋은 기회라는 생각이 든다.

지금까지 스토아주의의 역사를 간략히 살펴보았다. 짧은 시간에 많은 내용을 다루었지만 스토아주의가 어디서 왔는지를 이해하는 데 조금이나마 도움이 되었길 바란다. 더불어 오늘날 이 철학의 위상이 어떠한지 또한 이해했길 바란다.

자, 이제 본격적으로 스토아 철학 속으로 파고들어 피가 되고 살이 되는 스토아주의의 원리들을 차례로 살펴보자.

# 인생을 뒤바꿀 10가지 방법

PART 02

2부에서는 스토아주의에서 찾은 인생을 뒤바꿀 10가지 방법을 살펴볼 것이다. 내가 스토아 철학을 공부하면서 가장 많이 공감했던 원리들을 여러분과 공유할 수 있어서 기쁘다. 이 원리들은 내게 끊임없이 긍정적인 영향을 미쳤다. 또한 내 삶에 어마어마한 가치를 부여해 주었을 뿐만 아니라 세상을 다른 방식으로 보는 데도 도움을 주었다. 나는 독자 여러분 또한 스토아 철학을 통해 많은 것을 얻어 갈 수 있으리라 확신한다.

이 10가지 방법을 순서대로 읽어 나가길 권한다. 물론 이론적으로는 각각 따로 읽어도 큰 문제가 없지만 순차적으로 읽었을 때 이해가 더 잘되도록 개념을 설명해 두었다.

이 10가지 방법은 하나같이 믿을 수 없을 정도로 실용적이므로 책을 읽어 내려가면서 각자 실제 생활에서 시험해 보길 권한다. 독자 여러분이 배운 것을 실제로 실천할 수 있게끔 마지막 부분엔 원리별로 실생활에서 도전해 볼 수 있는 과제를 제시해 두었다. 원리를 읽기만 하고 실천하지 않는 것은 부끄러운 일이다. 학습한 개념을 실천에 옮길 때 비로소 완전히 이해할 수 있다고 나는 믿는다. 스토아주의에서는 무엇보다 이 실천적 요소가 매우 중요하다.

더불어 두 눈을 크게 뜨고 이 책 곳곳에 녹아 있는 스토아주의 황금률을 찾으면서 읽어 보았으면 한다. 4가지 기본 덕목인 지혜, 정의, 용기, 절제에 대해서도 생각하며 읽길 권한다. 스토아주의 황금률과 기본 덕목은 스토아 철학을 관통하는 핵심 요소다. 다음 2가지 질문을 떠올리면서 읽어 간다면 각각의 원리들을 이 2가지 핵심 요소와 연관 지어 생각하는 데 도움이 될 것이다.

- 이것이 내 인격을 어떻게 향상시켜 주는가?
  → 기본 덕목
- 이 상황에서 내가 실제로 통제할 수 있는 것은 무엇인가?
  → 스토아주의 황금률

간혹 이 2가지 질문에 대한 답이 너무 명확할 때는 기본 덕목과 스토아주의 황금률이 원리에 어떻게 적용되는지 분명하게 보일 것이다. 물론 때로는 그렇지 않을 수도 있다. 어느 쪽이든 우리의 목표는 인격과 통제력을 마음의 최전선에 두고 이 10가지 방법을 더 깊이 이해하는 것이다.

몇몇 원리들은 상식처럼 보일 수도 있다는 점 또한 기억해 두자. 너무나 당연하게 들리는 말일지라도 사실 그 바탕에는 탄탄한 논리와 추론이 자리하고 있다. 바로 이러한 이유로 많은 사람들이 스토아주의를 받아들이는 것이라고 생각한다. 일단 들어 보면 합리적이기 때문이다. 그러니 편하게 기대앉아 당신의 인생을 뒤바꿀 이 철학을 받아들일 준비만 하면 된다.

첫 번째 방법

# 자발적 불편함을 추구하라

"추위와 더위, 목마름과 배고픔,

부족한 음식과 불편한 침대,

쾌락을 참고 고통을 견디는 것에

자발적으로 익숙해질 때

우리의 몸과 영혼은 단련된다."

— 무소니우스 루푸스 —

### • 요약 •

힘든 상황을 미리 연습해서 다가올 역경에 대비한다.

### • 원리 •

자발적 불편함은 스토아 철학에서 가장 중요시하는 개념이자 내가 스토아주의에 입문하게 된 계기이기도 하다. 그러니 이 원리를 출발점으로 삼는 게 좋을 것 같다. 자발적 불편함은 내가 처음으로 실제 삶에 도입한 스토아주의 원리였으며, 불안 증상을 완화하는 데도 실질적인 도움을 주었다.

개념은 단순하다. 일부러 자기 자신을 힘든 상황에 노출시켜 미래의 고난과 역경에 대비하는 것이다. 본질적으로는 인생 훈련이라고 할 수 있다. 인생이란 한 치 앞도 모르는 것이기에 모든 종류의 잠재적 역경에 대비해 우리 자신을 훈련시키는 건 일종의 든든한 보험을 들어 두는 것과 같다. 어려움을 자초하고 이를 극복해 내는 과정에서 우리는 자신감을 기를 수 있다. 또한 어려운 상황이 닥쳤을 때 대처하는 방법을 배우고, 힘든 일이 닥쳐도 스스로 헤쳐 나갈 수 있다는 믿음도 키울 수 있다. 이렇듯 자발적 불편함은 단순하지만 강력한 개념이다.

나는 특히 스토아 철학자들이 이 개념을 각자의 삶에 적용할 때 발휘한 창의성이 마음에 든다. 정신력을 키우겠다는 일념으로 스토아 철학자들은 온갖 기상천외한 일들을 시도했다. 이 중에는 얼핏 터무니없이 보이는 것들도 있지만, 다시 생각해 보면 이해가 되는 것들도 많다. 예를 들어 딱딱한 바닥에서 잠을 자고, 일부러 추위나 더위를 견디며, 물과 음식을 섭취하지 않거나, 고강도의 운동을 하고, 쾌락을 멀리한 채 고통을 견디고, 맨발로 걷거나, 창피함을 무릅쓰고 누더기 같은 옷을 입고 다니는 행위들이 그렇다. 스토아 철학자들은 불편하게 느껴지는 것이라면 그게 무엇이든 감수했다.

이 개념은 고대 그리스의 견유학파에서 처음으로 사용되면서 스토아학파에게 영향을 미쳤다. 견유학파를 대표하는 인물인 디오게네스(기원전 412?~323?)는 커다란 통 속에서 살았다. 이 또한 스스로 선택한 삶이었다. 디오게네스는 사람들의 소유욕을 비난했으며, 남들이 보든 말든 아무 데서나 배변을 하곤 했다. 물론 디오게네스가 자초한 불편함은 극단적인 사례라 할 수 있다. 근데 다른 견유학파 철학자들 또한 한겨울에 벌거벗은 채 동상을 껴안거나 한여름에 뜨겁게 달구어진 모래 위에서 뒹굴곤 했다. 하지만 이러한 행위는 오늘날에는 그다지 인기가 없다. 스토아학파는 견유학파에서 이러한 개념을 빌려 와 발전시켰지만 결코 디오게네스처럼 극단적으로 굴진 않았다. 어쨌든 고대 스토아학파가 남긴 문헌 전체에서 이 개념이 발견된다. 다음은 세네카가 쓴 글에서 발췌한 문장인데, 내가 가장 좋아하는 문구 가운데 하나이기도 하다.

**"당신의 패기를 시험해 볼 수 있는 방법이 있다.**
**일주일 동안 가장 보잘것없는 음식으로 연명하며**
**누더기 같은 옷을 입고 생활해 보라.**
**그리고 지금 이 상황이 당신이 두려워하는**
**최악의 상황인지 자문해 보라.**
**상황이 좋을 때 앞으로 닥쳐올 나쁜 상황을 대비해야 한다.**
**행운의 여신이 상냥하게 구는 동안 우리 영혼은**
**그녀가 돌변할 때를 대비해**
**방어벽을 구축할 수 있기 때문이다."**

스토아주의자들에게 불편함을 받아들이는 것은 일종의

훈련이었다. 하지만 결코 가학적인 형태가 되어서는 안 된다(물론 누군가의 눈에는 그렇게 보일 수도 있다). 자발적 불편함은 우리가 강인해지는 데 도움을 주기 위한 것이며, 미래를 준비하고 앞으로 닥쳐올지도 모를 어려움에 대비하기 위한 것이다.

스토아학파는 여러 가지 방식으로 이 자발적 불편함을 실제 삶에 적용했다. 그래서 나 또한 직접 이것저것 시행해 본 뒤 주제에 따라 이를 분류해 보았다. 아래 소제목을 훑어보면 여러분이 시도해 볼 만한 자발적 불편함에는 어떤 종류가 있는지 한눈에 볼 수 있을 것이다.

## 자발적 불편함

문자 그대로 일부러 약간의 불편함을 감수하는 것이다. 이렇게 하면 할수록 우리는 불편함이나 고통에 더 익숙해진다. 간단하지 않은가?

약간의 불편함을 초래할 수 있는 가장 확실한 방법은 신체를 움직이는 것이다. 운동은 때때로 우리 몸을 불편하게 만드는데, 거기다 종류도 엄청나게 다양해서 입맛대로 고를 수 있다. 고대 그리스와 로마 시대에는 강도 높은 운동을 통해 신체 조건을 최상으로 끌어올린 '근육질' 스타일이 인기가 많았다. 조각상만 봐도 알 수 있지 않은가! 레슬링 또한 인기 스포츠였는데, 로마의 시인이 쓴 시에서 따온 유명한 라틴어 문구 '건강한 신체에 건강한 정신이 깃든다 mens sana in corpore sano'는 당시 사람들이 체력 단련을 얼마나 중요하게 생각했는지를 보여 준다. 꾸준한 운동은 자발적 불편함이라는 스토아학파의 원리를 비교적 손쉽게 실천할 수 있는 훌륭한 방법이다.

일부러 불편함을 경험하는 또 다른 대중적인 방법으로는 추위와 더위를 견디는 훈련이 있다. 그 어떤 날씨도 개의치 않았던 것으로 유명한 로마 시대 스토아 철학자 카토는 계절과 상관없이 날씨와 전혀 어울리지 않는 옷을 입고 돌아다녔다고 한다. 이 훈련은 우리 삶에도 손쉽게 적용할 수 있다. 온도와 날씨를 이용해 강인함을 기르는 방법은 다양하다. 현대 스토아주의자 사이에서는 찬물로 샤워하기가 일종의 불문율이 되었는데, 이는 스토아주의를 적극적으로 실천할 수 있는 가장 일반적인 방법 중 하나다.

개인적으로 나는 추위를 견디는 걸 좋아한다. 얼음 목욕과 찬물 목욕은 기본이고, 야외 수영도 셀 수 없이 많이 했다(내가 사는 곳은 영국인데, 이곳의 물은 1년 내내 차갑다). 매일

종교의식을 치르듯 경건하게 찬물로 샤워를 하는 나는 만나는 사람마다 찬물로 샤워해 보라고 권유한다. 심지어 '스노우가snowga'에도 도전해 보았다. "스노우가? 그게 뭐예요?" 라고 묻는다면 대답은 단순하다. 스노우가는 눈을 뜻하는 '스노우snow'와 '요가yoga'의 합성어다. 우리 집 정원에서 스노우가를 하는 동안 나는 의도치 않게 스토아주의를 여러모로 실천하게 되었다. 1년 중 가장 추웠던 날 반쯤 벗은 채로 눈 위에서 뒹구는 내 모습이 이웃들에게 좋은 구경거리가 되었으니 말이다…. 얼마나 기이한 광경이었을까!

더위를 견디는 훈련 방법으로는 사우나가 인기다. 여러 문화권에서 신체를 단련하는 방법으로 찬물과 뜨거운 사우나를 번갈아 가며 들어간다고 한다(당연한 이야기지만 사우나에서 자신을 너무 밀어붙이는 것은 매우 위험할 수 있으므로 주의해야 한다).

날씨를 있는 그대로 받아들이는 것 또한 이 모든 것을 체험할 수 있는 또 다른 방법이다. 비가 온다고 해서 산책을 나가지 않을 이유가 있을까? 나는 비 내리는 날 달리는 것을 좋아한다. 날씨가 나쁠수록 인격을 수양할 수 있는 좋은 경험이 되리라는 걸 알기 때문이다. 그러나 '세기의 폭풍'이 몰아닥쳤을 때 달리기를 하러 나간 일은 오히려 역효과를 불러일으켰다. 태풍 '시아라'가 최고 풍속 150km/h로 영국을 강타했을 때조차 나는 훈련하기에 더할 나위 없이 좋은 기회라고 생각했다. 하지만 그건 끔찍한 생각이었다…. 너무나도 강한 바람에 숨을 쉴 수가 없었을 뿐만 아니라, 언덕 위에 올라섰을 땐 커다란 나뭇가지 하나가 날아들어 내 머리를 강타할 뻔하기도 했다. 이 일로 나는 정신력을 키우는 훈련도 좋지만 죽지 않으려면 균형이 필요하다는 교훈을 얻었다.

자발적 불편함을 실천하는 또 다른 고전적인 훈련법은 베개와 이불, 매트리스 없이 맨바닥에서 자는 것이다. 이는 생각보다 강도 높은 훈련이다. 이렇게 맨바닥에서 자는 경험을 하고 나면 다시 침대에 누웠을 때 이전과는 차원이 다른 편안함을 느낄 수 있다. 장담한다. 나 또한 침대 바로 옆 바닥에서 하룻밤을 자고 난 뒤 새삼 매트리스라는 존재의 감사함을 뼈저리게 느꼈다.

이 밖에도 신체적 불편함을 경험하는 방법은 많다. 경미한 통증이 있을 때 진통제를 먹지 않거나, 지압 매트를 산 뒤 그 위에서 시간을 보내거나, 통증이 느껴지는 자세를 유지하며 스트레칭을 하거나, 바닥에 레고를 던지고 그 위를 걸을 수도 있다. 마음만 먹으면 방법은 무궁무진하다. 중요한 것은 실생활에서 몸소 실행에 옮겨야 한다는 것이다.

## 수치심 깨뜨리기

창피함은 정신적 불편함을 경험하는 또 다른 방법이다. 예컨대 카토는 동료들에게 조롱거리가 될 옷을 입고 다닌 것으로 유명하다(앞서 날씨와 어울리지 않는 옷을 입고 다녔다던 사람과 동일 인물이다). 카토는 수치심을 극복하고자 일부러 부끄러운 상황을 연출한 것이다.

나는 개인적으로 이 생각이 굉장히 마음에 들었다. 내향적인 성격 탓에 우스꽝스러운 옷을 입고 돌아다닌다는 생각만으로도 나는 극도의 불편함을 느끼곤 했다. 하지만 어렵게 느껴질수록 훈련 방법으로는 더할 나위 없이 좋다.

무엇을 입으면 창피할까 생각하다가, 일본에서 이상한 모자를 여러 개 구입했다…. 이 모자를 쓰고 돌아다니면 바보처럼 보일 것 같았다. 나중에 스토아주의에 관한 워크숍에서 이 모자들을 보여 준 적이 있는데 예상대로 꽃게 모자가 가장 인기가 많았다. 그렇다. 꽃게 모자는 말 그대로 꽃게처럼 생긴 모자다. 그렇다. 정말이지 우스꽝스러운 모자다. 하지만 그게 핵심이다. 수치심을 느끼게 만드는 것들을 받아들이고 나면 자기 자신을 있는 그대로 더 편안하게 받아들일 수 있게 된다. 그렇다고 해서 내 말이나 카토의 말을 무작정 따라 하지는 말길 바란다….

일부러 창피함을 무릅쓰는 이 방법은 '수치심 깨뜨리기'라는 이름으로 알려져 있으며, 인지정서행동치료에서 사회불안장애가 있는 환자를 치료하는 데 사용되는 기법이다. 이 치료법은 환자가 불편함을 느끼는 상황 속에서도 긴장을 푸는 법을 습득할 수 있게끔 일부러 그런 상황에 노출시킨다. 이를 가리켜 '둔감화desensitization'라고 한다.

인지정서행동치료를 개발한 앨버트 엘리스는 뛰어난 유머 감각을 지닌 것으로 유명했다. 이 기법을 사용할 때 엘리스는 환자들에게 '애완 바나나'를 산책시키도록 했다. 애완 바나나란 말 그대로 줄에 묶인 바나나를 뜻한다. 이를 통해 남들의 시선을 두려워하는 내면적 공포에 맞서도록 훈련하는 것이다. 굳이 설명하지 않아도 바나나를 반려동물인 것처럼 산책시키는 행위는 특이하게 보이기 때문에 남들의 시선을 의식하지 않을 수가 없다…. 이 방법은 자신감을 키우는 데 효과적인데, 한눈에 봐도 스토아주의에서 영감을 받았다는 걸 알 수 있다.

엘리스는 환자들에게 공공장소에서 부끄러운 행동을 하도록 시키기도 했다. 예를 들면, 길을 걷다가 갑자기 큰 목소리로 노래 부르기, 이야기하고 있는 사람 면전에 대놓고 크게 하품하기, 뚱딴지같은 질문하기 등이다. 내 생각엔 서점에 가서 에어컨을 파냐고 질문하는 것도 좋을 것 같다.

어쨌든 이 방법은 정말이지 창의력을 발휘할 여지가 많은 것 같다.

자신을 창피하게 만들고 수치심을 깨뜨릴 수 있는 훈련 방법을 나열하자면 끝이 없다. 그러나 이 훈련은 우리가 불편함을 느끼는 데 초점을 맞춰야지 다른 사람에게 잔인하게 행동하는 결과를 낳아서는 안 된다. 그러니 만약 다른 사람 눈에 이상하게 보일 만한 행동을 하기로 결심했다면 조롱의 대상은 반드시 본인이 되어야 한다는 사실을 잊지 말자.

사람들이 많은 곳에서 맨발로 걸어 다니며 노래를 부르는 방법으로 훈련해 보면 어떨까? 혼자 하기 싫은 사람은 언제든지 애완 바나나를 데리고 나가도 된다. 스토아 철학자들도 분명히 이 계획을 좋아할 거라고 나는 확신한다.

## 자발적 박탈

스토아주의자들이 불편함에 뛰어들었던 또 다른 방법은 바로 자발적 박탈이다. 말 그대로 원하는 것 혹은 좋아하는 것을 의도적으로 하지 않는 것이다. 이는 처벌의 수단이 아니라 자제력과 정신력을 훈련하는 방법이다.

고전적인 예시는 물도 마시지 않고 음식도 먹지 않는 것이다(만약 이 방법으로 스토아 철학자들을 모방하기로 결심했다면 그 전에 먼저 전문 의료인의 조언을 구하라). 스토아주의자들은 물과 음식을 섭취하지 않음으로써 신체적인 갈망을 다스리는 훈련을 했다. 현대 스토아주의자들 또한 이 사상을 실천하는 방법 중 하나로 간헐적 단식을 많이들 한다고 한다.

그러나 반드시 단식이라는 극단적인 방법을 선택할 필요는 없다. 디저트나 소스를 먹지 않는 것만으로도 충분하다. 무소니우스 루푸스는 간소한 식사와 생활을 지향하며 음식을 절제하는 일이 얼마나 중요한지 강조했다. 식습관이야말로 자제력을 연습할 수 있는 완벽한 기회라 여겼던 그는, 덕 있는 삶을 살고 싶다면 과식하지 말고 건강하고 소박하게 먹을 것을 권했다. 장담하건대 루푸스가 매 끼니 내가 케첩을 얼마나 많이 뿌려 먹는지 본다면 아마도 큰 충격을 받을 것이다. 이 점은 내가 앞으로도 부단히 훈련해 나가야 할 부분이다….

한 잔의 와인이나 맥주 혹은 케첩 한 통을 먹지 않는 것 또한 자발적 박탈을 실천에 옮기는 좋은 방법이 될 수 있다. 다시 한번 말하지만 이 훈련법을 부정적으로 바라볼 필요는 없다. 이 모든 훈련의 목표는 정신력을 기르는 것이다. 무엇이든 과하지 않게 절제하다 보면 지금 가지고 있는 것에 감사할 줄 알게 된다. 작고 소박한 것들에 감사할 줄 아는 마음을 갖게 되면 인생에 여러모로 득이 된다.

자발적 박탈은 디지털 문물과 인터넷 세상에 적용해도 효과적이다. (디지털 기기 사용을 멀리하는) 디지털 단식이나 (소셜 미디어 접속을 멀리하는) 소셜 미디어 단식은 현대인의 삶에 이 개념을 적용할 수 있는 훌륭한 방법이다. 오늘날 너무 많은 사람이 스마트폰에 중독된 나머지 스마트폰에서 조금만 눈을 떼도 불편함을 느낀다. 나 또한 이 중독에서 자유롭지 않은 처지라 디지털 단식이 얼마나 어려운 일인지 잘 안다. 그런 내게 스크린 타임 제한 기능은 충격적인 동시에 매우 유용했다. 이 기능은 내가 어떤 앱에서 얼마만큼 시간을 보내는지 알려 주는데, 분 단위로 빠르게 축적되는 시간을 보면 경각심이 생긴다. 이런 식으로 디지털 기기 사용을 스스로 제한함으로써 우리는 고대 스토아 철학을 실천에 옮길 수 있다.

우리 자신에게서 쾌락을 박탈하는 방법은 너무나도 많다. 단, 이건 처벌이 아니라 단련이라는 사실을 절대 잊지 말자.

## 실패와 거절을 위한 예방접종

솔직히 말해 스토아 철학자들이 이런 훈련을 했을 것 같진 않지만, 현대 사회에서 자발적 불편함이라는 개념을 발전시킬 수 있는 방법으로는 매우 바람직한 훈련법이 아닐까 한다. 원리는 질병에 걸리지 않기 위해 하는 예방접종과 동일하다. 예방접종은 우리 몸을 소량의 바이러스에 노출시킴으로써 면역 체계가 이에 대처하는 방법을 미리 배우게 하는 것이다. 여기서 '바이러스'만 '실패 및 거절'로 바꾸면 된다. 실패하거나 거절당할 가능성이 있는 상황을 일부러 겪고 나면 미래에 비슷한 상황을 겪었을 때 더 잘 대처할 수 있게 된다. 거절과 실패를 정면으로 마주하면서 대처하는 방법을 배우는 것이다. 귀중한 교훈을 얻는 데 직접적인 경험만큼 좋은 방법은 없다.

실패에 대한 두려움이 온몸을 마비시킬 정도로 커서 새로운 일을 시도하지도, 새로운 사람을 만나지도, 무리에서 튀는 그 어떤 행동도 하지 못하는 사람들이 있다. 인지정서행동치료의 수치심 깨뜨리기 훈련처럼 실패 및 거절 예방접종은 두려움을 관리하는 데 도움이 될 수 있다.

가령, 피자를 주문할 때 터무니없는 요구를 해 보는 것이다. 피자 가게에 전화를 걸어 네모난 피자를 주문해 보자.

바보 같다는 생각이 들 수 있지만, 그게 바로 이 훈련법의 핵심이다! 한 걸음 더 나아가 피자 박스에 특별한 메시지나 그림을 넣어 달라고 요구해 볼 수도 있다. 이 훈련의 목적은 실패하고 거절당하는 것이라는 점을 잊지 말자. 궁극적인 목표는 네모난 피자를 만들어 달라고 요청할 때 어떤 기분이 드는지 관찰한 다음 이후 결과가 불확실한 요청을 할 때도 불편함을 느끼지 않게 하는 것이다.

이 훈련은 누구한테도 해를 끼치지 않을 뿐만 아니라 계속하다 보면 자신감이 붙게 된다. 예컨대 물건을 살 때 깎아 달라고 부탁해 볼 수도 있다. 할인을 요구하는 게 전혀 잘못된 일이 아닌데도 그동안 왠지 거북하고 불편하게 느꼈던 사람이라면 이 훈련이 안성맞춤이다!

여기서 한 걸음 더 나아가 낯선 사람에게 함께 셀카를 찍자고 부탁해 보는 것도 좋은 방법이다. 생판 모르는 사람에게 이런 부탁을 하는 것은 이상하기도 하거니와 거절당할 가능성도 높다. 설명을 적게 할수록 거절당할 가능성은 더 올라간다!

이 모든 훈련에는 주의 사항이 따른다. 예상과 달리 거절당하지 않을 수도 있다. 그렇게 되면 상황이 아주 재밌어진다. 이를테면 실제로 네모난 피자가 배달되거나 물건값을 할인받을 수도 있다. 뜻밖의 횡재이긴 하지만 거절당하는 게 목표였으니 훈련은 실패한 셈이다. 비록 훈련에는 실패했더라도 남들에게 들려줄 만한 얘깃거리는 얻을 수 있다. 어떻게 하면 거절당할 수 있을지 아이디어가 필요하다면 미국 예능 프로그램 〈불편한 미션Impractical Jokers〉을 참조해 보길 권한다. 여기 나오는 몇몇 연습 과제는 보기에도 불편할 정도니 한번 도전해 보는 것도 좋겠다.

## 네이비실이 알려 주는 자발적 불편함

개인적으로 제일 좋아하는 자발적 불편함의 현대적 예시는 제시 이츨러가 쓴 《네이비실과 함께 살다Living with a SEAL: 31 Days Training with the Toughest Man on the Planet》라는 훌륭한 책에 실려 있다. 제시는 미국 해군 특수부대 네이비실Navy SEAL 출신인 데이비드 고긴스를 집으로 초대해 한 달 동안 같이 지내면 재미있는 경험이 될 거라고 생각했다. 목표는 정신력을 키우는 것이었다. 고긴스가 어떤 인물인지 조금이라도 아는 사람이라면 제시가 얼마나 대단한 결심을 했는지 짐작할 수 있을 것이다. 고긴스는 지구상에서 가장 강인한 사람 중 한 명으로 알려진 인물이다. 울트라 마라톤을 완주한 그는 마음을 움직이는 연설로 유명하며, 턱걸이 세계 신기록 보유자(17시간 동안 4,030회)이자 베스트셀러 작가다. 또한 그는 절제력과 정신력의 화신이기도 하다. 고긴스의 이력을 보고 있자면 경탄이 절로 나온다.

제시와 한 달 동안 함께 살게 된 고긴스는 자발적 불편함을 이겨 내는 방법을 속성으로 가르쳤다. 턱걸이 수백 개를 하는 일부터 시작해 얼음 호수에 들어가거나 나무 의자에서 자는 일까지, 제시가 그전까지는 절대로 할 수 없다고 생각했던 일들을 하게 만들었다. 이런 식으로 고긴스는 제시 옆에 하루 종일 붙어 지내며 그를 극한으로 몰아붙였다. 초반에 제시는 이 모든 것이 자신이 감당할 수 있는 능력치를 벗어났다고 생각했지만 시간이 지날수록 자신감이 생기고 정신력도 강해졌다. 제시에게는 어린 자녀들이 있었는데, 이런 이유로 고긴스와 함께 사는 동안 재미난 상황도 많이 벌어졌다. 네이비실과 한 달간 동고동락한 결과 제시의 마음가짐은 엄청나게 달라졌다. 제시는 고긴스와 함께 살기로 한 건 정말 잘한 결정이었다고 말한다.

스토아주의 원리를 삶에 적용하는 법을 배우기 위해 네이비실 출신의 인물을 집으로 초대해 함께 살 필요는 없다(아주 멋진 경험이 되겠지만 말이다). 이 방법 말고도 실생활에서 자발적 불편함을 훈련할 수 있는 방법은 무수히 많다. 스스로가 한계 지어 놓은 안전지대 밖으로 걸어 나올 때마다 우리는 스토아주의가 제시하는 원리들을 실행에 옮기는 셈이다.

안티 버킷 리스트야말로 여기 딱 들어맞는 예시다. 두려워하는 것을 정면으로 마주할 때 우리는 두려움을 관리하고 극복하는 방법을 배울 수 있다. 두려움에 맞서는 것은 정신력을 단련시키고 스토아주의 철학을 실천할 수 있는 훌륭한 방법이다.

## 첫 번째 방법을 마치며

현대인의 삶은 편안함을 극대화하는 온갖 장비로 가득 차 있다. 너무 더울 때는 에어컨을, 너무 추울 때는 난방 제품을 사용한다. 또한 우리에겐 배달 음식, 패스트푸드, 인터넷 쇼핑, 당일 배송이 있다. 푹신푹신한 이불과 매트리스도 있고, 옷에서 향기가 나게 해 주는 섬유 유연제도 있다. 이처럼 삶을 한층 더 편리하고 편안하게 만들고자 고안된 물건이 사방에 넘쳐 난다. 이런 식으로 불편함을 피하는 일은 점점 더 쉬워지고 있다. 하지만 이게 정말 우리에게 유익할까? 아무런 불편함을 겪어 보지 않은 사람은 상황이 조금만 힘들어져도 성급히 불평불만을 쏟아 내기 마련이다. 계속 이런 식으로 산다면 아주 조그만 장애물이나 사소한 불편함에도 장난감을 집어 던지는 어린아이처럼 행동하게 될지 모른다. 스토아주의 원리를 훈련하는 이유는 바로 그렇게 되지 않기 위해서다.

그 시작을 위해 자발적 불편함을 훈련할 수 있는 연습 과제 목록을 바로 다음 페이지에 제시할 것이다. 자, 이제부터 자신에게 주어진 상황이 감당하기 힘들다고 느껴질 때마다 아래 나오는 세네카의 지혜로운 명언을 기억하라.

**"군인들은 평화로울 때 작전 훈련을 하고,**
**벙커를 구축하고, 몸을 혹사시킨다.**
**그래야 전쟁이 터졌을 때 지치지 않을 수 있기 때문이다."**

이번 연습 과제의 목적은 정신력을 기르고 역경에 대처할 수 있는 마음가짐을 만드는 것이다.

## 안티 버킷 리스트

당신만의 안티 버킷 리스트 목록을 만들고 두려워하는 것들을 적어 보라. 이제 이러한 두려움을 어떻게 연습 과제로 바꿀 수 있는지 생각해 보라. 고소 공포증이 있다면 암벽 등반 수업을 찾아 등록하고, 바늘 공포증이 있다면 헌혈을 해 보라. 더 자세한 내용은 이 책의 서문을 참조하길 바란다.

## 자발적 불편함

- 규칙적인 운동을 시작하라. 무슨 운동이든 상관없지만 몸을 많이 움직일수록 정신력을 기르는 데 더 좋다는 사실을 명심하라. 이미 운동을 규칙적으로 하고 있다면 새로운 운동에 도전하거나 운동 시간을 늘리거나 강도를 높여 보라.
- 찬물에 익숙해져라. 찬물 샤워 또는 찬물 목욕을 하거나 야외 수영에 도전해 보라. 얼음 목욕도 추천한다.
- 창의력을 발휘해 자신에게 불편함을 안겨 줄 수 있는 방

법을 생각해 보라. 기상천외할수록 추가 점수가 있다! 내가 레고를 깔아 놓고 그 위를 걸었다고 했던 말, 기억나는가?

### 수치심 깨뜨리기

- 애완 바나나 또는 애완 채소를 데리고 사람들이 많이 지나다니는 곳으로 산책을 가 보라. 개인적으로 나는 애완 채소를 더 선호한다. 이유를 묻는다면…, 바나나는 물러 터지기 쉬우니까? 이유야 어찌 됐건, 중요한 것은 애완 바나나나 애완 채소나 창피하기는 매한가지라는 사실이다!
- 공공장소에서 맨발로 돌아다녀 보라.
- 혼자 큰 소리로 노래를 부르며 번화가를 지나가 보라.

### 자발적 박탈

- 일주일 동안 물만 마셔 보라. 차, 커피, 주스, 술 등 기타 모든 음료는 금지다.
- 48시간 동안 소셜 미디어와 텔레비전 시청을 끊어 보라.
- 일주일 동안 단 음식을 끊어 보라(기본적으로 당분이 들어간

것은 모두 금지다).

★ 좀 더 강도 높은 훈련을 하고 싶다면 기간을 한 달 또는 1년으로 늘리면 된다.

**실패와 거절을 위한 예방접종**

- 네모난 피자를 주문하라.
- 물건을 구입할 일이 있거든 할인해 달라고 요구하라(어디서 무슨 물건을 사든 상관없다).
- 길을 가다 모르는 사람을 붙잡고 셀카를 찍어 보라.

## 변화를 위한 글쓰기 미션

첫 번째 방법에 관한 글쓰기 주제는 '목록을 만들고 검토하는 것'이다. 제일 먼저 안티 버킷 리스트부터 작성하라. 나중에 이 리스트에 얼마든지 새로운 항목을 추가할 수 있다. 생각을 많이 할 필요가 있으므로 서두르지 말라.

그 다음엔 리스트에 있는 과제를 실행한 후 그 과정에 대해 성찰하고 이를 글로 써 보라. 찬물 샤워는 어땠는가? 애완 채소 산책시키기는 어땠는가? 실제로 해 보았는가? 어떤 기분이 들었는가? 어떤 채소를 선택했는가? 아니면 내가 예로 든 것처럼 바나나를 데리고 나갔는가?

스토아 철학에 관심이 있는 사람들과 소통하고 싶다면 온라인 공간에 당신의 경험을 공유할 수도 있다. 다른 사람들도 당신이 자발적 불편함을 실천하고자 어떤 모험을 감행했는지 듣고 싶어 할 것이다. 적어도 나는 그렇다고 확신한다. 내 인스타그램에 방문해 경험담을 들려 달라! 내 계정은 @dothingsthatchallengeyou이다.

정기적으로 당신의 인생에 접목시킬 수 있는 자발적 불편함의 예들을 생각해 보라. 하나하나 적다 보면 재미있는 목록이 탄생할 것이다. 대담할수록 더욱 좋다!!

두 번째 방법

# 있는 그대로 바라보라

"사람들을 심란하게 하는 것은 어떤 일 자체가 아니라

그 일에 대한 그들의 판단이다."

— 에픽테토스 —

**• 요약 •**

우리 정신은 산을 두꺼비가 파 놓은 흙더미로 혹은 그 흙더미를 산으로 둔갑시킬 수도 있다는 사실을 유념하자. 우리는 자의적으로 외부 세계를 판단하고 그 판단에 따라 인생을 살아간다.

**• 원리 •**

스토아 철학은 인간의 인식능력에 관해 많은 가르침을 주고 있다. 개인적으로도 이 부분이 살면서 큰 도움이 되었다. 나는 정신이 얼마나 강력한 힘을 가지고 있는지 직접 경험하면서 생각이 현실에 미치는 영향에 대해 너무나도 잘 알게 되었다.

심각한 불안 증상과 공황 발작을 겪던 당시 나는 세계를 객관적으로 인식하지 못했다. 모든 것이 잘못될 것만 같았다. 항상 최악의 시나리오가 금방이라도 현실이 될 것 같아 불안에 떨었고, "끔찍해."나 "끝장이야." 같은 말을 입에 달고 살았다. 실제로는 전혀 그렇지 않은데도 말이다. 그리고 이런 극단적인 판단은 큰 문제를 불러일으켰다.

하루는 운전을 하고 있는 도중 불안 증상이 극에 달해 결국 길을 잘못 들어서고 말았다. 당황한 나는 쩔쩔매기 시작했다. 머리가 새하얘져 도무지 이성적인 생각이란 걸 할 수가 없었다. 단지 차를 돌려 나오면 그만이었고 실제로 문제랄 것도 없는 상황이었지만, 나는 사실과 다르게 그 사태를 '대재앙'으로 인식했다.

이런 문제에 대해 스토아 철학이 주는 해답은 객관적으로 사고하려 노력하라는 것이다. 개인적인 편견은 배제하고 모든 상황을 있는 그대로 바라보라는 것이다. 생각이 지나치게 많거나 부정적인 방향으로 부풀려서 생각하다 보면 실제 상황도 덩달아 악화되기 쉽다. 장담컨대 일상에서도 부정적인 사고방식 탓에 별것도 아닌 일이 큰일로 비화되는 경우가 비일비재하다. 이처럼 생각이 부정적으로 흘러가려 할 때일수록 정신을 똑바로 차리고 상황을 객관적으로 바라보아야 한다. 하지만 그렇게 하기란 생각처럼 쉽지 않다.

인간의 뇌는 상황을 부정적으로 판단하는 경향이 있다. 진화론적으로 봤을 때 이런 사고방식이 생존에 더 유리하기 때문이다. 옛날 옛적 인류가 동굴에 살던 시절엔 잠재적인 위협에 대비하기 위해 항상 신경을 곤두세우고 있어야 했다. 지금 덤불 속에서 움직이는 건 철수일까, 아니면 배고픈 맹수일까? 병적으로 신경을 곤두세울수록 방심할 가능성은 줄어들었다. 결국 그 시절 인류의 뇌가 후손인 우리에게까지 전해져 내려온 것이다. 부정적인 방향으로 치우친 판단 능력도 함께 말이다. 그러니 종종 자신의 천성이 비관적이더라도 너무 자책할 필요는 없다. 그 비관적인 성향이야말로 인류가 오랫동안 살아남을 수 있었던 생존 기술이었으니 말이다.

이에 대해 스토아학파는 모든 것을 부정적으로 바라보는 대신 객관적으로 바라보려 노력했다. 부정적인 감정이 생각을 지배하지 않도록 자신이 느낀 인상과 자신이 내린 판단을 세심하게 살폈다.

익히 알려진 바와 같이 영국은 비가 많이 오는 곳이다. 비가 내리는 날에 날씨가 '나쁘다.'거나 '거지 같다.'고 말하는 것은 판단이다. 객관적인 진술이 아니다. 비가 오는 날은 비가 오는 날일뿐이다. 그런 날씨를 나쁘다고 생각하는 것이 바로 문제다. 비가 내리는 것은 우리가 통제할 수 없는 일이며 삶의 자연스러운 일부분이다. 만약 비가 영원히 내리지 않는다면 우리 앞에는 처리해야 할 또 다른 문제가 닥칠 것이다(그리고 우리는 금방 또 불평을 쏟아 낼 것이다).

스토아주의 황금률은 우리에게 일어날 일들을 통제할 수는 없지만 이미 일어난 일에 우리가 어떻게 대응할지는 통제할 수 있다는 걸 알려 준다. 어떻게 대응할지와 더불어 어떻게 인식할지도 우리가 통제할 수 있는 영역이다. 스토아주의 황금률을 완전히 이해하고 나면 현실을 바라보는 시각이 180도 달라진다. 세상에 우리가 영향력을 행사할 수 없는 일은 너무나도 많다. 그런 것들을 일일이 부정적으로 판단하다 보면 우리 삶은 불쾌해지고 갖가지 문제로 가득 차게 된다.

스토아주의 황금률을 되새기는 일은 나의 부정적인 사고방식을 개선하는 데 엄청난 도움을 주었다. 자신도 모르게 부정적으로 인식하려는 상황을 맞닥뜨릴 때마다 나는 스토아주의 황금률을 떠올리며 집중했다. 교통 체증, 날씨, 다른 사람이 말하는 속도 등은 내가 통제할 수 없는 영역이라고 여러 번 되뇌다 보면 짜증이나 분노가 차츰 누그러졌다. 당연한 말이지만 나라고 해서 항상 완벽한 것은 아니다(우리 아내에게 물어봐라). 하지만 전략을 가지고 있는 것만으로도 나는 훨씬 더 나은 사람이 된다.

스토아학파는 무슨 일이 일어나든지 가능한 한 침착하게 대처하고 객관적인 태도를 유지하라고 말한다. 결국 진짜 문제는 우리가 문제라고 인식해서 생긴다. 아우렐리우스는 이를 두고 다음과 같이 말했다.

**"어떤 외부적인 것 때문에 고통받고 있다면**
**당신이 지금 느끼는 그 괴로움은 외부적인 것 그 자체가 아니라**
**그 일에 대한 당신의 판단 때문이다.**
**그리고 당신의 힘으로 그 판단은 지금 당장이라도 철회할 수 있다."**

이런 부정적인 사고방식을 바꾸어 나가려면 우리가 모든 것을 판단하며 살아간다는 사실을 의식하는 것부터 시작해야 한다. 현대 심리학에서는 이 주제를 광범위하게 다루고 있다.

## 판단과 인식을 바라보는 현대 심리학의 관점

내가 생각할 때 우리의 판단과 인식에 도움을 주는 치료법에는 2가지가 있다. 바로 인지행동치료와 신경언어프로그래밍(NLP)이다. 전자는 우리의 생각과 인식에 의문을 제기하는 데 중점을 두고, 후자는 우리가 사용하는 언어에 중점을 둔다.

인지행동치료에서는 환자에게 어떤 대상을 떠올릴 때

드는 생각을 꼼꼼히 살펴보게 한다. 그래서 부정적인 생각이 들 때는 불을 끄듯이 논리라는 호스를 사용해 그 생각을 끄도록 권한다. '논리 호스'라는 용어 자체는 내가 만들어 낸 것이지만 꽤 괜찮은 비유라고 생각한다. 호스(논리)로 불(부정적인 생각)을 끈다고 상상해 보라. 부정적인 생각이나 골칫거리에 의문을 제기할수록 보다 현실적인 판단이 가능해지고, 머릿속에 떠오르는 모든 생각을 곧이곧대로 믿지 않게 된다.

부정적인 생각이나 도움이 되지 않는 가정을 밀어내기 시작하면 자기 자신과 나누는 '내면적 대화internal dialogue'의 방식을 크게 바꿀 수 있다. 앞서 언급했듯이 인지행동치료는 스토아주의의 영향을 받았기 때문에 판단에 의문을 제기하는 것을 매우 중요한 요소로 생각한다. 이성을 중요하게 생각했던 스토아 철학자들은 이처럼 내면을 탐구하는 것을 높이 평가했다. 이런 식으로 모든 것에 의문을 제기하는 소크라테스식 대화법은 우리의 정신을 놀랍도록 크게 변화시킬 수 있다.

신경언어프로그래밍은 이와는 조금 다르다. 우리가 (내부적으로나 외부적으로) 사용하는 실제 단어에 주의를 기울이도록 한다. 전형적인 예시는 "나는 헬스장에 가야 해." 대신

"헬스장에 갈 수 있다니!"라고 말하거나 생각하는 것이다.

'가야 해'는 어떤 행동을 하도록 강요받는 것처럼 들리는 반면, '갈 수 있다'는 선택권이나 특권이 주어진 것처럼 느껴진다. 미묘한 차이지만 언어 사용 습관을 바꾸는 것만으로도 상황을 건설적으로 바라보는 데 도움이 된다.

특히 자신과 나누는 대화에서 언어 습관을 다양하게 바꾸어 나가다 보면 세상과 상호 작용하는 방식과 세상을 보는 방식이 달라지기 시작한다. 물론 시간과 연습이 필요하지만, 내면적 대화 구조를 바꾸면 다르게 생각하는 힘을 얻을 수 있다.

말은 매우 강력하므로 우리가 사용하는 말에 세심한 주의를 기울여야 한다. 리라 보로딧츠키는 '언어가 우리의 사고방식을 형성하는 법'이라는 테드TED 강연에서, 사용하는 언어에 따라 세상을 인식하는 방식이 어떻게 달라지는지를 흥미롭게 설명한다. 보로딧츠키는 언어가 세계와 상호 작용하는 방식에 어떻게 영향을 미칠 수 있는지를 이야기하면서 왼쪽이나 오른쪽 같은 단어를 사용하지 않는 호주 원주민 공동체를 예로 든다. 그에 따르면 호주 원주민들은 이런 단어 대신 방향 지시어인 동, 서, 남, 북을 사용한다. 예를 들자면 이런 식이다. "당신의 남동쪽 다리에 개미가 있어요." 길에서 마주친 사람과 안부 인사를 나눌 때는 "안녕 마거

릿, 잘 지내니?"라는 말 대신 이렇게 말하지도 모른다. "마거릿, 어느 쪽으로 가니? 또 북동쪽?" 실제로 그들이 사용하는 표현과는 차이가 있더라도 내 말뜻은 충분히 전달됐으리라 믿는다. 만약 서구권 국가에서 어느 방향으로 가느냐고 묻는다면 이런 대답이 돌아오지 않을까? "어…, 잠깐만! 핸드폰 좀 확인해 볼게!"

일상적으로 끊임없이 방향 지시어를 사용해서인지 호주 원주민들은 실제로 방향감각이 엄청나게 발달했다. 그렇다면 우리가 일상적으로 끊임없이 부정적인 단어를 사용할 경우 어떻게 될까? 부정적인 언어 습관은 현실을 지각하는 방식을 완전히 바꿔 놓을 수 있다. 부정적인 언어는 사고방식에도 고스란히 반영될 것이다.

## 추방을 당할지라도

대부분의 사람들은 추방당하는 일을 '나쁜' 상황으로 인식한다. 그럼 추방을 당했을 때 스토아 철학자들이 어떻게 대처했는지 살펴보자.

스토아학파 철학자들은 걸핏하면 추방을 당했다. 도덕적으로 엄격하고 결점 없는 삶을 추구하다 보니 자연스레

적이 많이 생길 수밖에 없었다. 이처럼 사회정의를 추구했던 스토아학파는 옳지 않다고 느껴지는 일이 있으면 권위에 반대하는 목소리를 내는 것으로 유명했다(정의는 스토아학파가 추구하는 기본 덕목 중 하나였기 때문이다). 상상하는 바와 같이 그 끝이 항상 좋지는 않았다. 권력자의 심기를 건드리면 사형선고를 받거나 먼 곳으로 추방되기 십상이었다.

세네카, 에픽테토스, 루푸스 등을 비롯해 몇몇 스토아 철학자들이 추방을 당했지만, 이들이 이런 상황을 인식했던 방식은 대단히 흥미롭다. 이들은 결코 환경을 탓하지 않았다. 강제로 떠밀려 원치 않는 열악한 환경에 놓였을 때도 이들은 여전히 훌륭한 인격을 유지한 채 덕 있는 삶을 살 수 있다고 여겼다. 실제로 루푸스는 추방이 오히려 좋은 경험이 될 수 있다고 말했다. 특히 사치품이나 자원이 부족한 곳으로 쫓겨나 자연스럽게 소박한 삶을 살게 되면 '안락한 삶'을 극복하는 데 도움이 된다고 생각했다. 생존을 위한 필수 조건만 갖춰져 있다면 우리는 미덕과 인격을 연마함으로써 계속해서 성장해 나갈 수 있다. 루푸스야말로 이런 말을 할 자격이 충분한 사람이다. 그 자신이 실제로 (로마 시대에 가장 악명 높은 범죄자들을 수용하던) 기아로스라는 작고 황량한 섬으로 추방되었기 때문이다. 하지만 루푸스는 결코 뒷짐 지고 앉아 말로만 철학을 하는 사람이 아니었다!

어떤 상황이든 그걸 어떻게 인식하느냐는 우리 자신에게 달려 있다. 통제할 수 없다면 사고방식을 바꿔야 한다. 스토아 철학자들은 추방을 당했을 때조차 '무심하게' 반응했다. 그런 상황이 일어나지 않길 바랐겠지만 만에 하나 추방을 당하더라도 그들은 대처할 능력이 있었다. 어차피 마주할 수밖에 없는 상황이라면 스토아 철학자들은 상황을 받아들이고 어떻게 대응할지를 고민했을 것이다.

**"나는 추방당해 떠나야만 한다.**
**내가 미소 지으며 즐겁게 떠난다 한들 누가 나를 막을 것인가?"**

**— 에픽테토스 —**

## 코로나19로 봉쇄당했을 때

오늘날에는 유배 제도라는 게 존재하지 않는다. 아마도 가장 비슷한 처지에 놓인 사람들이 바로 난민들이 아닐까 싶다. 스토아학파는 추방에 관한 글을 많이 남겼지만 솔직히 내가 공감할 만한 내용은 없었다. 하지만 코로나19라는 감염병이 전 세계를 덮치자 나는 새삼 '추방'이라는 단어가 마음에 와닿았다. 봉쇄 조치가 시행되는 동안 나는 스토아 철학자들이 추방당했을 때 대처했던 방식으로부터 많은 도움을 받았다.

전 세계를 휩쓴 코로나 바이러스는 심각한 인명과 경제적 피해를 발생시켰다. 강도는 각자 달랐지만 세계 여러 나라에서 강제로 봉쇄 조치를 시행했다. 물론 이런 조치가 조국에서 쫓겨나 머나먼 곳으로 추방되는 것과는 많이 다르지만 비슷한 점도 있다. 첫째, 완전히 우리의 통제권을 벗어나는 일이라는 점이다. 스토아 철학자들이 추방당한 것은 그들이 선택한 일이 아니었다. 둘째, 한곳에 갇혀서 움직임이 제한된다는 점이다. 스토아 철학자들이 외딴 섬으로 유배당했을 때처럼, 봉쇄로 인한 공간적 제약은 우리의 세계가 작아진다는 것을 의미했다.

봉쇄 기간에 나는 흥미로운 경험을 했다. 격리 생활에 좌절감을 느꼈지만 그럼에도 여전히 일할 수 있다는 사실에 정말 감사했다('줌'은 새로운 일상이 되었다). 친구와 가족 들이 모두 무사하다는 사실에도 진심으로 감사했다.

이 상황을 최대한 활용하고 싶었던 나는 스토아 철학자들이 추방당했을 때 어떻게 대처했는지 살펴보고 많은 영감을 받았다. 대부분의 사람들이 끔찍하게 여기는 상황에도 초연하게 대처하는 스토아 철학자들을 보면서 내가 처한 상황에 대해 다시 생각해 보게 되었다. 그렇게 나는 스토아 철학을 실천하기 시작하면서 매우 힘든 상황에서도 적절히 대처할 수 있게 되었다. 세상의 종말이 다가온 것처럼 느껴질 때조차 나는 객관적인 태도를 유지할 수 있었다.

## 두리안 먹기에 도전해 볼까?

우리가 상황을 어떻게 자동적으로 인식하고 판단을 내리는지 알고 싶다면 지루하거나 어렵거나 짜증 나는 일을 해 보면 된다. 그 일을 하는 동안 자신의 마음을 세심하게 관찰해 보면 많은 것을 배울 수 있다. 자신이 어떤 상황에 놓였을 때 자동적으로 부정적인 판단을 내리는지 찾아내는 일은 정신력을 단련하는 데 매우 유용한 방법이다. 여기에 당신의 사고방식을 시험해 볼 수 있는 몇 가지 방법을 제시하고자 한다.

첫 번째는 음식을 이용하는 방법인데 무척 쉽고 빠르다. 어릴 때 먹기 싫어했던 음식을 찾아 먹어 보라. 나는 감자와 부추가 들어간 수프를 유독 싫어했다. 부추에서 빠져나온 섬유질을 볼 때마다 마치 수프에 머리카락이 빠져 있는 것만 같았다. 누구나 나처럼 어린 시절 먹기 싫어했던 음식이 있을 것이다. 그 기억을 떠올리면서 눈앞에 그 음식을 놓고 마주해 보라. 기억하는 것만큼 맛이 없는가? 며칠 연속으로 먹을 수 있는가? 먹을 수 없다면 그 이유는 무엇인가? 한 걸음 더 나아가 역겹다고 알려진 음식을 일부러 찾아서 먹어 보는 건 어떤가?

나는 평소 이 훈련을 자주하면서 다양한 음식을 맛보고 즐기려 노력한다. 내 첫 번째 책에는 두리안 먹기에 도전한 이야기가 나온다(참고로 실패했다). 그 이후로도 꾸준히 먹기 싫은 음식에 도전하고 있는데, 이는 내 사고방식에 도전할 수 있는 좋은 방법이다. 요즘은 셀러리를 많이 먹는다. 개인적으로 셀러리를 정말 싫어하지만, 객관적인 태도를 견지한 채 이 채소의 맛을 느껴 보려 노력한다. '이건 마음챙김 훈련이야.'라고 생각하며 그 맛을 음미한다. 여전히 구역질이 날 정도로 맛이 없지만 말이다. 또 다른 예는 마마이트(맥주 효모를 발효시켜 만든 영국의 대표적인 잼_옮긴이)다. 나의 아내 헬렌은 마마이트를 좋아하지만 나는 싫어한다. 싫어하기 때문에 계속 생각이 난다. 혐오하는 음식을 떠올릴 때마다 나는 종종 그 맛에 대한 내 인식이 실제보다 더 나쁘다는 사실을 깨닫는다.

사고방식에 도전하는 두 번째 방법은 음악을 이용하는

것이다. 당신이 싫어하거나 싫어할 만한 음악 장르를 적극적으로 들어 보는 것이다. 이 방법은 사실 다양한 음악을 객관적으로 들어 볼 수 있는 절호의 기회이기도 하다. 객관적인 듣기란 음악을 분석하거나 평가하지 않고 그저 듣는 것이다. 듣기만 하면 된다. 실제로 해 보면 알겠지만, 생각보다 어렵다.

존 콜트레인의 〈올라툰지 콘서트: 마지막 라이브 앨범The Olatunji Concert: The Last Live Recording〉을 추천한다. 이 앨범은 거의 소음이나 마찬가지여서 프리 재즈free jazz를 난생처음 접하는 사람이 들으면 놀랄 수밖에 없다. 물론 이 앨범을 듣고 객관적인 태도를 유지하기는 쉽지 않다. 너무 난해하고 듣기에 '좋지 않아서' 일반적인 음악의 범주에 넣기가 어렵기 때문이다. 누군가는 '코끼리가 죽어 가는 소리 같다.'는 감상평을 남기기도 했다. 그렇지만 한번 도전해 보고 당신의 생각에 주의를 기울여 보길 권한다.

내가 굳이 이 앨범을 선택한 이유는 사람들이 듣기 힘들어 한다는 걸 알기 때문이다. 사실 존 콜트레인은 내가 가장 좋아하는 재즈 뮤지션으로, 글을 쓸 때면 종종 그의 앨범 〈블루 트레인Blue Train〉을 틀어 놓곤 한다. 나는 존 콜트레인의 음악을 사랑한다. 비록 〈올라툰지 콘서트〉를 도전 앨범으로 추천하긴 했지만, 이 또한 그의 음악성에 대한 사랑과 깊은 존경심에서 비롯되었다는 사실을 밝혀 둔다.

이 밖에도 내가 어떤 일에 자동적으로 부정적인 판단을 내리는지 알아낼 방법은 수없이 많다. 정말 하고 싶지 않은 일 하나를 떠올린 뒤 실행에 옮기기만 하면 된다. 예를 들어 싫어하는 TV 프로그램이나 영화를 보는 것, 지루해 보이는 장소에 가는 것, 관심 없는 활동을 시도해 보는 것 등이다. 그리고 그 일을 하는 동안 자신의 마음을 주의 깊게 들여다보라. 나도 모르게 불평을 하거나 부정적으로 판단하고 있진 않은지 찬찬히 살펴보라….

## 불평하는 건 쉽다

얼마나 자주 불평하는가? 틈만 나면 다른 사람에게 불평불만을 늘어놓는가?

불평이란 본질적으로 상황을 부정적으로 판단하고 이런 생각과 감정을 다른 사람에게 토로하는 것이다. 주변에 아무도 없다면 결국 자기 자신에게 불평을 늘어놓게 된다. 혀를 차거나 소리 내어 한숨을 쉬는 것이 바로 그 예다. 당신이 아무 말도 하지 않은 채 한숨만 쉰다 해도 그 의미를 모르는 사람은 아무도 없다.

사실 불평하기란 쉽다. 특히 상황이 뜻대로 흘러가지 않을 때는 더욱 그렇다. 불평할 일은 언제나 있기 마련이다. 따라서 불평을 늘어놓고 싶은 충동이 들 때 인상만 쓰고 앉아 있기보다는 그 상황에서 내가 할 수 있는 일에 에너지를 집중하는 것이 더 바람직하다. 스토아 철학자들이 불평하지 말라고 조언한 것도 다 이런 이유 때문이다.

**"소리 내어 불평하지 말라…. 혼자 있을 때도 하지 말라."**

**— 마르쿠스 아우렐리우스 —**

## 두 번째 방법을 마치며

이 세상을 살면서 어떤 경험을 할 것인지는 우리의 정신에 달려 있다. 따라서 의식적으로 자신의 사고 패턴을 점검해 보는 건 당연히 해야 하는 일이다. 스토아 철학에 따르면 우리는 매 순간 자신의 판단에 주의를 기울여야 하고, 행동할 때 또한 객관적인 태도를 유지하려 노력해야 한다.

현대의 많은 치료법이 이러한 사고방식을 훈련하도록 장려하고 있다. 우리는 놀라울 정도로 강력한 정신력을 가지고 있기에 세상을 살아 나가는 데 도움이 되는 쪽으로 이를 이용할 수 있다. 논리적이고 합리적인 사고방식은 우리가 무슨 일을 하든 단단한 기반이 되어 줄 것이다. 세상을 바라보는 방식은 인생에 막대한 영향을 미친다. 우리의 생각이 우리의 현실을 창조한다.

그러니…, 부디 정신을 집중하고 아우렐리우스의 조언을 기억하자.

**"영혼은 생각의 빛깔로 물든다."**

## 스토아주의 연습하기

이번 훈련의 목적은 당신이 세상을 객관적으로 바라보도록 돕는 것이다.

**제발 객관적으로 바라보자**

앞으로 길이 막히거나, 기차가 연착되거나, 줄을 서서 오래 기다려야 할 일이 생긴다면 객관적인 태도를 유지하는 데 집중해 보자. 논리 호스를 기억하는가? 자, 당장 논리를 발사하라! 아니면 잠시 로봇이 되어 지금 일어나는 모든 상황을 객관적으로 바라보라. 상황을 판단하지 말고 그저 흘러가도록 두라. "나는 지금 차가 막히는 도로 한가운데 갇혀 있다."라고 객관적인 상황만 말해 보라. "엉망진창이야!"라든가 "늦을 것 같아."라는 말은 덧붙이지 말자. 모든 것을 그저 객관적으로만 바라보려고 노력하라. 사실에만 집중하고 주관적인 감상이나 부정적인 예측은 덧붙이지 말라. 이 훈련은 우리가 직면하는 모든 상황이나 인간관계 또는 '내 뜻대로' 되지 않는 모든 것에 적용함으로써 확장할 수 있다. 일이 계획대로 진행되지 않거나 부정적인 측면을 맞닥뜨리더라도 언제나 객관적인 태도를 유지하려고 노력하라.

**틀에 박힌 인식에 도전해 보자**

- 싫어하는 음식을 먹어 보라.
- 존 콜트레인의 〈올라툰지 콘서트: 마지막 라이브 앨범〉을 들어 보라(평소 진짜 싫어하던 음악을 들어 봐도 좋다).
- 지루할 것 같은 일들의 목록을 만들고, 지금 당장 나가서 해 보라.

**셀프 추방**

한 시간 동안 타이머를 설정하고 아무런 오락거리가 없는 방에 자신을 가두어 보자. 스마트폰, 컴퓨터, 책 등은 전부 금지다. 말 그대로 아무것도 하지 말고 가만히 앉아 있어 보라. 이 훈련의 목표는 한 시간 동안 생각의 흐름을 관찰하는 것이다. 내 안에서 일어나는 내면적 대화에 주의를 기울여라. 부정적인 기분이나 생각이 떠오르는지 잘 살펴보라. 그리고 타이머가 울린 뒤 그 내용들을 기록하라.

★ 이 훈련의 난이도를 올리고 싶다면 방 대신에 말도 안 되는 장소를 골라 해 보면 된다. 부엌 찬장? 정원 창고? 침대 밑? 선택지는 무수히 많다.

### 신경언어프로그래밍과 인지행동치료

현대 심리학에서 사용하고 있는 이 두 가지 치료법을 공부해 보라. 유튜브 강의를 몇 개 시청하거나 관련 서적을 한두 권 정도 읽으면 충분할 것이다. 개념을 좀 더 자세히 학습하고 가장 마음에 드는 부분을 적어 두라.

### 불평 저금통

불평하는 습관을 없애도록 도움을 주고자 만든 훈련이다. 자신의 사고 패턴을 인식하는 데 좋은 방법이기도 하다. '불평 저금통'의 이용 규칙은 간단하다. 불평하고 있는 자기 자신을 발견할 때마다 이 저금통에 토큰을 넣는 것이다. 토큰은 무엇이든 상관없으며, 작게 자른 종이를 사용해도 괜찮다.

주말마다 저금통에 종잇조각이 몇 개 들어 있는지 세어 보라. 종잇조각의 개수에 따라 잃게 될 돈의 액수가 결정되므로 이 훈련을 시작할 때 토큰 하나를 얼마로 계산할지 미리 결정해 두는 것이 좋다. 예를 들어, 종잇조각 한 개를 100원이나 500원 혹은 1,000원으로 정해 두면 되는 것이다. 금액은 결정하는 사람 마음이다.

그런 다음 이 돈을 원하는 자선 단체에 기부해야 한다. 기부하는 게 좋은 일이라서 동기 부여가 잘되지 않는다면, 원치 않는 곳에 기부를 할 수도 있다. 가령 경멸하는 정당에 기부하는 걸로 해 두면 불평이 나오려 할 때마다 한 번 더 참게 될 것이다.
처음에는 소리 내어 불평할 때만 불평 저금통에 토큰을 넣어도 충분하다. 시간이 지나 입으로 불평을 내뱉지 않는 훈련이 되면, 여기서 한 걸음 더 나아가 속으로 불평할 때도 토큰을 넣어 보라.

**변화를 위한 글쓰기 미션**

일기를 쓰면서 자신의 사고 패턴을 파악해 보자. 상황을 판단할 때 지레 겁을 먹었던 경우들을 머릿속에 기억해 두자. 그리고 나중에 일기장에다가 그 상황을 처음 접했을 때 느꼈던 인상과 실제 벌어진 일을 비교해서 기록해 보라. 실제로는 상황이 어떻게 진개되었는가? 처음에 생각했던 것만큼 안 좋았는가? 아니면 그보다 더 안 좋았는가? 매 순간 상황에 대한 당신의 인식을 기록해 보라. 그러다 보면 도움이 되지 않는 인식을 발견하고 이에 맞설 수 있게 될 것이다.

앞에 나오는 훈련 과제들을 수행한 뒤 그 감상을 일기에 써 보는 것도 좋다. 존 콜트레인의 〈올라툰지 콘서트〉를 들어 보니 어땠는가? 싫어하는 음악 장르를 선택해 목록을 만들고 객관적으로 청취한 뒤 느낀 감상을 일기에 쓸 수도 있다. 음악을 듣는 도중에도 생각의 흐름에 집중해야 한다.
음식 훈련은 어땠는가? 성공했는가? 싫어하는 음식 목록을 작성하고 이에 도전해 본 경험에 대해서도 써 보자.
로봇처럼 객관적인 태도를 유지한 채 상황을 인식하려고 노력해 보았는가? 차가 꽉 막힌 도로에서도 객관적인 태도를 유지하는 데 성공했는가? 셀프 추방은 어땠는가? 이 도전들을 하고 난 후 느낀 점들을 글로 써 보자.

세 번째 방법

# 운명을 사랑하라

"자연이 모든 장애물이나 방해물을 받아들이고
자신의 목적에 맞춰 이용하는 것처럼,
이성을 가진 우리 인간도 역경을 재료 삼아
목표를 달성하는 데 이용할 수 있다."

— 마르쿠스 아우렐리우스 —

**• 요약 •**

인생은 뜻대로만 흘러가지 않기에 우리는 살면서 역경을 마주할 수밖에 없다. 역경을 받아들이는 법을 배우면 인생을 좀 더 주도적으로 살 수 있게 된다.

**• 원리 •**

역경은 인간으로서 피할 수 없는 삶의 일부다. 가장 최근에 일에 차질이 생겼던 순간이 언제인지 잠시 생각해 보라. 아마 오랫동안 생각하지 않아도 금방 떠오를 것이다.

방에서 운동을 하고 있는데 갑자기 라디에이터 뚜껑이 공중으로 날아오르며 뜨거운 물을 사방에 흩뿌리는 바람에 온 집 안이 물바다가 되었다…, 대만으로 여행을 떠나 즐겁게 관광하던 도중 갑자기 한 뼘도 안 되는 계단에서 발이 미끄러져 허리를 삐끗했고, 그 바람에 6개월을 고생했다…, 정체된 도로에서 가만히 기다리고 있었는데 갑자기 음주 운전 차량이 돌진해 내 차를 들이받았다….

이 모든 일은 내가 실제로 겪은 사건이다. 물론 일상적으로 일어나는 일들은 아니지만 내 인생에서 이 일들은 빙산의 일각에 불과하다. 지금껏 내가 겪었던 자잘한 사건 사고를 모두 합하면 책을 몇 권 더 쓸 수 있을 것이다. 비단 나뿐만 아니라 누구나 마찬가지 아닐까?

우리는 모두 살면서 수많은 역경을 마주한다. 사소한 문제부터 엄청난 재앙에 이르기까지 인류가 직면해야 했던 어려움을 일일이 기록하자면 끝이 없을 것이다. 어찌 보면 당연한 이치다.

살다 보면 누구에게나 힘든 상황이 닥치기 마련이다. 예외는 없다. 다만 정도의 차이만 있을 뿐. 인생은 예측할 수 없다.

그렇다면 우리가 할 수 있는 일은 뭘까? 이미 살펴보았듯이 스토아 철학에 그 답이 있다. 바로 '통제의 이분법'이다. 그렇다. 또다시 스토아주의 황금률이 등장했다. 외부 상황에 어떻게 대응할지에 집중함으로써 우리는 인생의 주도권을 되찾을 수 있다. 상황을 주도할 수 있다면 우리는 손에 쥔 패를 적극적으로 활용할 수 있다. 물론 일이 나쁜 방향으로 진행되지 않았다면 더 좋았겠지만, 그럼에도 우리가 스토아주의에서 알려 주는 방식대로 대응한다면 상황을 좀 더 잘 헤쳐 나갈 수 있다.

미국 매사추세츠대학교 의과대학 명예 교수이자 마음 챙김 수련법의 대가로 세계적으로 유명한 존 카밧진 박사는 다음과 같은 명언을 남겼다.

**"파도를 멈출 순 없지만, 파도를 타는 법은 배울 수 있다."**

존 카밧진 박사는 (내가 알기로) 스토아주의자는 아니다. 하지만 살면서 어려움이 물밀듯이 밀려와도 우리가 할 수 있는 일이 있다는 사실을 저 한 문장으로 근사하게 요약해 놓았다. 어려움과 장애물에 직면하는 방법을 배우고, 힘든 시기를 우아하게 헤쳐 나간다면 우리는 얼마든지 성공적인 인생을 살 수 있다.

스토아학파는 우리 모두 역경에 능숙하게 대처할 수 있으며 심지어 사랑하게 될 수도 있다고 굳게 믿었다. 그렇다. 스토아 철학은 인생이 계획대로 흘러가지 않을 때, 그조차도 즐길 수 있는 법을 가르쳐 준다.

## 아모르파티

스토아 철학에서 '**아모르파티**amor fati'라는 개념은 특히 역경과 깊은 관련이 있다. 아모르파티는 '운명에 대한 사랑'을 의미한다. 비교적 후대에 생겨난 개념이라 고대 문헌에서는 찾을 수 없지만, 현대 스토아 철학에서는 일어나는 일을 있는 그대로 받아들이라는 스토아주의적 태도를 가리킬 때 이 표현을 사용한다. 에픽테토스는 이 개념을 다음과 같이 아름답게 표현했다.

**"모든 일이 당신이 원하는 대로 흘러가길 바라지 말고,**
**실제로 벌어지는 일에 당신의 소망을 맞춰라.**
**그러면 평탄한 인생을 살 수 있을 것이다."**

여기서 스토아 철학이 제시하는 목표는 무슨 일이 일어나든 삶을 있는 그대로 받아들이고 사랑하라는 것이다. 하지만 이는 결코 말처럼 쉽지 않다. 일이 잘못되었을 때 기뻐하기란 사실상 불가능하다. 문고리가 뽑히거나 다리가 부러졌을 때 '야호!'나 '만세!'를 외치라고 요구하는 건 무리일 수 있다. 하지만 인생에서 무슨 일이 일어나든 포용할 수 있는 자세를 배우면 이러한 사건이 벌어졌을 때 얼마든지 다르게 반응할 수 있다. 인생에서 우리가 통제할 수 있는 일은 거의 없다는 사실을 인정할 때, 우리는 보다 열린 마음으로 모든 상황을 수용할 수 있게 된다. 실제로 우리 앞에 놓인 일을 처리할 때 거쳐야 하는 첫 번째 단계가 바로 수용이다.

아모르파티는 역경에 직면했을 때에도 인생을 잘 살아내는 것이다. 운명을 사랑하고 인생에서 일어나는 모든 일을 사랑하는 태도는 우리가 반드시 받아들여야 할 매우 스토아적인 태도다. 물론 역경이 닥쳤을 때 오히려 그 역경에 의지하라는 말이 반직관적으로 느껴질 수도 있다. 하지만 올바른 마음가짐으로 역경을 받아들일 때에야 진정 우리는 세상을 변화시킬 수 있다.

## 어려움에 대처하는 방법

역경에 대처할 때는 무엇보다 상황을 올바른 태도로 바라보는 것이 매우 중요하다. 다시 말해 태도가 결과를 결정하므로 평소 자신의 사고 패턴에 주의를 기울여야 한다. 두 번째 원리였던 '있는 그대로 바라보기'를 기억하라! 인상을 찌푸린 채 파멸적인 생각에 빠져들기 시작하면 눈앞에 놓인 상황에 효과적으로 대처하기가 어려워진다. 그렇게 대응하면 자칫 일이 더 꼬여 혼란에 빠질 수도 있다.

내가 인생에서 역경을 마주하거나 일에 차질이 생겼을 때 즐겨 사용하는 효과적인 방법 두 가지가 있다. 실제로 힘든 상황에 놓였을 때마다 이 방법으로 큰 도움을 받았으니, 독자 여러분도 꼭 실천해 보길 추천한다. 첫 번째는 스토아주의 황금률에 기반한 방법이고, 두 번째는 자신이 처한 상황을 재구성하는 방법이다.

### 1) 내가 통제할 수 있는 것은 무엇인가?

일에 차질이 생겼을 때 내가 가장 먼저 하는 일은 그 상황에서 내가 실질적으로 통제할 수 있는 것이 무엇인지 생각하는 것이다. 1~2분 정도 걸리지만 그만한 가치가 있다. 먼저 내가 통제할 수 없는 일과 있는 일을 하나부터 열까지 구분한 다음 행동 계획을 세운다. 이 일은 하면 할수록 능숙해진다. 별다른 어려움 없이 빠르고 자연스럽게 될 때가 있는가 하면, 반대로 어렵고 시간이 오래 걸릴 때도 있다. 만일 심각한 문제에 직면했을 때 내게 주어진 시간이 충분하다면 우선 '통제 목록'부터 작성한다. 그다음에 이를 토대로 행동 계획을 수립한다. 이렇게 하면 상황을 바라보는 시각에 큰 변화가 일어난다.

한번은 기상 악화로 심각한 문제가 발생해 런던행 기차에 꼼짝없이 갇힌 적이 있었다(그런 시절이 있었다!). 차체의 반이 땅속에 파묻히는 바람에 2시간 동안 옴짝달싹할 수 없었고, 결국 승객들은 선로를 따라 대피해야 했다. 이 일로 나는 중요한 행사에 엄청 늦게 되었다. 약속한 시각에 딱 맞춰 가는 것조차 지각과 다름없다고 생각하는 나 같은 사람에게 이 일은 정말이지 엄청난 스트레스였다. 나는 항상 약속 시간보다 일찍 도착하는 것을 좋아한다. 물론 나의 이런 시간관념에 대해 아내는 매번 짜증을 내지만 말이다. 어쨌거나 그 상황에서 나는 내가 실제로 통제할 수 있는 일에만 집중하려 노력했고, 그 결과 평정심을 되찾고 지각할 수밖에 없다는 사실을 있는 그대로 받아들일 수 있었다. 상황을 통제할 수는 없었지만 내가 어떻게 대응할지는 스스로 결정할 수 있었다.

당시 내게 기차에 갇힌다는 것은 무척이나 당혹스러운 일이었다. 그러나 평소 무엇을 통제할 수 있는지 살피는 스토아주의 황금률을 집중적으로 훈련했기에, 비록 약속 시간을 지킬 수는 없었지만 상황에 어느 정도 적극적으로 대처할 수 있었다. 나는 스토아주의자로서 시험을 치르는 거라 생각하며 침착하게 이메일을 보내고 전화를 걸었는데, 이렇게 생각한 게 정말로 큰 도움이 되었다.

내가 무엇을 통제할 수 있고 무엇을 통제할 수 없는지를 알면, 에너지를 올바른 곳에 집중할 수 있다. 그러면 당연히 그때그때 상황에 맞춰 구체적인 계획을 세우는 데 도움이 된다. 어려움에 직면했을 땐 계획이 있다는 것 자체가 큰 힘이 되는데, 이를 바탕으로 어디에 관심과 주의를 집중해야 하는지 비교적 쉽게 알 수 있기 때문이다. 계획이 있기에 적극적이고 효과적인 대처도 가능해진다. 또한 무엇이든 하고 있다는 것 자체가 나 자신이 주체적으로 문제를 해결해 나가고 있다는 느낌을 준다. 반면, 일에 차질이 생겼을 때 당장 해야 할 일을 미루는 것은 상황을 더욱 악화시킬 수 있다.

물론 인내심을 가지고 상황을 관망하는 것이 최선일 때도 있다. 그러나 (머릿속으로 모든 선택지를 검토한 다음에) 미리 최선책을 세워 두면 수동적으로 폭풍우가 지나가기를 기다리는 상황일지라도 인내하기가 한결 쉬워진다. 내가 통제할 수 없다는 사실을 깨달으면 상황을 있는 그대로 받아들일 수 있게 된다.

### 2) 상황을 재구성해 보기

상황을 재구성한다는 건 세상을 보는 관점을 바꾸는 걸 말한다. 생각이 현실을 결정한다는 사실을 전제로 한다는 점에서 두 번째 원리인 '있는 그대로 바라보기'와 유사하다. 따라서 마음가짐을 바꾸면 역경을 경험하는 방식도 바뀌게 된다. 그저 역경을 바라보는 관점만 바꾸면 되는 것이다. 간단하지 않은가?

문제나 장애물을 바라보는 관점은 다양하다. 여기서는 몇 가지만 소개하려 한다. 이 마음가짐을 적용해 다양한 관점에서 자신이 지금 겪고 있는 문제를 한번 바라보라. 그리고 어떤 관점이 힘든 상황을 이겨 내는 데 도움이 되는지 찾아보라.

#### — 코미디언의 마음가짐

어떤 상황에서든 유머를 찾아내 이 역경이 스탠드 업 코미디 무대에서는 어떻게 사용될지 생각해 보라. 지금 겪고 있는 일을 바탕으로 농담을 만들 수 있는지 살펴보라. 유머는 강력한 힘을 가지고 있기에 힘든 상황에서도 고통을 없애는 데 도움이 될 수 있다.

**— 영웅의 마음가짐**

소설이나 영화 속 주인공이 되어 지금 이 상황이 영웅적으로 극복해야 할 장애물이라고 상상해 보라. 영웅이라면 이 상황을 어떻게 해결해 나가겠는가?

**— 작가의 마음가짐**

지금 이 상황을 블로그에 포스팅하거나 기사로 작성하려면 어떻게 해야 할지 생각해 보라. 어떤 신문사로부터 당신이 겪은 역경을 주제로 글을 써 달라는 의뢰를 받았다고 상상해 보라. 그렇다면 이 상황을 어떻게 바라보겠는가? 이건 내가 즐겨 사용하는 관점이기도 하다. 나는 일이 계획대로 진행되지 않을 경우 나중에 글을 쓸 때 내 주장을 뒷받침하는 예시로 사용하곤 한다.

**— 스토아주의자의 마음가짐**

진정한 스토아주의자처럼 역경을 감당해 내겠다고 다짐해 보라. 어떻게 하는지 잘 모르겠다면 다섯 번째 방법인 역할 모델 찾기의 연습 과제를 참고하면 감이 잡힐 것이다.

**— 창의적인 마음가짐**

어려운 상황에 직면했을 때 가장 혁신적이고 창의적인

해결책을 생각해 내려고 노력해 보라. 이상하면 이상할수록 좋다! '필요는 발명의 어머니'라는 말도 있지 않은가. 창의력을 끌어올려 지금 직면하고 있는 문제에 대한 해결책을 찾을 수 있는지 확인해 보라.

나는 역경을 마주하거나 일에 차질이 생겼을 때 이 5가지 마음가짐을 최대한 전부 활용하려고 노력한다. 어떤 마음가짐으로 문제를 마주하느냐에 따라 결과가 달라지므로 그때그때 가장 적합한 해결책을 찾으려면 이 모든 방법을 한 번씩 돌아가면서 적용해 보아야 한다.

내게는 즐겨 이야기하는, 창의적인 마음가짐으로 문제를 해결했던 경험이 있다. 어느 날 나는 새 트럭을 산 친구 맷과 함께 차의 성능을 시험해 보기 위해 콜로라도 로키산맥으로 오프로드 여행을 떠났다. 높은 곳에 있는 아름다운 호수를 목적지로 정한 맷은 외딴 산길을 통과하는 경로로 차를 몰았다. 트럭에 비해 산길이 '꽤 좁다'는 것만이 유일한 문제였다. 사이드미러 양쪽으로 여유 공간이 한 뼘 정도밖에 안 되었으나, 초반에는 모든 것이 순조롭기만 했다. 거대한 바윗돌 두 개가 우리 앞에 나타나기 전까지는 말이다. 일반적인 크기의 차였다면 바위 사이로 지나갈 수 있었겠지만, 맷의 트럭은 그 사이로 지나가기에는 너무 컸다. 차를 돌려 왔던 길로 되돌아가는 것만이 유일한 선택지처럼 보였다. 하지만 차체의 회전 반경이 너무 커서 차를 돌릴 수가 없었다. 길이 너무 좁아서 후진도 여의치 않았다. 차를 돌려 나가는 것도, 후진하는 것도 모두 어려운 상황이었다. 그렇게 산 중턱에서 오도 가도 못하는 처지가 된 우리는 얼마 후 곰이 나타나면 어쩌나 하는 걱정까지 들기 시작했다.

거짓말은 하지 않겠다. 우리는 극도로 스트레스를 받았다. 막막하고 무서웠다. 하지만 어떻게든 이 상황을 헤쳐 나가야 했기에, 걱정에 사로잡혀 있는 것은 아무런 도움도 되지 않았다.

마침내 우리는 말도 안 되는 야심 찬 계획을 생각해 냈다. 근처에 있던 바위를 들어 올려 길을 막고 있던 오른쪽 바위 옆으로 경사로를 내기로 한 것이다. 그렇게 꼬박 한 시간 동안 쉬지 않고 경사로를 만든 우리는 마침내 트럭의 오른쪽 바퀴를 경사로 위에 올려놓는 데 성공했다. 창의력이 우리를 살렸던 것이다! 창의적인 마음가짐 덕분에 우리는 곤란한 상황에서도 효과적인 해결책을 찾아낼 수 있었다.

## 모든 것이 도전이다

역경을 인격을 단련할 수 있는 기회로 바라보는 것 또한 좋은 관점이다. 어려운 상황에 직면할 때마다 우리는 자신의 성품을 시험하게 된다. 이 관점은 어떤 상황이든 자신에게 유익한 경험으로 재구성하는 데 큰 도움이 된다. 역경은 자신이 지닌 철학을 시험해 보고 무엇이 효과가 있는지 (그리고 무엇이 효과가 없는지) 확인할 수 있는 좋은 기회다.

**"노동이 육체를 단련시키는 것처럼, 어려움은 정신을 단련시킨다."**

**— 세네카 —**

이러한 관점에서 생각하기 시작하면 역경이 닥칠수록 자신감이 높아질 것이다. 자신감이 쌓이면 무슨 일이 닥쳐도 스스로 헤쳐 나갈 수 있다는 믿음이 생긴다. 또한 자신의 마음가짐을 시험할 수 있는 기회로 생각하면 역경을 그 자체로 즐길 수 있게 된다. 그야말로 아모르파티다!

이 모든 것이 말은 쉽지만 정작 실천하려면 무척 어렵다. 따라서 계획한 대로 일이 풀리지 않더라도 일단 시도해 보는 것이 중요하다. 일반적으로 이러한 태도를 기르는 좋은 방법은 사소한 불편함을 마주할 때마다 '모든 것이 도전이다!'라고 생각하는 것이다. 하고 싶지 않은 일이 있다면 인격을 단련하는 훈련이라고 생각하라. 설거지가 귀찮다면…, 완벽한 기회다! 도전하라. 설거지를 자신의 마음가짐을 고치는 기회로 활용하라. 물론 설거지는 역경과는 거리가 멀다. 하지만 대단한 역경이 아니더라도 평소 하기 싫은 일이 있다면 그 상황을 재구성하여 철학적인 훈련의 기회로 바꿀 수 있다. 자신과 내면적 대화를 나누고 생각의 흐름에 주의를 기울이면 사소한 일상의 행위도 인격 단련의 기회로 바꿀 수 있다. 불현듯 부정적인 생각이 덮쳐 올 때마다 맞서 싸우고, 평범한 일상을 도전의 기회로 활용하라.

더 크고 어려운 문제가 닥쳤을 때도 마찬가지다. 직장에서 해고를 당했다고 가정해 보자. 해고 사유는 개인적인 이유가 아니라 기업 차원의 구조 조정으로 대대적인 인원 감축에 돌입했기 때문이라고 하자. 그럼에도 일단 해고를 당하면 하늘이 무너지는 것 같은 기분이 들고 개인적 차원의 문제로 받아들이기 쉽다. 하지만 상황을 재구성하고 지금 손에 쥔 패를 적극적으로 운용하면 이 역경에서 탈출할 수 있다. 하늘이 무너져도 솟아날 구멍은 있기 마련이다…. 항상 하던 일을 그만두고 더 의미 있는 일을 찾아보고 싶었다면 지금이 절호의 기회일지도 모른다…. 어쩌면 이 순간이 지나온 삶을 돌아보면서 인생의 우선순위를 재정비할 최고의 적기일지도 모른다…. 생각을 정리하고 다른 일을 알아볼 가장 좋은 타이밍일지도 모른다….

뜻하지 않게 생기는 차질이나 불편함을 모두 도전으로 받아들이면, 건설적인 방향으로 상황을 재구성할 수 있다. 아무리 힘들고 어려운 상황도 정신력을 기르는 수단으로 생각할 수 있게 되는 것이다. 이것이야말로 역경을 극복하는 가장 훌륭한 접근 방식이다!

스토아 철학자들은 어떤 장애물이든 새로운 기회가 될 수 있다고 믿었다. 이에 아우렐리우스는 다음과 같은 명언을 남겼다.

**"행동을 가로막는 장애물이 오히려 행동을 앞당긴다.**
**지금 당신을 가로막는 장애물이 곧 길이 된다."**

이 말은 장애물을 맞닥뜨려도 우리에게 유리하게 이용할 수 있다는 뜻이다. 아우렐리우스가 남긴 이 명언을 바탕으로 한 라이언 홀리데이의 《돌파력The Obstacle is The Way》은 그야말로 선풍적인 인기를 끌었다. 어떻게 '시련을 승리로Trials into Triumphs' 바꿀 수 있는지를 이야기하는 이 책은 스토아 철학의 영향을 많이 받았다. 또한 역사 속에서 부정적인 상황을 긍정적인 상황으로 뒤바꾼 인물들의 삶을 깊이 있게 들여다보는 내용도 많다. 꼭 읽어 보아야 할 책이다.

장애물을 기회로 바라보는 것은 인식의 대전환이다. 이를 실천할 수 있는 가장 효과적인 방법은 바로 교훈을 찾는 것이다. 큰 어려움을 마주할 때 그 경험에서 구체적이고 유용한 교훈을 찾는 행동은 곧 우리에게 일어나는 모든 일에 가치를 부여하는 것과도 같다. 뼈아픈 실패를 겪거나 심각한 문제가 발생하더라도 그 과정에서조차 교훈을 얻을 수 있다는 걸 깨닫고 나면 불현듯 모든 일이 값진 경험으로 다가온다.

## 깨진 도자기의 아름다움

일본에는 '킨츠기Kintsugi'라는 아름다운 예술 형식이 있다. 깨진 접시나 도자기를 금가루를 넣은 풀로 다시 이어 붙여 놓은 걸 말한다. 이때 깨진 부분을 가리지 않고 오히려 금색으로 강조하는데, 이 균열이 도자기의 일부가 되어 작품을 더욱 아름답게 만든다. 그래서 킨츠기 공법으로 보수한 도자기나 접시, 꽃병이나 컵 등은 이 세상에 단 하나밖에 없는 작품이 된다. 이렇게 결점과 불완전함이 아름다움으로 승화

되는 것이다. 반면 영국에선 깨진 물건은 버려지거나 다른 용도로 재활용된다! 일단 깨지면 그걸로 끝이다. "안녕, 잘 가! 사요나라!" 나는 금가루로 깨진 부분을 강조해 되살리는 그 정신을 사랑한다.

한 걸음 더 나아가 나는 이 킨츠기 정신을 우리 삶에도 적용할 수 있다고 생각한다. 자신이 지닌 결점과 불완전함과 트라우마를 숨기려 하기보다 자기 자신의 일부로 받아들여야 한다. 고난과 역경은 내가 누구인지를 정의하는 데 도움이 될 수 있다. 그러므로 우리는 자신의 상처를 자랑스러워해야 한다! 겪는 순간에는 힘들더라도 이를 자신의 일부로 받아들이는 법을 배우는 것이 중요하다. 우리 모두는 여러 가지 일을 겪으며 더욱 아름다워졌다. 비록 그게 고난과 역경일지라도 말이다.

## 세 번째 방법을 마치며

어렵고 힘든 상황이 닥치면 자신이 어떤 사람인지 더 잘 알게 된다. 불안 증상은 내 인생에서 가장 큰 역경이었다. 하지만 돌이켜 보면 내 인생에서 가장 큰 축복이기도 했다. 불안 증상을 겪은 덕분에 나는 내가 어떤 사람인지 더 잘 알게 되었고, 스토아주의도 만나게 되었으며, 심지어 책까지 쓰게 되었다! 내 삶을 망가뜨린다고 생각했던 방해물이 완전히 새사람으로 거듭날 수 있는 기회가 되어 주었다.

그러니 시련이나 역경이 닥치면 그것을 기회로 삼도록 노력하라. 힘들고 어려운 상황에 놓였을 때, 지금이야말로 자신의 능력을 시험할 기회이자 장애물을 위대한 것으로 승화시킬 적기라고 생각하라. 에픽테토스가 남긴 다음 명언을 기억하면서 말이다.

**"어려움이 닥칠 때마다 당신은 이미 내면에**
**그 어려움에 대처할 수 있는 자원을 가지고 있다는 사실을**
**기억하라."**

## 스토아주의 연습하기

이번 연습 과제의 목적은 역경에 더 잘 대처하는 법을 훈련하는 것이다.

### 통제 목록

앞으로 일에 차질이 생기거나 힘든 상황을 맞닥뜨리면, 통제할 수 있는 모든 것과 통제할 수 없는 모든 것을 목록으로 작성하라. 이제 통제할 수 있는 것만을 토대로 계획을 세우고 그것에만 집중하라. 이 연습이 끝난 후 당신의 경험을 기록으로 남겨라.

### 교훈 찾기

일이 계획대로 진행되지 않을 때는 그 안에서 교훈이 될 만한 것을 찾아보라. 이 경험을 통해 무엇을 배울 수 있는지 생각해 보라. 그리고 찾아낸 교훈을 메모해 둔 뒤 앞으로의 삶에 적용해 보라.

### 어려움을 대하는 마음가짐

앞으로 역경을 마주하거든 아래 마음가짐 중 하나를 골라 상황을 재구성해 보라.

- 코미디언의 마음가짐 : 어떤 상황에서든 농담거리를 찾아보라.
- 영웅의 마음가짐 : 자신을 소설이나 영화 속 주인공이라고 생각해 보라.
- 작가의 마음가짐 : 기삿거리가 될 만한 내용을 찾아보라.
- 스토아주의자의 마음가짐 : 최대한 스토아 철학자처럼 생각해 보라.
- 창의적인 마음가짐 : 눈앞에 있는 문제를 해결할 수 있는 창의적인 방법을 생각해 보라.

다양한 마음가짐으로 상황을 재구성해 본 뒤 이 경험을 기록하라. 어떤 마음가짐이 가장 효과적인가? 무엇이 가장 효과적인지는 상황에 따라 달라질 수 있다는 사실을 명심하라.

### 극복 일기

잠들기 전에 오늘 하루 겪었던 어려움을 떠올리며 어떻게 대처했는지 기록해 보라. 극적인 일이나 심각한 문제가 아니어도 좋다. 자신의 대처 방식에 점수를 매겨 보라. 그 상황을 어떻게 처리했는가? 결국 잘 해결됐는가? 10점 만점에 몇 점을 주겠는가? 참고로 당신이 아무런 불평 없이 주어진 상황을 담담하게 해결했다면 10점이다.

### 모든 것이 도전이다

아무리 힘든 상황이라도 인격을 단련하는 시험으로 바라보려 노력하라. 설거지, 쓰레기 갖다 버리기, 장보기 등 사소하고 일상적인 행위들을 인격을 수양하는 과제라고 생각하고 임해 보라. 매일 같이 반복되는 지루한 집안일을 훌륭한 인격을 기르기 위한 게임이라고 생각하며 즐겨 보라.

'극복 일기'로 시작하면 좋을 것 같다. 극복 일기는 모든 역경과 해결책을 체계적으로 생각하는 데 도움이 된다. 적극적으로 성과를 평가하는 것도 진행 상황을 점검하는 훌륭한 수단이다. 극복 일기를 꾸준히 쓰다 보면 시간이 지날수록 점점 더 능숙하게 역경을 처리해 나가는 자신을 발견하게 될 것이다.

통제 목록을 작성하는 것도 문제에 대한 해결책을 찾아낼 수 있는 좋은 방법이다. 통제할 수 있는 일과 없는 일을 구분하여 목록을 만들고 스토아주의 황금률을 어떻게 실천했는지에 관한 이야기로 일기장을 가득 채워 보라.

네 번째 방법

# 스스로를 돌아보라

"어느 항구로 가야 하는지도 모르는 사람에게는

어떤 바람이 불어도 순풍이 될 수 없다."

— 세네카 —

### • 요약 •

지혜와 자기 성찰은 우리가 더 나은 삶을 살 수 있도록 도와준다.

### • 원리 •

스토아 철학자들은 자기 성찰을 굉장히 중요하게 생각했기에, 정기적으로 자신의 행동을 돌아보는 시간을 가져야 한다고 주장했다. 윤리와 개인의 행동을 강조하는 스토아 철학에서는 우리가 어떻게 행동하느냐가 아주 중요하다. 앞서 이야기했듯이 선하고 덕 있는 인격을 기르는 것은 스토아 철학의 필수 요소이자 가장 중요한 목표다. 즉, 자기 성찰은 이 목표를 달성하는 데 핵심이 되는 방법이다.

스토아학파에게 자기 성찰은 필수적인 일과였다. 세네카는 아침저녁으로 자신을 성찰하는 시간을 가졌고, 아우렐리우스는 틈틈이 시간을 내어 (스스로를 성찰한 일기인) 《명상록》을 썼다. 현대의 스토아 철학자들에게도 자기 성찰은 빼놓을 수 없는 일과다.

스토아 철학의 관점에서 자기 성찰은 우리가 어떻게 살고 있는지를 점검하고, 우리가 하는 행동이 우리가 중요하다고 생각하는 가치와 일치하는지를 평가할 수 있는 능력이다. 근사하게 들리지만 여기서 자연스레 피어나는 의문 하나가 있다…. 이때 가치란 것은 어디서 찾아야 하는가? 포춘 쿠키를 깨면 오늘의 운세가 툭 튀어나오듯 가치가 어디서 갑자기 튀어나오는 것은 아니지 않는가.

스토아학파는 어떤 삶이 선한 삶이냐를 판단하는 것은 지혜에 의해 가능하다고 생각했다. 지혜는 스토아 철학에서 이야기하는 4가지 기본 덕목 중 하나로, 자기 성찰을 할 때 특히 중요하다. 그렇다면 지혜는 어디서 찾을 수 있을까? 아마도 스토아학파는 제일 먼저 철학에서 지혜를 찾으라고 하지 않을까? 실제로 스토아 철학자들은 철학에 모든 문제에 대한 답이 있다고 말하곤 했다.

본질적으로 자기 성찰에는 두 가지 측면이 있다. 첫 번째는 지혜, 즉 인생을 올바른 방향으로 이끌어 줄 수 있는 사상과 가치를 탐구하는 것이다. 두 번째는 이러한 사상과 가치에 부합하게 행동하고 있는지를 돌아보는 것이다.

**"지혜를 추구하지 않는 사람은**

**행복한 인생은커녕 그럭저럭 견딜 만한 인생조차 살 수 없다."**

**— 세네카 —**

## 너 자신을 알라

개인적으로 지혜는 다양한 곳에서 얻을 수 있다고 생각한다. 그래서 구하기만 한다면 찾는 건 별문제가 아니라고 생각한다. 나는 직접적인 경험을 비롯해 책, 스승, 멘토, 역할 모델, 인터넷 등 다양한 곳에서 지혜를 얻는다(물론 인터넷에서 지혜를 구할 때는 출처가 믿을 만한지 주의 깊게 살펴보아야 한다. 고양이 밈은 재미는 있지만 거기서 인생 조언을 구하기에는 무리가 있다).

나는 언제라도 새로운 개념을 받아들일 준비가 되어 있고, 실제로 다양한 분야에서 영감을 얻는다. 철학, 과학, 인물 전기, 현대 심리학 등을 가장 좋아하지만 다른 분야에서 깊은 영감을 얻는 경우도 많다. 덕분에 나는 여러 분야에서 지혜를 얻는 과정을 통해 의미 있는 자기 성찰을 할 수 있었다. 평소에도 나는 더 나은 삶을 살 수 있도록 도와주는 새로운 아이디어를 찾아다니는 걸 즐긴다.

나는 소크라테스가 남긴 '너 자신을 알라.'라는 유명한 격언이 자기 성찰의 기본이라고 생각한다. 스토아학파는 소크라테스를 사랑했기에 자기 성찰은 스토아 철학에서 중요한 개념이 되었다. 나 자신을 알아가는 일은 매우 중요하다. 이미 자기 자신을 잘 안다고 생각해도 알아야 할 것은 항상 남아 있기 마련이다.

성격 검사는 이 모든 것을 시작하기에 훌륭한 방법이다. 게다가 재미도 있다. 내가 가장 좋아하는 성격 유형 검사는 MBTI다. 한번은 친구 맷과 함께 등산을 갔다가 MBTI 검사 결과를 읽어 준 적이 있는데, 그 내용이 너무 정확해서 우리 둘 다 크게 웃었던 기억이 난다. 마치 맷을 속속들이 아는 사람이 작성한 것만 같았다! 내 성격 유형 검사 결과도 실제 성격과 잘 맞아떨어졌다(참고로 나는 INFP(내향/직관/감정/인식)다).

성격 유형 검사의 종류는 셀 수 없이 많지만, 개인의 가치관을 자세히 들여다보기에는 MBTI가 좋은 것 같다. 엄격히 말해 성격 검사는 스토아주의와는 상관없지만 자신을 성찰하고 행동을 돌이켜 볼 때 유용한 도구가 될 수 있다.

자신에 대해 더 잘 알게 되고 동시에 지혜도 키울 수 있는 또 다른 방법은 독서다. 나는 폭넓고 다양한 독서를 했던 것이 내 가치관을 파악하고 어떤 삶을 살고 싶은지를 더 잘 이해하는 데 도움이 되었다고 생각한다. 살면서 문제가 생길 때마다 도움이 될 만한 책을 찾아보라. 예를 들어, 인간관계로 어려움을 겪고 있다면 인간관계에 관한 책을 찾아 읽어 보라. 창업을 계획하고 있다면 창업에 관한 책을 찾아 읽어 보라. 몽골 음악 중 목청을 이용하는 독특한 창법을 배우고 싶다면 그에 관한 책을 찾아 읽어 보라. 관련 서적을 찾아 읽는 것은 인생에서 마주하는 여러 가지 문제에 대처하고 해결책을 모색하기에 믿을 수 없을 만큼 실용적이며 효과적인 방법이다.

여기서 한 걸음 더 나아가 독서를 통해 주변 사람들을 도와줄 수도 있다. 너무 바쁘다고 불평하는 친구가 있다면 그렉 맥커운의 《에센셜리즘Essentialism》을 추천해 주어라. 주변에 곧 부모가 되는 사람이 있다면 필리파 페리가 쓴 《나의 부모님이 이 책을 읽었더라면The Book You Wish Your Parents Had Read》을 선물해 보라. 주변에 심한 불안 증상을 겪고 있는 사람이 있다면 스티브 피터스의 《침프 패러독스The Chimp Paradox》를 읽어 보라고 귀띔해 줘라. 평소에 책을 많이 읽을수록 다른 이에게 꼭 필요한 책을 추천해 줄 수 있다(이거야말로 책을 사기에 더할 나위 없이 좋은 핑계다). 필요할 때 친구나 가족에게 적절한 책을 추천해 줄 수 있다면 보람을 느끼게 될 것이다. 그러니 까짓것 망설일 이유가 없지 않은가?

지혜를 찾는 과정에서 자신이 어떤 가치와 사상을 중요하게 생각하는지를 더 잘 이해하게 되었다면, 이제 자신의 행동을 되돌아보고 가치관과 일치하는지 확인할 시간이다. 자기 성찰은 여기서부터 시작된다.

## 일기 쓰기

자기 성찰에서 빼놓을 수 없는 일이 바로 일기 쓰기다. 일기는 고대 스토아 철학자들이 자신의 생각을 탐구하는 데 사용한 도구였다. 역사상 가장 중요한 철학 서적으로 손꼽히는 아우렐리우스의 《명상록》은 출판을 목적으로 쓴 글이 아닌 한 개인의 일기다. 그렇다. 우리는 남의 일기장을 읽고 끊임없이 인용하며 이러쿵저러쿵 참견하고 있는 셈이다. 내 일기장에서 발췌한 내용이 2,000년 후 인터넷에 퍼진다고 상상해 보라! 아우렐리우스의 일기에 많은 사람이 공감한다는 사실이 놀라울 따름이지만, 《명상록》은 자기를 성찰하고 자신이 가진 철학에 맞춰 살고 있는지 스스로 점검하는 겸허한 방법이었다. 결코 다른 사람에게 보여 주려고 쓴 글이 아니다. 다음에 아우렐리우스의 인용문을 보게 된다면 이 사실을 기억하라!

일기를 쓰면 카타르시스를 느낄 수 있다. 빈 종이에 글을 적어 내려가는 행위엔 강력한 힘이 있다. 그래서 역사적으로도 힘들고 어려운 상황에서 일기를 쓴 사례를 많이 찾을 수 있다. 그중 안네 프랑크의 일기는 심금을 울린다. 단언컨대 안네 프랑크의 일기를 모르는 사람은 없을 것이며, 이미 읽어 본 사람도 꽤 많을 것이다. 2차 세계대전 당시 유대인이었던 안네와 그 가족들은 나치의 박해를 피해 은신처에서 숨어 살아야 했다.

안네는 아버지가 다니던 직장 건물의 숨겨진 별관에서 2년 동안 숨어 살다가 결국 나치에게 발각되어 체포되었다. 처음 은신처에 들어갔을 당시 열세 살이었던 안네는 숨어 지내는 동안 일기를 썼다. 일기를 쓰는 것은 안네가 암담한 현실에 대응하는 창의적인 방법이었다.

안네의 일기는 그녀뿐만 아니라 우리 모두에게 중요한 의미를 지닌다. 심금을 울리는 이 열세 살 소녀의 글은 수많은 사람으로 하여금 그 시절의 참담함을 보다 깊이 이해할 수 있게 해 준다. 또한 우리는 이 일기를 읽으며 앞으로 인류 역사에 이런 일이 두 번 다시 일어나게 해서는 안 된다는 사실을 깨닫는다. 안네의 일기는 전 세계적으로 수많은 사람에게 영향을 미쳤는데, 이 모든 것은 안네가 가만히 앉아 자신의 내면을 들여다보며 그 안에 있는 감정을 종이 위에 솔직하게 쏟아 낸 덕분이다.

일기를 쓰는 방법은 다양하므로 자신에게 가장 적합한 방법을 찾는 것이 중요하다. 그 시작으로 몇 가지 방법을 시도해 보는 게 좋다. 이 책을 읽으면서 글(혹은 일기)을 써 보라고 독자 여러분을 격려하는 것도 바로 이러한 까닭이다. 각 원리가 끝날 때마다 '변화를 위한 글쓰기 미션'이 등장하는 이유는 이러한 자기 성찰의 원리를 훈련하기 위해서다. 일기는 인생을 뒤바꾸는 도구다. 그러니 한번 꾸준히 써 보길 권한다.

개인적으로 나는 일기를 그날 하루를 되돌아보고 주요 사건을 기억하는 도구로 사용한다. 일기를 쓰면 생각이나 목표, 아이디어를 명확하게 정리하는 데 도움이 된다. 다음은 내 일기장에서 발췌한 2021년 7월 12일자 일기다. 여기서 뺄 건 빼고 더할 건 더해서 앞으로 일기를 쓸 때 참고하길 바란다. 이날은 좌충우돌 정신없는 날이 아니라 특별할 것 없는 '평범한 하루'였다.

<2021년 7월 12일 월요일>

**요약 :**

숙면한 덕에 일찍 눈이 떠졌다. 본격적으로 글을 쓰기 전에 헬렌과 잠깐 아침 산책을 했다. 오늘은 거의 하루 종일 글만 썼다. 점심을 먹고 10km를 뛰었다. 강연 참여와 관련해 고객과 줌으로 미팅을 했다. 오늘 저녁 명상이 무척 좋았다(20분). 잠자리에 들기 전 헬렌과 스탠드 업 코미디를 시청했다.

**가장 좋았던 것 :**

달리면서 자연과 교감했다.

헬렌과 피자를 먹었다.

모르는 사람에게서 인스타그램 쪽지로 응원을 받았다.

**교훈 :**

산책할 때 온전히 집중하지 못했다. 휴대폰을 집에 두고 나오거나 무음으로 설정하자.

코미디 프로그램을 더 많이 시청하자!

**내일 목표 :**

자기 성찰 원리에 대한 집필을 끝내고, 오늘 수정한 사항들을 전체적으로 다시 한번 살펴볼 것.

15일 팟캐스트 녹음할 때 사용할 마이크 점검. 헤드폰 미리 찾아서 충전해 놓을 것.

이렇게 매일 일기를 쓰는 일에 익숙해지면 시간도 별로 들지 않을 뿐만 아니라 이 습관을 꾸준히 유지해 나가는 것도 점점 쉬워진다. 또한 일기 쓰는 데 몇 분이면 충분하다는 걸 알고 나면 이 시간만큼은 자기 성찰에 온전히 집중할 수 있게 된다. 그리 대단한 습관은 아니지만 가치는 엄청나다.

일기 쓰기의 또 다른 장점은 나중에 다시 읽었을 때 생각지도 못했던 영감을 얻거나 반복되는 패턴을 발견할 수 있다는 점이다. 몇 달에 한 번씩 지난 일기를 다시 읽어 보면 실질적인 통찰력을 얻을 수 있을 뿐만 아니라, 자신이 같은 실수를 반복하고 있다는 걸 발견할 수도 있다. 이런 점은 무척 유용하다.

## 아침 일과

아, 모닝 루틴! 이보다 좋은 것은 없다! 아침 일과를 도입하면서 내 인생은 놀랍도록 달라졌다. 이제 매일 아침 정해진 일과로 하루를 시작하는 것은 내게 가장 중요한 습관이 되었다. 그런데 이 아이디어는 전혀 새로운 것이 아니다. 정해진 일과로 하루를 시작하는 것은 아주 오랜 세월 이어져 내려온 지혜다. 나는 개인적으로 아침을 시작하는 태도에 대해 아우렐리우스가 남긴 조언을 가장 좋아한다.

**"아침에 일어났을 때 살아 있다는 것이,**
**숨 쉬고, 생각하고, 즐기고, 사랑할 수 있다는 것이**
**얼마나 소중한 특권인지 생각하라."**

감사함으로 하루를 시작하는 것은 긍정적인 마음가짐을 갖는 데 도움이 된다. 하루의 시작으로 나쁘지 않은 방법이다.

세네카는 아래와 같이 감사하는 마음을 살짝 비틀어 부정적 시각화로 하루를 시작할 것을 제안했다(여섯 번째 방법을 참고하라).

**"지혜로운 사람은**
**'인생에서 내가 소유할 수 있는 것은 아무것도 없다.'**
**라는 생각으로 하루를 시작할 것이다.**
**공적으로나 사적으로나 변하지 않는 것은 아무것도 없다."**

모든 것, 특히 우리가 일상에서 마주치는 것들이 영원하지 않다는 사실을 의식하면 감사한 마음이 솟아난다. 지금 누리고 있는 것들을 언제라도 빼앗길 수 있고, 우리가 누리는 삶이 하루아침에 뒤바뀔 수도 있다는 사실을 되새기면 감사한 마음으로 하루를 시작할 수 있다.

스토아 철학자들은 아침에 눈을 뜨자마자 오늘 하루를 어떻게 보낼지 생각하며 명상하는 시간을 가지라고 조언한다. 아침저녁으로 명상하는 습관을 들이는 것도 이를 실천할 수 있는 좋은 방법이다.

아침은 자기 성찰을 하기에 완벽한 시간이다. (이왕이면 지혜로 가득한) 책 읽기, 묵상하기, 명상하기, 운동하기, 에너지를 마음껏 발산하며 춤추기 등 어떤 방법이라도 좋다! 다만 이 시간은 온전히 당신만을 위한 시간이어야 한다는 사실을 명심하라. 하루 중에 온전히 인생의 경이로움에 대해 생각하고, 성찰하고, 숙고할 수 있는 시간을 가져라.

하루의 시작을 위한 준비 시간이 없으면 온종일 시간에 끌려다니기 쉽다. 아침 일과를 건너뛴 날이면 나는 긴 밧줄에 묶인 채 반대편에서 나를 향해 달려오는 화난 코뿔소를 피해 하루 종일 도망 다니는 것 같은 느낌이 들곤 한다.

아침을 어떻게 시작하느냐에 따라 하루가 크게 달라진다. 일반적으로 나의 아침 일과는 다음과 같다.

1. 기상(꽤 일찍 일어나는 편이다.)
2. 스토아주의 격언/ 부정적 시각화/ 메멘토 모리memento mori(아홉 번째 방법으로, 뒤에서 설명할 것이다.)
3. 운동
4. 찬물 샤워
5. 명상
6. 독서

딱히 근사할 것도, 이상할 것도 없는 평범한 아침 일과다. 이 모든 일을 마치는 데는 보통 한두 시간 정도가 걸리고, 필요한 경우에는 짧게 끝내기도 한다. 일정에 따라 바뀌기도 하지만 어디에 있든지 이렇게 아침을 시작하면 하루가 편안하다.

아침 일과는 각자 라이프 스타일에 맞게 짜야 한다. 가령 세네카는 운동으로 시작해서 찬물 목욕을 하고 간단하게 아침을 먹었다. 독자 여러분 가운데는 알몸으로 팔굽혀펴기를 하고 아침으로 마마이트 잼을 바른 토스트를 먹는 사람도 있을 수 있다…. 아침 일과도 다양하게 시도해 볼 수 있다. 일기장에다가 어떻게 하루를 시작할지 계획을 짜 보는 것도 좋은 방법이다.

## 저녁 일과

하루의 끝은 자기 성찰을 실천하기에 완벽한 시간이다. 하루를 되돌아보면 우리가 진정으로 자신의 가치관에 부합하는 삶을 살고 있는지 효과적으로 점검할 수 있다. 그 개한테 꼭 그렇게 소리를 지를 필요가 있었나? 건배하다가 잔을 떨어뜨렸을 때 꼭 그렇게 욕을 뱉었어야 했나? 왜 그 사람을 위해 문을 잡아 주지 않았을까? 그렇다! 지금 당장 방으로 들어가 오늘 하루 당신의 행동을 되돌아보라!

에픽테토스는 하루를 성찰하는 방법을 다음과 같이 구체적으로 알려 준다.

**"아무리 눈꺼풀이 무거워도 낮에 했던 행동을**
**낱낱이 헤아리기 전까지는 잠들지 말라.**
**어디서 잘못했을까? 내가 어떻게 했더라?**
**꼭 해야 하는데 안 한 건 뭐가 있지?**
**하나부터 열까지 자신의 행동을 되돌아보며**
**잘못된 (혹은 비겁한) 행동은 스스로 책망하되,**
**잘한 행동은 칭찬하라."**

저녁에 하루를 되돌아보면 좋은 점은 우리 마음속에 그

날 있었던 모든 일이 생생하게 떠오른다는 것이다. 가장 기억이 뚜렷한 순간이기 때문이다. 그날그날 하루를 되짚어 보면 애써 기억해 내려고 머리를 쥐어짜지 않아도 자기 성찰을 제대로 마무리할 수 있다. 이때 실수하는 게 당연하다는 것을 기억하라. 실수나 잘못은 그저 받아들여라. 또한 일이 계획대로 진행되지 않았다고 해서 자신을 너무 괴롭히지도 말아야 한다. 실수나 잘못에서 교훈을 찾고 부정적인 생각에 연연하지 않는다면, 누구나 긍정적인 마음가짐을 유지하면서 올바른 방향으로 나아갈 수 있다!

하루를 마무리하면서 자신의 행동을 되돌아보는 시간을 가지는 연습은 인생에 큰 변화를 가져올 수 있다. 그야말로 스토아주의자다운 행위다.

## 네 번째 방법을 마치며

매일 시간을 내어 지혜를 키우고 자기 자신을 성찰하는 것은 매우 중요한 습관이다. 이를 위해 실제로 많은 시간이 필요하지도 않다…. 시간을 많이 들이는 것보다는 꾸준하게 하는 것이 더 중요하다고 생각한다. 하루를 마무리할 때마다 몇 분이면 충분하다. 먼저 아침 일과부터 시작해 보라.

각자에게 맞는 방식으로 하루를 계획하고 준비하면 된다. 저녁 시간은 그날 있었던 일과 자신의 행동을 짧게 되짚어 보기에 효과적이다. 더불어 일기장에 짧게 기록하는 습관을 들이면 우리가 가치관에 부합하는 삶을 살아가고 있는지, 스토아 철학의 가르침을 따라 자기 자신을 성찰하고 있는지 점검하는 데 도움이 된다.

**"나는 나 자신을 끊임없이 감시하며,**
**무엇보다 나의 하루를 매일매일 돌아볼 것이다.**
**아무도 자신의 삶을 되돌아보지 않는다.**
**우리의 악함은 여기서 비롯된다.**
**우리는 앞으로 할 일만 생각한다.**
**하지만 미래의 계획은 과거에서 이어져 내려온다."**

**— 세네카 —**

## 스토아주의 연습하기

이번 연습 과제의 목적은 자기 인식 능력을 높이고 자아 성찰을 위한 시간을 마련할 수 있도록 돕는 것이다.

### 아침 일과

아침 일과를 계획하여 하루를 제대로 시작하라. 그리고 직접 계획한 일과를 한 달 동안 시험해 보라. 너무 까다롭지 않은 일부터 시작해서 익숙해지면 하나씩 추가해 나가라. 운동, 명상, 독서 등은 효과적이면서도 하루를 시작하기에 알맞은 활동이다. 하지만 결정권은 당신에게 있으므로 각자 자신에게 맞는 활동으로 아침 일과를 계획하라.

### 저녁 일과

스토아주의자답게 자기 성찰로 하루를 마무리하라. 조용히 하루를 되짚어 볼 수도, 일기를 쓸 수도 있다. 일기 쓰기와 저녁 일과는 상호 보완적인 행위다. 치즈가 있는 곳에 생쥐가 가는 것처럼 이 두 가지는 서로 뗄 수 없는 사이다. 그러니 저녁 일과에 일기 쓰는 시간을 넣어 보길 권한다.

일기를 쓸 때 시도해 볼 수 있는, 에픽테토스에게 영감을 받은 훌륭한 방법이 있다. 3가지 간단한 질문으로 오늘 하루를 되짚으며 가장 중요한 가치를 이끌어 내는 것이다.

**첫 번째 질문, 오늘 하루 계획대로 되지 않은 일은 무엇인가?** 무엇이 잘못되었는지 살펴보면 실수에서 교훈을 얻을 수 있다. 또한 우리가 상황에 건강하게 반응했는지 되돌아보는 기회가 될 수도 있다. 너무 당황한 나머지 생각을 통제하지 못했는가? 아니면 장애물을 우아하게 처리해 냈는가?
**두 번째 질문, 오늘 잘된 일은 무엇인가?** 잘 진행된 일에서도 유익한 교훈을 얻을 수 있다. 효과적인 방법이 무엇인지, 다음번에도 똑같이 잘하려면 어떻게 해야 하는지 등을 알 수 있다. 또한 오늘 하루 일어난 모든 긍정적인 일에 더욱더 감사하는 마음을 가지는 기회가 되기도 한다.
**세 번째 질문, 내일 해야 할 일은 무엇인가?** 내일 해야 할 일을 점검해 두면 앞으로 닥칠 일을 미리미리 계획하고 준비할 수 있다. 해야 할 일이 많을 때일수록 유용하다.

이런 식으로 하루를 성공적으로 마무리하는 데 도움이 되는 저녁 일과를 만들어 보라. 그리고 앞으로 한 달 동안 꾸준히 실천해 보라.

### 책 처방

책을 처방하는 의사가 되어 보라. 지금 겪고 있는 문제와 관련된 책을 찾아 읽어 보라는 뜻이다. 건강, 인간관계, 직장 생활 등 어떤 문제든 상관없다. 말 그대로 어떤 문제라도 좋다. 당신이 고른 책은 (바라건대) 문제를 해결하는 데 도움이 될 만한 지혜를 줄 것이다.

이 연습은 아예 '인생 문제 목록'을 만든 다음 이 문제들을 해결하는 데 도움이 되는 책의 리스트를 작성해 보는 방식으로 확장할 수도 있다.

### 일기 쓰기

앞으로 일주일 동안 매일 하루를 돌아보는 일기를 써 보라. 스스로에게 잘한 점과 잘못한 점을 물어보라. 당신의 행동을 살펴보며 왜 그런 식으로 행동했는지 그리고 더 나은 하루를 보내려면 어떻게 행동해야 했을지를 생각해 보라.

### 너 자신을 알라

자기 자신을 더 잘 알아가는 데 시간을 투자하라. 당신의 행동을 더 잘 파악하는 데 도움이 되는 지혜와 통찰력을 얻기 위해 몇 가지 성격 유형 검사를 시도해 보라. 개인적으로는 MBTI를 추천한다. (성격을 주도형Dominance, 사교형Influence, 안정형Steadiness, 신중형Consciousness으로 나누는) DISC도 괜찮다.

**변화를 위한 글쓰기 미션**

네 번째 방법인 '스스로를 돌아보기'를 제대로 실천하려면 저녁 일과에 하루를 성찰하는 시간을 꼭 넣길 바란다. 하루를 성찰하는 방법은 여러 가지가 있지만 앞서 언급했듯이 교훈과 가장 좋았던 일을 찾는 것이 효과적이다. 잘못한 일보다는 개선할 점에 초점을 맞추는 게 좋다는 뜻이다. 그리고 그날그날 자신이 성찰한 내용을 글로 적어 보라.

다섯 번째 방법

# 역할 모델을 찾아라

"우리에게는 우리 인격을 규제하는 누군가가 반드시 있어야 한다. 자를 사용하지 않으면 구부러진 것을 결코 바로잡을 수 없다."

— 세네카 —

### • 요약 •

역할 모델은 세상을 살면서 어떻게 행동해야 하는지를 보여주는 본보기다.

### • 원리 •

이 원리를 시작하며 인용한 세네카의 말은 내가 가장 좋아하는 스토아주의 격언으로, 우리 삶에서 역할 모델의 중요성을 강조하는 문구다. 좋은 역할 모델이 없으면 삶을 살아가는 데 필요한 올바른 태도를 기르기 어렵다.

스토아 철학은 우리에게 덕 있는 인격을 개발하도록 장려하므로, 덕 있는 삶을 사는 사람들의 행동을 모방하는 것은 대단히 의미가 있다. 누군가 모범이 되는 행동을 하면, 우리는 이를 기준으로 삼아야 한다. 누군가 너그럽고 존경받을 만한 일을 하면, 우리는 이 행동에서 영감을 얻을 수 있다.

역할 모델은 다양한 형태로 존재하며, 스토아 철학자

가운데는 역할 모델로 삼을 만한 사람이 많다. 카토, 플라톤, 디오게네스 이 세 사람은 꽤 인기 있는 역할 모델이다. 또한 에피쿠로스는 (스토아학파는 아니었지만) 세네카가 가장 좋아하고 따랐던 사람이었다. 로마 시대 스토아학파 가운데는 초기 스토아학파를 이끌었던 제논과 클레안테스, 크리시포스를 역할 모델로 삼은 사람이 많다. 이 세 사람의 행동은 후대에 많은 영감을 주었다.

아우렐리우스의 《명상록》은 자신이 인생을 살며 영감을 받았던 사람들의 이름을 나열하는 것으로 시작한다. 아우렐리우스는 가족과 스승, 친구 들에게서 배운 교훈을 체계적으로 기록했는데, 이런 그에게는 수많은 역할 모델이 있었다!

소크라테스는 스토아학파가 자주 언급하고 그만큼 중요하게 여기는 인물이다. 비록 스토아주의자는 아니었지만, 소크라테스의 삶과 사상은 스토아학파에게 큰 영향을 미쳤다. 에픽테토스가 남긴 문장을 보면 스토아학파가 소크라테스를 얼마나 높이 평가했는지 엿볼 수 있다.

**"(…) 소크라테스는 모든 것에서 오직 이성을 좇음으로써**

**완전한 삶을 살았다.**

**소크라테스의 경지까지 오르지는 못하더라도**

**최소한 소크라테스처럼 되기를 원하며 살아야 한다."**

에픽테토스는 우리가 소크라테스처럼 되기를 열망하며 그의 행동을 기준으로 삼아 선한 삶을 살고자 노력해야 한다고 말한다.

그러나 역할 모델이 꼭 철학자일 필요는 없다. 누구든 역할 모델로 삼을 수 있다. 당신은 누구를 역할 모델로 삼고 싶은가?

## 역할 모델 고르는 법

역할 모델은 가족, 친구, 동료, 유명 인사, 스승, 작가 등 누구나 될 수 있다. 사람마다 역할 모델로 삼고 싶은 사람은 다 다를 것이다. 나의 역할 모델과 당신의 역할 모델 또한 다를 것이다.

스토아학파는 역할 모델을 선택할 때 '선한 인격'을 가진 사람, 즉 세상을 더 나은 곳으로 만들고, 우리에게서 따뜻한 마음과 최선의 모습을 이끌어 내는 사람들을 찾으라고 말한다.

그렇다면 선한 인격이란 무엇일까? 스토아학파에 따르

면 선한 인격은 덕 있는 삶을 사는 사람에게서 찾을 수 있다. 덕 있는 삶을 사는 사람은 4가지 기본 덕목인 지혜, 정의, 용기, 절제를 좇아 엄격한 윤리적 틀 안에서 살아가는 사람이다. 즉, 올바른 의도를 가지고 행동하며 품위 있는 인간이 되고자 열심히 노력하는 사람이다. 스토아학파는 이 기준에 부합하는 사람을 찾아 역할 모델로 삼았다.

하지만 반드시 스토아학파와 똑같은 기준을 적용할 필요는 없다. 선한 인격을 판단하는 기준은 사람마다 조금씩 다를 수 있기 때문이다(세월이 흐르면서 조금씩 달라질 수도 있다). 내가 생각하는 선한 인격의 기준에는 친절함, 정직함, 공감 능력도 포함된다. 당신의 기준은 무엇인가?

당신의 기준에 맞는 사람이 누가 있는지 잠시 생각해 본 다음 역할 모델로 삼을 만한 사람의 명단을 작성해 보라. 아마 재미있는 시간이 될 것이다. 누군가를 명단에 추가할 때마다 그 사람의 어떤 자질과 성격을 닮고 싶은지 스스로 물어보면서 명단을 완성해 보라.

내 역할 모델의 명단은 꽤 길다. 상당수는 가까운 친구와 가족이며, 내가 읽은 전기 속 인물도 많다. 흥미로운 사실은 이미 세상을 떠난 사람도 많다는 것이다. 정말이지 시대를 초월한 명단이다! 내 인생에서 가장 중요한 역할 모델은 나의 아내인 헬렌이다. 헬렌은 여러모로 진정한 스토아주의자이며 내게 무한한 영감을 주는 사람이다. 헬렌을 인생의 동반자로 둔 나는 정말 복이 많은 사람이다. 여러분 곁에도 헬렌 같은 동반자가 있기를 바란다.

명단을 작성한 다음에는 어떻게 해야 할까? 존경하는 사람이 여럿 떠올랐다면 이제 그들이 행동하는 방식과 실제 행동을 본보기로 삼으면 된다.

이 시점에서 자신을 나른 사람과 비교할 때는 더욱더 조심해야 한다는 사실을 짚고 넘어갈 필요가 있다.

요즘 사람들은 남과 자신을 비교하는 데 많은 시간을 낭비하곤 한다. 물론 과거에도 다르진 않았을 것이다. "왜 프레드의 동굴이 내 동굴보다 크지? 게다가 프레드가 입은 저 매머드 털옷 좀 봐…. 저런 옷을 가지고 있다니! 나도 갖고 싶어!" 하지만 요즘엔 소셜 미디어의 등장으로 다른 사람들의 '보여 주기식' 일상을 훨씬 더 쉽게 접할 수 있다. 매일 그런 게시물에 노출되어 있다 보면 자연스럽게 남과 비교하게 된다. 특히 유명인이나 성공한 사람들을 팔로우하는 경우 자신의 삶과는 너무나도 다른 삶을 목격할 수밖에 없다.

이러한 비교는 대개 부러움과 질투심을 불러일으키기 때문에 아무런 도움도 되지 않는다. 스토아주의자라면 인격을 비교해야 마땅하다. 그들은 어떤 유형의 사람인가? 중요한 것은 라이프 스타일이 아니라 인격이다. 인격을 비교의 기준으로 삼게 되면 선한 인격을 가진 사람을 볼 때 질투심이 아니라 닮고 싶다는 열망이 피어난다!

## 안티 역할 모델

역할 모델과 반대되는 개념이 바로 안티 역할 모델이다! 안티 역할 모델은 반면교사로 삼고 싶은 사람, 즉 결코 따라하고 싶지 않은 행동을 하는 사람을 가리킨다. 사실 안티 역할 모델은 굳이 멀리서 찾지 않아도 도처에 널려 있다. 본받을 만한 사람을 찾기보다 본받고 싶지 않은 사람을 찾기가 훨씬 쉬운 것이 세상 이치다. 좋든 싫든 세상 돌아가는 이치가 그렇다.

그러니 안티 역할 모델을 떠올리기는 어렵지 않을 것이다(당장 나만 해도 머릿속에 수많은 사람이 떠오른다). 개인적으로 아는 사람일 수도 있고, 지나가다 우연히 마주친 낯선 사람일 수도 있고, 언론에서 접한 사람일 수도 있다. 안티 역할 모델의 명단을 작성하는 데는 그리 오랜 시간이 걸리지 않을 것이다. 지금 당장 떠올려 보라. 그 사람의 어떤 점이 마음에 들지 않는가? 본받고 싶지 않은 자질이나 성격은 무엇인가?

처음에는 안티 역할 모델을 찾는 것 자체가 상당히 부정적으로 느껴질 수도 있지만 전혀 그렇지 않다. 따라 하고 싶지 않은 행동을 관찰하다 보면 그런 행동을 하는 사람이 눈에 들어온다. 부정적인 사람들을 관찰하다 보면 '나는 저렇게 하지 말아야지.'라고 다짐하게 된다. 때로는 하지 말아야 할 일을 아는 것이 매우 도움이 될 수 있다.

안티 역할 모델이 반드시 독재자나 연쇄 살인범, 부패한 정치인일 필요는 없다. 사소한 일이라도 잘못된 행동이라 생각되면 참고해서 행동 지침으로 삼을 수 있다. 가령 차가 꽉 막힌 도로에서 얌체처럼 끼어드는 차를 봤을 때, 화를 내기보다는 정반대로 행동하도록 노력하면 된다. 앞으로 운전할 때 되도록 끼어들지 않겠다고 의식적으로 노력하는 것이다. 물론 끼어들기 하나로 그 사람을 안티 역할 모델로 매도해 버리기에는 다소 무리가 있지만, 이처럼 부정적인 특성만 따로 떼어 내 하지 말아야 할 행동의 기준으로 삼을 수도 있다.

안티 역할 모델은 우리가 가진 부정적인 특성을 돌아보고 노력을 통해 이를 고치도록 장려한다. 다시 말해, 우리가 자신의 행동을 들여다보며 혹시라도 안티 역할 모델의 행동과 일치하는 부분은 없는지 점검하게끔 도와주는 것이다.

아우렐리우스는 이 모든 것을 한 문장으로 완벽하게 요

약했다.

**"최고의 복수는 네 적처럼 되지 않는 것이다."**

## 스토아 철학 속 슈퍼히어로

우리에게는 슈퍼히어로가 있다. 물론 실존하진 않지만 개념으로서는 존재한다. (개인적으로 가장 좋아하는) 스파이더맨, 원더우먼, 배트맨, 캣우먼, 블랙 팬서, 어벤져스 등 이 가상의 캐릭터들은 저마다 초인적인 능력을 갖고 있다. 영화 속에서 이들은 악에 맞서 싸워 세상을 구한다. 물론 슈퍼히어로들도 저마다 개인적인 '문제'를 가지고 있는 경우가 많지만, 일반적으론 선하고 고결한 행동을 주로 보여 준다. 이런 이유로 어린 시절 접한 슈퍼히어로는 도덕과 윤리에 관해 많은 것을 가르쳐 주고, 좋은 사람이 되도록 영감을 준다. 하지만 슈퍼히어로에게서 영감을 받는 건 어린 세대뿐만이 아니다. 슈퍼히어로 영화가 개봉하면 연령대를 불문하고 많은 이들이 영화관으로 몰려간다. 악에 대항하여 선이 승리하는 이야기는 시대를 초월해 공감을 이끌어 내는 서사이기 때문이다.

스토아 철학에도 그들만의 상상 속 슈퍼히어로가 존재했다. 바로 '스토아적 현자Stoic Sage'다(안타깝게도 광선 검을 휘두르지는 않는다). 스토아적 현자는 완벽하게 철학적인 삶을 살아가는 가상의 인물로, 무슨 일이 일어나더라도 상황에 완벽하게 대처한다. 스토아적 현자의 행동과 성격에는 결점이 하나도 없다. 물론 현실에 이런 사람은 존재하지 않는다. 그 누구도 완벽할 수 없으며, 이 세상을 살다 간 수많은 위인들에게도 결점은 있었다. 우리는 완벽한 인간이 이 세상에 존재하지 않는다는 사실을 알지만, 그렇다고 해서 완벽한 인간이 어떤 모습일지 상상할 수 없는 건 아니다. 그래서 스토아적 현자라는 개념이 생겨났다.

문제에 직면했을 때 스토아적 현자라면 어떻게 했을까를 생각함으로써 우리는 스토아주의가 실생활에서 어떤 행동으로 나타날지 명확하게 알 수 있다. 수년에 걸쳐 철학적 개념을 연구하더라도 행동으로 실천하지 않으면 시간 낭비일 뿐이다. 이럴 때 스토아적 현자라면 어떻게 행동했을까를 생각해 보는 것은 큰 도움이 된다.

스토아적 현자는 본질적으로 스토아 철학 전체를 인간이라는 형태로 압축해 놓은 것이다. 스토아적 현자는 우리가 매 순간 어떻게 행동하려 노력해야 하는지 보여 준다. 앞에서 아레테라는 개념에 대해 설명한 적이 있다. 아레테는 어떤 상황에서든 자신에게서 이끌어 낼 수 있는 최선의 모습으로 살아가는 것을 가리킨다. 스토아적 현자는 아레테의 완벽한 현신이다. 이상적으로 우리는 항상 이 스토아적 현자처럼 행동하려고 노력하는 것을 목표로 삼아야 한다.

## 에픽테토스라면 어떻게 말했을까?

스토아학파는 자제력, 명확하게 생각하는 능력, 상황에 따라 어떻게 대응할지 판단하는 분별력 등 모든 측면에서 환상적인 역할 모델이다.

어렵고 힘든 상황에서 어떤 행동이 최선인지 알 수 없을 때 우리는 이렇게 질문해야 한다. "스토아주의자라면 어떻게 했을까?" 스토아주의자의 관점에서 크고 작은 문제를 바라보면 실질적인 해결책에 도달할 수 있다.

개인적으로 나는 고대 스토아 철학자가 내게 격려와 응원을 건네는 상상을 즐겨한다. 나는 첫 번째 책에서 다리가 부러진 사람에게 에픽테토스가 어떤 말을 건넸을지 상상해서 쓴 적이 있다. 엉뚱하지만 틀린 말은 하나도 없었다. 그 상황에서 통제할 수 있는 것과 없는 것에 초점을 맞춘 말들이었다(어디까지나 에픽테토스라면 어떻게 말했을까를 상상해서 쓴 것이다).

가장 좋아하는 스토아 철학자가 다가와 당신이 고민하는 문제에 대해 이런저런 조언을 건네는 모습을 상상해 보면 재밌을 것이다. 말을 건네는 대신 그 철학자의 문체로 당신 자신에게 편지를 써 볼 수도 있다. 세네카는 제자 루실리우스에게 다양한 문제에 관해 편지를 쓰곤 했다. 이처럼 세네카가 당신에게 편지를 쓰고 있다고 상상해 보라. 이 방법은 마치 스토아 철학자의 머릿속에 들어간 것과 같은 상황을 만들어, 당신이 지금까지 읽은 모든 스토아 철학의 내용을 종합적으로 사고하는 데 도움을 줄 것이다. 또한 제3자의 입장에서 문제를 객관적으로 볼 수 있게 도움을 줄 수도 있다.

한 단계 더 나아가 좋아하는 스토아 철학자 대신 그 자리에 스토아적 현자를 대입할 수도 있다. 앞서 언급했듯이 스토아적 현자는 이론적으로 '완벽하게' 행동한다. 따라서 궁극적인 역할 모델이다. 무슨 일이 일어나더라도 스토아적 현자는 능숙하게 대처한다. 그러니 어렵고 힘든 상황이 닥쳤을 때 스토아적 현자라면 어떻게 이 문제를 헤쳐 나갔을지 상상해 보라. 해결책을 찾았다면 그대로 행동하라!

## 당신이 바로 역할 모델이다

우리는 우리 자신이 다른 사람에게 미치는 영향을 쉽게 간과하곤 한다. 우리가 알든 모르든 사람들은 우리를 지켜보고 우리의 말과 행동을 판단한다. 이를 항상 의식하며 행동하는 사람은 없겠지만, 남들의 시선과 판단에서 벗어날 수 있는 사람 또한 아무도 없다.

남들의 시선을 신경 쓰기 시작하면 평소와 다르게 행동하게 되고 모든 행동을 의식하게 된다. 그러다 보면 주변 사람들이 자신의 행동을 보고 어떻게 평가할지 걱정이 된다. 하지만 이는 삶의 일부다. 우리의 모든 행동이 평가를 받는다. '우리의 움직임 하나하나를, 우리의 걸음걸이 하나하나를, 그들은 지켜볼 거야.' 스팅(영국 록 밴드 '더 폴리스'의 메인 보컬_옮긴이)의 노래 가사처럼 말이다.

주변 사람들이 우리를 지켜보고 있다는 사실을 인식하면 행동을 조심하게 된다. 어떻게 행동하느냐에 따라 우리는 누군가에게 안티 역할 모델이 될 수도 있고 역할 모델이 될 수도 있다. 그러니 어떤 삶을 살지 신중하게 생각해야 한다.

타인에게 쉽게 영향을 받는 사람일수록 좋은 행동과 나쁜 행동을 잘 구분하지 못한다는 걸 알아 두면 좋다. 어린이와 청소년은 특히 그렇다. 어린 자녀는 안티 역할 모델이라는 개념 자체를 이해하지 못한다. 부모는 역할 모델일 뿐이고, 아이들은 부모의 행동을 고스란히 모방한다. 그러니 어린 자녀가 있다면 어리석은 행동을 하기 전에 이 사실을 기억하라.

다른 사람들에게 당신은 어떤 역할 모델인지 의식적으로 생각해 보는 것은 유익한 훈련이다. 주변 사람들을 하나하나 떠올려 보라. 그들은 당신을 어떻게 생각할까? 여기에 대해 깊이 생각해 본 적이 있는가? 그들은 당신의 성격을 어떻게 묘사할까? 예상되는 답을 적은 뒤 실제로 주변 사람들에게 당신을 어떤 사람이라 생각하는지 물어보고 비교해 보라. 진실은 당신의 생각과 매우 다를 수 있다. 어떤 차이가 있는지 한번 직접 확인해 보라.

다른 사람들이 당신을 지켜보고 있다는 사실을 인지해라. 남들에게 어떤 사람으로 기억되길 바라는가? 남들이 당신을 어떤 사람이라고 말해 주길 바라는가? 곰곰이 생각해 보고 그렇게 행동하려고 노력해 보라.

## 다섯 번째 방법을 마치며

역할 모델은 자기 계발에서 (긍정적이든 부정적이든) 중요한 역할을 할 수 있다. 역할 모델과 안티 역할 모델에 대해 깊이 생각해 보는 것은 우리 삶에서 이러한 사람들을 더 잘 인식하도록 하기 위함이다. 이를 통해 좋은 행동은 모방하고 나쁜 행동은 피할 수 있다. 당연한 소리처럼 들리지만 막상 직접 경험해 보면 이 방법이 무척 강력한 힘을 가지고 있다는 걸 알 수 있다. 다른 사람의 행동이나 아이디어에서 영감을 얻는 것은 우리 삶에 중요한 변화를 가져오는 원동력이 된다.

**"사람들을 지배하는 원칙을 눈여겨보라.**

**특히 지혜로운 사람들이**

**무엇을 피하고 무엇을 좇는지 잘 살펴보라."**

**— 마르쿠스 아우렐리우스 —**

## 스토아주의 연습하기

이번 훈련의 목적은 다른 사람을 본보기로 삼아 살아가는 방법을 터득하는 것이다.

### 역할 모델

이 연습은 역할 모델을 정해서 그 사람의 행동을 기준으로 삼는 것이다. 역할 모델은 가족, 친구, 존경하는 사람, 운동선수, 작가, 철학자, 스토아주의자 등 누구든 상관없다.

일기장이나 디지털 기기에 역할 모델로 삼고 싶은 사람들의 명단을 작성하라. 어떤 점을 닮고 싶은지도 함께 적어라. 역할 모델을 연구하라. 새겨들을 만한 말이나 어렵고 힘든 상황에 대처하는 방식 등을 알아보라. 그리고 그들의 행동과 성격을 구체적으로 어떻게 모방할지 생각해 보라.

### 안티 역할 모델

안티 역할 모델 명단을 만들고 어떤 자질을 닮고 싶지 않은지 적어 보라. 이제 무슨 수를 써서라도 그렇게 되지 않으려고 노력하라!

참고로 안티 역할 모델 명단은 혼자만 알고 있는 편이 좋다.

## 스토아적 현자

스토아적 현자가 갖춰야 할 덕목을 적어 보라. 이제 어렵고 힘든 상황에서도 완벽하게 대응하는 사람은 어떤 모습일지 생각해 보라. 스토아적 현자라면 다음과 같은 문제를 마주했을 때 어떻게 대응할까?

- 무례하게 행동하는 사람
- 작은 장애물
- 큰 장애물
- 나쁜 소식
- 좋은 소식
- 자신이 다쳤을 때

이 밖에 또 다른 문제 상황을 가정하고 스토아적 현자라면 어떤 완벽한 해결책을 제시할지 생각해 보라.

## 당신이 바로 역할 모델이다

당신을 역할 모델로 삼고 있는 사람들이 누굴까 생각해 보라. 자녀? 친구? 동료? 가족? 낯선 사람? 당신은 삶에서 당신을 필요로 하는 사람들을 위해 최선의 모습으로 살아가고 있는가? 그들의 역할 모델이 되는 데 최대한 집중하라. 나 자신에게서 이끌어 낼 수 있는 최선의 모습은 무엇일까? 이 질문에 대한 답을 찾으려면 이 책의 서두에서 언급한 아레테(최선의 모습으로 살아가는 것)와 4가지 기본 덕목(지혜, 정의, 용기, 절제)으로 돌아가야 한다.

당신이 생각하기에 다른 사람들이 바라보는 당신은 어떤 사람일지 글로 적어 보아라. 그리고 실제로 물어본 뒤에 비교해 보라.

**스토아주의자라면 어떻게 할까?**

살면서 어떤 문제에 직면할 때마다 스토아주의자라면 어떻게 했을지 생각해 보라. 이 상황에서 아우렐리우스나 에픽테토스, 세네카라면 어떻게 했을지 스스로 묻다 보면 문제를 해결할 수 있는 단서가 보일 것이다.

여기서 한 걸음 더 나아가 (스토아주의자뿐만 아니라) 내가 역할 모델로 삼은 이들은 이 문제에 어떻게 대응했을지 생각해 보라. 최선의 해결책을 제시한 역할 모델은 누구인가?

## 변화를 위한 글쓰기 미션

다섯 번째 방법에서는 역할 모델과 안티 역할 모델 명단을 작성하는 것이 주요 목표다. 명단을 작성한 다음에는 어떤 자질을 닮고 싶은지 곰곰이 생각해 보라. 어떤 사람을 닮고 싶은지 생각해 보고 역할 모델로 선택한 사람들에게서 공통점을 찾아보라. 공통적으로 발견되는 자질이나 특성이 있는가? 만약 그렇다면 이제 한 걸음 더 나아가 그러한 자질이나 특성을 가지고 있지 않은데도 여전히 좋은 본보기가 될 수 있는 사람들이 있는지 탐색해 보라. 잘 알지 못하는 사람들을 비롯해 다양한 유형의 역할 모델을 찾아보라.

여섯 번째 방법

# 부정적인 상황도 염두에 두어라

"추방, 고문, 전쟁, 난파 등의 상황에 놓인 것처럼
마음속으로 연습해라.
인간이 처한 모든 조건을
눈앞의 현실처럼 재생할 수 있어야 한다."

— 세네카 —

**• 경고 •**

부정적 시각화는 매우 심도 있는 스토아주의 개념이다. 이를 실천하기란 매우 까다로울 수 있으며, 자칫 잘못 사용하면 매우 부정적인 정신 상태에 빠질 수 있다. 불안이나 우울증, 기타 정신적인 문제를 겪고 있다면 특히 주의하라. 너무 버겁게 느껴지면 이 개념은 아예 건너뛰어도 좋다. 나중에 준비가 되었을 때 언제든 다시 보면 된다.

**• 요약 •**

일이 잘못될 경우를 생각하며 마음의 준비를 하라. 부정적 시각화는 삶의 모든 것에 감사하는 마음을 갖는 방법으로도 이용할 수 있다.

### • 원리 •

우리는 대부분 긍정적 시각화에 익숙하다. 마음속으로 긍정적인 결과를 그리면 우리 뇌가 목표 달성에 집중하는 데 도움이 된다. 운동선수들은 금메달을 목에 걸고 시상대에 올라 관중들의 환호를 받는 모습을 시각화하도록 훈련받는다. 면접을 앞둔 이에게는 합격했을 때 일어날 모든 좋은 일들을 미리 상상해 보라는 조언을 하기도 한다. 이러한 긍정적 시각화는 다양한 상황에서 사용할 수 있으며 많은 사람이 이를 통해 큰 성공을 거두었다. 그러나 스토아학파는 약간 다른 접근 방식을 취했다. 이들은 이와 반대로 부정적 시각화를 적극적으로 탐구했다. 부정적 시각화는 본질적으로 부정적인 상황을 아주 자세하게 상상하는 것이다.

부정적 시각화를 사용하는 목적은 크게 두 가지다.

**첫 번째, 미래에 닥칠 문제에 더 잘 대처할 수 있도록 미리 준비한다.**
**두 번째, 삶 자체와 주어진 모든 것에 깊이 감사할 줄 아는 마음을 키운다.**

많은 이들이 첫 번째 목적, 즉 상황이 잘못됐을 때를 대비하는 걸 당연하게 여긴다. 창업을 하면서 실패할 경우를 생각하지 않는 것은 무모한 일이다. 창업을 준비할 때는 사업을 하며 직면할 수 있는 강점과 약점, 기회와 위협 요소를 체계적으로 탐색하는 것이 일반적이다. 주로 노인 인구가 거주하는 지역에 규모가 큰 클럽을 개업한다고 상상해 보자…. 파리만 날릴 것이다!

실패하거나 잘못될 경우를 대비하지 않으면 날벼락을 맞을 수도 있다. 위협을 미리 인식하면 나중을 대비할 수 있다. 예를 들어, 하루 종일 집에 화재가 발생할 가능성에 대해 생각하는 사람은 없을 것이다. 그러나 조금만 생각해 보면 화재경보기와 소화기를 미리 구비해 두는 게 좋다는 데에는 모두 동의할 것이다. 물론 우리 집에는 이 두 가지가 모두 있다. 소화기를 사용할 일이 결코 없길 바라지만, 만약에라도 화재가 발생하면 손쉽게 대처할 수 있을 것이다. 이건 편집증이 아니다. 잠재적으로 발생할 수 있는 최악의 상황에 미리미리 대비하는 것일 뿐이다.

이 모든 것이 '건강과 안전에 대한 수칙'처럼 들린다고 생각할 수도 있다. 어떤 면에서는 맞는 말이기도 하다. 그러나 스토아학파가 하루 종일 사람들을 쫓아다니며 즐거운 시간을 보내는 걸 방해한 건 아니다. 단지 안 좋은 일이 일어날 수도 있다는 사실을 항상 의식하고 있었을 뿐이다. 에픽테토스는 이렇게 말했다.

**"어떤 행동을 하려고 할 때**
**그 행동의 결과로 일어날 수 있는 일들에 대해 생각하라.**
**수영장에 간다면 그곳에서 일어날 수 있는**
**일들에 대해 미리 생각하라.**
**누군가 물을 튀길 수도 있고, 누군가 다른 사람을 밀칠 수도 있으며,**
**누군가 다른 사람을 괴롭힐 수도 있고, 누군가 도둑질을 할 수도 있다.**
**이런 식으로 당신은 어떤 행동을 하기 전에 마음의 준비를 할 수 있다.**
**아마도 당신은 스스로에게 이렇게 말할 수 있을 것이다.**
**지금 나는 목욕을 하러 갈 참인데,**
**일어날 수 있는 모든 일에 대해 스스로에게 경고함과 동시에**
**고결한 방식으로 나의 의지를 지켜 나갈 준비를 끝마쳤다."**

여러분은 어떨지 모르겠지만 나라면 굳이 일요일 아침에 저런 수영장에 가고 싶지는 않을 것 같다. 하지만 모르는 사람이 물건을 훔치고 물을 튀겨도 에픽테토스가 쉽사리 평정심을 잃지 않는 데는 저런 생각이 도움이 되었겠구나 정도는 짐작할 수 있다.

우리가 현실에 대해 비현실적인 기대를 하고 있다는 세네카의 말은 이러한 정서를 잘 반영한다. 모든 일이 잘될 것이며 나쁜 일은 절대 생기지 않을 거라 기대한다면 우리는 끊임없이 실망하게 될 것이다. 현실에서는 다양한 사건 사고가 툭하면 일어난다는 사실을 깨달아야 한다. 살다 보면 좋은 일도 있고 나쁜 일도 있다. 중요한 것은 우리가 어떻게 대처하느냐다. 스토아학파는 나쁜 일에 대응하는 가장 좋은 방법은 이러한 일에 대해 미리 생각해 보고 대처 방안을 세워 두는 것이라 믿었다.

### 부정적 시각화의 예 ①

## 거대한 암벽에서 추락한다면?

내가 가장 좋아하는 부정적 시각화의 현대적 예시는 알렉스 호놀드다. 알렉스는 세계적으로 유명한 암벽 등반가로, 오스카상을 수상한 다큐멘터리 〈프리 솔로Free Solo〉의 주인공이기도 하다. 이 아름다운 다큐멘터리는 알렉스가 미국 요세미티 국립공원에 있는 암벽 '프리라이더'를 등반하기 위해 준비하는 과정을 담고 있다. 알렉스는 무려 1,000m에 달하는 이 거대한 절벽을 아무런 보호 장비 없이 맨몸으로 등반한다. 로프도, 보조 장비도 없다. 그가 지닌 거라곤 신발과 초크백(암벽 등반 시 손에 바르는 미끄럼 방지용 가루가 든 조그만 가방_옮긴이)이 전부다. 알렉스가 맨몸으로 이 거대한 암벽을 오르는 모습은 손에 땀을 쥐게 하는데, 이는 스포츠 역사상 인류가 이뤄 낸 가장 위대한 업적이라 해도 과언이 아니다. 일단 영화를 보면 내 말에 토를 달 수 없을 것이다. 손바닥에 땀이 날 각오를 하고 봐야 한다….

알렉스와 스토아학파 사이의 연결 고리는 그가 등반을 준비하는 과정에서 찾을 수 있다. 알렉스는 등반에 성공할 것이라는 긍정적 시각화와 더불어 일이 잘못될 경우도 생각하고 미리 대비한다. 그야말로 부정적 시각화의 완벽한 예다.

알렉스는 등반 중에 맞닥뜨릴 수 있는 잠재적 위험 요소를 모두 상상한다. 그리고 실제로 그런 일이 일어났을 때 어떻게 대처할지 미리 마음의 준비를 한다. 고려해야 할 변수는 너무나도 많다. 만약 절벽 틈에서 새가 튀어나와 얼굴에 부딪힌다면? 중간에 다른 등반가와 마주친다면? 중도에 포기하고 싶은 마음이 든다면? 갑자기 날씨가 바뀐다면? 급하게 화장실에 가고 싶다면? 잠재적인 돌발 변수를 나열하자면 끝이 없다.

알렉스는 추락할 경우도 미리 염두에 둔다. 추락하는 순간을 상상하면서 마음의 준비를 하는 것이다(그에게 추락은 곧 죽음을 의미한다). 이런 생각을 한 번도 안 해 본 채 암벽 중간쯤 올라갔을 때 불현듯 추락에 대한 두려움이 엄습한다면, 생각만으로도 끔찍하다. 이런 경우 압박감으로 인해 순식간에 몸과 마음이 두려움에 사로잡힐 수도 있다. 그러면 아드레날린이 뿜어져 나옴과 동시에 심하게 허둥대며 상황에 대한 통제력마저 상실할 수 있다. 이런 공황 상태와 두려움은 궁극적으로 알렉스를 죽음으로 내몰 수도 있다. 등반에 성공하려면 상황을 완벽하게 통제해야 하는데, 이때 갑작스러운 두려움은 방해만 될 뿐이다. 알렉스는 암벽에 오르기 전에 잠재적으로 일어날 수 있는 모든 경우의 수를 따져 봄으로써, 특히 무엇이 잘못될 수 있는지에 대해 미리 생각해 둠으로써 등반을 보다 잘 준비할 수 있었다. 이는 매우 스토아적인 방식이다.

일반적으로 암벽 등반은 위험에 대한 평가와 부정적 시각화를 연속적으로 해야 하는 작업이다. 나는 등산을 하거나 동네에 있는 절벽이나 바위를 오를 때 혹시 일어날지도 모르는 문제 상황에 대비하기 위해 이 기법을 사용한다. 내가 오르기에 이 경로는 충분히 안전한가? 헬멧을 착용하는 게 좋은 생각일까? 산에 가기에는 날씨가 너무 안 좋은가? 매듭을 제대로 묶었나? 한순간의 실수로 사망에 이를 수 있다는 사실은 잘못될 수 있는 경우를 미리 생각하고 대비하는 것이 필수적임을 의미한다. 이러한 부정적 시각화는 놀라울 정도로 실용적이다.

어쩌면 스토아학파는 비관적인 엄살쟁이들만 모인 집단이었다고 오해할지도 모르겠다. 끊임없이 부정적인 생각만 하다가 인생을 비관적으로 바라보게 된 사람들이라고 말이다. 하지만 실제로는 그렇지 않다. 스토아학파는 모든 '부정적인 일'들을 추방을 당하는 것과 마찬가지로 '무관심'의 영역에 속한 것들이라 생각했다. 상황과 사건이 우리가 누구인지를 정의하지는 않는다고 생각한 것이다. 부정적인 일이 일어나지 않기를 바랄 수는 있지만, 일어난다고 하더라도 그로 인해 우리 인격에 타격이 가지는 않는다. 스토아학파에게 부정적인 일은 단지 장애물일 뿐이기에 이로 인해 우울해할 필요는 전혀 없었다.

지금까지 부정적 시각화를 유용하게 활용할 수 있는 첫 번째 방법을 알아보았다. 두 번째 방법은 부정적 시각화를 이용해 감사하는 마음을 키우는 것이다. 일이 잘못되거나 중요한 것을 잃어버리는 경우, 즉 상실에 대해 생각하다 보면 지금 누리는 삶에 더욱 감사할 수 있다. 상실에 대해 생각하는 것은 흥미로운 유형의 부정적 시각화로, 그 효과는 무척이나 강력하다.

### 부정적 시각화의 예 ②

## 상실에 대해 생각하기

**"우리가 가진 모든 것은 운명에게 '빌려 온' 것이므로**
**우리의 허락이나 아무런 사전 통지 없이**
**운명이 언제든지 회수해 갈 수 있다는 사실을 기억하라.**
**그러므로 사랑하는 이들을 힘껏 사랑하되,**
**그들이 내 곁에 영원히 머물지 않을 것이란 사실을**
**항상 염두에 두어야 한다.**
**그들은 언제든지 내 곁을 떠나갈 수 있다."**

**— 세네카 —**

소중한 것이 언제든지 내 곁에서 사라질 수 있다는 걸 생각하는 건 감사하는 마음을 한층 강화시킬 수 있는 좋은 방법이다. 인생에서 누리고 있는 것들을 중요하게 생각하지 않는다면 감사함을 모르는 사람이 되기 쉽다.

스토아학파는 일부러 시간을 들여 사랑하는 사람이나 물건을 잃어버리는 상상을 하곤 했다. 다소 병적이고 우울하게 들릴 수도 있지만 그들의 의도는 명확했다. 상실했을 때를 생각하면서 삶에 대해 감사하는 마음을 키우고자 했던 것이다.

모든 것이 얼마나 일시적인지 깨달으면 가진 것을 더 귀하게 여기게 된다. 이 땅에서 친구나 가족과 함께 보낼 수 있는 시간이 얼마나 제한적인지 알게 되면 함께하는 시간이 더욱 감사하게 느껴지고, 그 순간에 더욱 집중하게 될 것이다. 그러면 사랑하는 사람들과 더 깊은 관계를 구축할 수 있다. 지금 이 시간이 눈앞에 마주하고 있는 사람과 보내는 마지막 순간이 될 수도 있다…. 그러므로 우리는 항상 이런 사실을 염두에 두고 행동해야 한다. 지나치게 감상적으로 받아들일 필요는 없지만, 평소 이 순간이 마지막이 될 수도 있다는 생각으로 주변 사람들을 아끼고 보듬어야 한다.

우리는 인생에서 누리는 많은 것들을 너무나도 쉽게 당연한 것으로 받아들인다. 상실을 생각하는 것은 이런 태도에 대항하는 완벽한 방법이다. 배우자, 가족, 친구, 반려동물, 건강, 멀쩡한 감각과 사지, 직업, 돈, 집, 자동차, 노트북, 휴대폰, TV, 옷, 추억이 담긴 물건 등 상실할 수 있는 것들에 대해 생각해 보고 목록으로 작성해 보라.

이 밖에도 많을 것이다. 그리고 사람마다 목록은 제각각일 것이다. 상실감에 충분히 단련되었다고 느껴질 때쯤 이 방법의 마지막 부분에 있는 연습 과제에 도전해 보라.

### 부정적 시각화의 예 ③

## 상황이 훨씬 더 안 좋았을 수도 있었다

스토아학파가 부정적 시각화를 이용하는 또 다른 방법은 눈앞에 직면한 문제가 어떻게 더 악화될 수 있는지 생각하는 것이다. 이런 식으로 생각하는 건 불쾌하거나 부정적인 상황에 처했을 때 특히 더 유용하다. 좀 더 적극적인 자세로 상황이 훨씬 더 안 좋았을 수도 있었다고 생각하면 어느 정도 객관성을 확보할 수 있다. 상황이 더 안 좋았을 가능성은 항상 존재한다. 이런 생각은 우리가 실제로 부정적인 상황에 직면했을 때 긍정적인 면을 찾는 데 도움이 된다.

상황이 어떻게 더 악화될 수 있었는지 생각한다는 건 눈앞의 문제를 부정하라는 의미가 결코 아니다. 이런 태도는 단지 더 큰 그림을 볼 수 있도록 도와줄 뿐이다. 특히 우리가 문제 상황에 매몰되어 있다면 더욱 그렇다. 상황을 암담하게 받아들일수록 무력해질 수밖에 없다. 오히려 문제 상황보다 더 심각한 최악의 시나리오를 떠올리는 것이 감사한 마음으로 힘든 시기를 헤쳐 나가도록 도와줄 수 있다.

이 글을 쓰는 동안 내 오른쪽 발은 겹겹이 쌓인 베개 위에 올려져 있다. 내 발목은 원래보다 세 배 정도 부어 있고 시퍼런 멍으로 뒤덮여 있어 보기에도 꽤 징그럽다. 어제 암벽을 타다가 떨어지면서 잘못 착지하는 바람에 발목을 심하게 다쳤기 때문이다. 이상적인 상황은 아니지만 절뚝거리며 돌아다닐 수도 있고, 뼈도 부러지지 않았으니 그나마 다행이다. 발목을 다치던 바로 그 순간엔 짜증이 났지만 '더 나쁠 수도 있었다.'는 생각이 바로 들었다. 물론 제대로 걷질 못하니 답답하긴 하다. 평소에 즐기는 달리기나 등산 같은 활동도 전혀 할 수 없다. 너무 아파서 부엌까지 걸어가 차 한 잔 만드는 일조차 힘들다(하루에 차를 여러 잔 마시는데 지금은 고작 한 잔 마시기도 힘들다). 하지만…, 정말로 감사한 마음이 든다. 상황이 훨씬 더 안 좋았을 수도 있었다는 사실을 누구보다 잘 알기에 좌절하지 않는다. 아직은 움직일 수 있고, 운전도 할 수 있다. 깁스를 할 필요도, 목발을 사용할 필요도 없다. 병원에 갈 정도도 아니다. 나는 여전히 글을 쓰고, 책을 읽고, 명상을 하고, 내가 좋아하는 다른 일들도 많이 할 수 있다. 정말 훨씬 더 크게 다칠 수도 있었는데 이만하니 천만다행이다.

작가이자 철학자인 샘 해리스는 한 인터뷰에서 자신이 만든 '웨이킹 업Waking Up'이라는 앱을 소개하며 이런 유형의 사고에 대한 훌륭한 예를 소개해 주었다. 어느 날 수도관이 파열되어 거실 천장에서 물이 쏟아져 내리자 샘은 당황한 나머지 극심한 스트레스를 받기 시작했다. 이를 본 그의 아내는 그냥 물이라는 사실에만 집중하라고 말했다. 하수나 더러운 물이었으면 어땠을지 상상해 보라면서 말이다! 그 말을 들은 샘은 그 상황에서도 약간의 안도감이 들었다고 한다. 여전히 해결해야 할 문제가 눈앞에 있었지만, 거실로 쏟아지는 물이 하수가 아니라는 사실에 집중함으로써 그는 그 순간에도 감사한 마음을 느낄 수 있었다.

그러나 생각보다 꽤 많은 사람들이 상황이 더 나쁠 수도 있었다는 생각을 자연스럽게 하곤 한다. 그래서인지 자신의 행동에서 이런 면을 발견하면 매우 흥미롭게 여긴다. 어쨌든 다음에 무슨 일이 생기거든 당신도 이러한 사고방식을 실행할 수 있는지 한번 확인해 보라. 빠르게 상황을 재구성하는 이 방법은 심각한 문제를 맞닥뜨렸을 때 조금이나마 덜 힘들게 느끼도록 도와줄 것이다.

## 안녕, 내 오랜 친구 어둠아!

런던에 '당르누아?Dans Le Noir?(불어로 '어둠 속에서'라는 뜻_옮긴이)'라는 독특한 레스토랑이 있다. 칠흑같이 어두운 식당 안으로 들어가면 (분위기를 망치지 않도록) 먼저 금고에 휴대폰을 보관한 다음 종업원의 안내를 받아 자리로 가야 한다. 식당 안은 완전한 어둠 속에 잠겨 있어 말 그대로 아무것도 보이지 않는다. 바로 눈앞에 손을 갖다 대도 보이지 않는다!

나는 이 레스토랑을 방문하고 난 뒤 시각을 상실했을 때 다른 감각들이 얼마나 예민해지는지 깨닫고는 무척 놀랐다. 식당 안에서 나는 모든 소리가 믿을 수 없을 정도로 크게 들렸고, 냄새 또한 코를 찌를 정도로 강하게 느껴졌다. 방향감각을 완전히 상실한 나는 심리적 안전지대 바깥으로 내팽개쳐지고 말았다. 컵에 음료를 따르는 간단한 일조차 쉽지 않았다. 음식이 어디에 있는지도 알 수가 없었다. 방향감각을 상실한 나는 진심으로 포크를 입이 아니라 눈에 넣을까 봐 걱정되었다! 솔직히 말해 식욕마저 함께 달아나 버렸다.

이 레스토랑에서 식사를 하고 나면 시력을 잃는다는 것이 어떤 것인지에 대한 통찰력을 얻을 수 있다. 심오한 깨달음이다. 당르누아?에서 일하는 종업원들은 시각 장애인으로 한 치 앞도 보이지 않는 칠흑 같은 어둠 속을 자연스럽게 누비고 다닌다. 그야말로 완벽한 어둠 속에서 살아가는 법을 터득한 사람들이다. 한 치 앞도 보이지 않는 어둠이 이들에겐 일상이고 현실이다. 보통 사람들은 이해조차 쉽지 않은 이 엄청난 도전에 직면하고 나서야 나는 보이지 않는 세상에서도 꿋꿋이 살아가는 그들을 존경하게 되었다.

앞을 볼 수 있다는 사실에 깊은 감사를 느끼며 레스토랑을 걸어 나온 기억이 난다. 두 시간 동안 완벽한 어둠 속에 있다가 밖으로 나온 나는 집으로 돌아가는 내내 너무나도 선명한 빛깔로 반짝거리는 길들을 보았다. 결코 잊지 못할 경험이었다.

안타깝지만 이렇게 뼈저리게 느낀 감사함 또한 빠르게 사라질 수 있다. 부정적 시각화라는 스토아주의 원리는 이런 감사함을 매일매일 느낄 수 있게 도움을 준다.

## 여섯 번째 방법을 마치며

부정적 시각화는 믿기지 않을 만큼 강력한 도구다. 사용하기에 쉬운 도구는 아니지만 자신의 사고를 잘 통제하며 신중하게 사용한다면 우리 삶에 주어진 것들에 더 깊이 감사할 수 있게 도와준다. 이 방법을 이용하면 상황에 대한 부정적인 관점 또한 재빨리 전환할 수 있다. 부정적 시각화는 당신이 실용적이며 겸손한 자세로 삶을 마주하게 해 준다.

부정적 시각화는 우리에게 주어진 것들에 깊이 감사하는 마음을 갖게 해 주는 동시에 불행에 더 잘 대비할 수 있도록 도와준다. 하지만 이 방법이 미래에 대한 강박적인 불안으로 이어지는 것은 경계해야 한다. 부정적 시각화는 단지 살다 보면 이따금 날아오는 변화구에 맞설 수 있게 미리 정신적으로 준비를 하라는 것뿐이다. 그러니 이 원리를 직접 시험해 보기를 권한다. 다음 페이지에 실제 생활에서 시도해 볼 수 있는 구체적인 연습 과제가 뒤따라 나오니 참고하라. 마지막으로 세네카의 명언을 전하고자 한다.

**"오랫동안 예상한 일은 무엇이든 가벼운 타격으로 다가온다."**

이번 훈련의 목적은 인생에서 주어진 모든 것에 더 깊이 감사하는 마음을 갖고, 일이 잘못될 경우를 대비하는 것이다.

**무엇이 잘못될 수 있을까?**

앞으로의 일정을 확인하면서 잠재적으로 잘못될 수 있는 모든 경우의 수를 상상해 보라. 상점에 들르는 것 같은 간단한 일정이나, 업무 관련 프레젠테이션 같은 중요한 일정도 괜찮다. 일어날 수 있는 모든 부정적인 일을 적어 보라. 이제 각각의 문제에 관한 해결책을 미리 생각해 보라. 훨씬 준비된 느낌이 들지 않는가?

**상실에 대해 생각하기**

이 훈련의 목적은 자신에게 주어진 모든 것에 더욱 감사하는 마음을 갖는 것이다. 타이머를 설정해 두고 5분 동안 마음속으로 미리 생각해 둔 대상을 상실했을 때 어떨지 상상해 보라. 그런 일이 벌어졌을 때 어떻게 행동할지, 어떤 기분이 들지, 어떻게 대처할지 등을 생각해 보라. 타이머가 울리면 곧바로 생각한 내용을 글로 옮겨 적은 다음 실제로는 그러한 상실을 아직 겪지 않았다는 사실에 감사하는 시간을 가져라.
상실의 대상은 난이도에 따라 다음과 같이 3가지로 분류할 수 있다.

- 하 : 휴대폰, 추억이 남긴 물건, 컴퓨터, 자동차, 물, 음식, 침대
- 중 : 집, 직장, 살고 있는 동네나 나라(두 번 다시 못 온다고 상상해 보라)
- 상 : 가족, 친구, 반려동물, 건강

상실에 대해 생각해 보는 훈련은 효과적이긴 하지만 예상보다 더 힘들 수 있다. 매일, 매분, 매초 상실을 생각하기보다는 가끔씩 떠올려 보길 권한다. 나 또한 이 훈련을 하다가 너무 몰입한 나머지 슬픔에 잠식당한 적이 여러 번 있었는데, 주로 아내나 다른 가족 혹은 친구들을 잃는 상상이었다. 무엇이든 너무 오래 집중하다 보면 통제력을 잃기 쉽다. 특히 상상력이 풍부한 사람이라면 더욱 그렇다.
마음이 매우 불안정한 상태에 있을 때는 이 훈련을 하기가 힘들다. 따라서 우울증, 불안 증상, 편집증 등을 겪고 있거나

힘든 하루를 보냈다면 이 훈련은 하지 않았으면 한다. 이 훈련을 하기에 적합한 정신 상태인지 반드시 먼저 확인하라.

### TIP! 절망의 블랙홀에 빨려 들어갔다면

당신은 지금 평정심을 잃어버린 상태다. 통제를 벗어난 채 눈덩이처럼 몸집을 키운 부정적 사고가 당신의 기분을 엉망진창으로 만들어 놓았다.
첫째, 이럴 때 가장 먼저 할 일은 '지금 이곳'으로 되돌아오는 것이다. 심호흡을 하고 지금 있는 곳으로 돌아오기 위해 집중하라. 주변을 둘러보며 구체적인 사항들을 확인하라. 벽은 무슨 색인가? 무엇이 보이고 무엇이 들리며 무슨 냄새가 나는가? 당신이 앉아 있거나 서 있는 공간을 느껴 보라. 발가락을 꼼지락거리고 온몸을 쭉 뻗으며 가볍게 스트레칭을 해 보라. 이 밖에도 정신을 현재로 되돌리는 방법은 많다.
둘째, 이것은 훈련이지 실제가 아니라는 점을 상기하라. 미래에 일어나거나 일어나지 않을 수 있는 일들일 뿐 실제 현실이 아니다. 앞으로 인생에서 어떤 상실을 경험할지 잠시 상상했을 뿐이니, 지금 그 대상이 내 곁에 있다는 사실이 얼마나 멋진 일인지에만 집중하라. 지금 느끼는 이 절망의 감정을 내게 주어진 현실에 더욱 감사하는 계기로 삼아라.

셋째, 지금 당장 이 훈련을 그만두어라. 나중에 통제력이 생겼다고 느껴질 때 왜 이렇게 되었는지 찬찬히 다시 생각해 보면 된다. 지금은 그냥 훌훌 털어 버려라. 코미디 프로그램을 보는 것도 좋다. 자리를 박차고 일어나 유튜브에서 재미있는 영상을 찾아보라. 리치먼드 공원에서 한 남자가 사슴 떼를 쫓아가는 자신의 개를 목 놓아 부르며 쫓아가는 영상을 본 적이 있는가? 없다면 한번 찾아보라. 정신을 다른 데로 돌릴 방법은 얼마든지 널려 있다.

마지막으로, 기분이 조금 나아지기 시작하면 방금 벌어진 일들을 한번 복기해 보라. 왜 부정적인 감정이 통제할 새도 없이 눈덩이처럼 불어났는지 생각해 보라. 블랙홀에 빨려 들어간 이유는 무엇인가?

상실의 대상을 조금은 가벼운 존재로 바꾸어 훈련을 다시 시도해 보라. 처음부터 너무 무리한 것일 수도 있다. 천천히 조심스럽게 난이도를 높여 나가라. 상실의 상황을 상상할 때 흑백 텔레비전이나 작은 화면 안에 대상을 가두어 시각화하면 감정을 너무 이입하지 않는 데 도움이 될 수 있다.

### 양치하며 감사한 일 찾기

처음부터 상실에 대해 생각하는 것이 너무 어렵다면 이 훈련이 훌륭한 디딤돌이 될 수 있다. 당신의 삶에서 무언가를 잃어버린다면 어떨까에 초점을 맞추지 말고 지금 가지고 있는 것에 감사하는 일에 온전히 집중하라. 매일 밤 이를 닦으면서 감사한 일을 모두 읊어 보라. 사방팔방 치약을 튀기지 않으려면 소리 내지 말고 머릿속으로 되뇌는 게 좋다!

### 비상사태에 대비하기

비상시에 사용할 수 있는 생존 키트를 구비하라. 이 과제는 매우 실용적이어서 언젠가 당신의 생명을 구하는 데 도움이 될지도 모른다. 다양한 시나리오별로 어떤 키트가 필요할지 생각해 보라. 토치? 응급 의약품? 정수 알약? 비상식량? 담요? 극단적으로 들릴 수도 있지만 자연재해가 자주 발생하는 지역에서는 매우 일반적인 관행이다. 그러나 전 세계적으로 보자면 일반적인 관행이라 말하기 어렵다. 생존 키트를 구비해 놓는 일은 엄밀히 따지면 스토아주의 훈련과는 상관이 없다. 하지만 나는 일어날 수 있는 일을 미리 생각하고 그에 대비하는 이 사고방식이 마음에 든다. 이는 부정적 시각화의 실전 훈련과도 같다. 한 걸음 더 나아가 응급처치 자격증을 취득하거나 호신술 수업을 들어 보는 건 어떨까? 긴급 상황에 대비하려면 평소에 어떤 준비를 해 두어야 할지 생각해 보라.

**더 나쁠 수도 있었다**

마지막으로 나쁜 일이 일어난 게 언제였는지 생각해 보라. 그 사건을 되짚으면서 상황이 어떻게 더 나빠질 수 있었는지 10가지 정도로 정리해 적어 보라. 창의적일수록 좋다. 상황이 어떻게 더 나빠질 수 있었는지 생각하다 보면 객관적인 관점에서 사건을 재구성할 수 있다.

이런 작업에 익숙해지면, 앞으로 나쁜 일이 생겼을 때 그 즉시 상황이 더 악화될 수 있는 경우의 수를 생각해 보는 연습을 하라.

## 변화를 위한 글쓰기 미션

이번 글쓰기의 목표는 부정적 시각화를 더 깊이 이해하고 실생활에서 효과적으로 사용할 수 있는 방법을 확립하는 것이다. 일이 잘못될 수 있는 경우와 그에 대한 잠재적인 해결책을 적는 것부터 시작하면 쉽게 할 수 있다. 특별히 더 걱정되는 일이 있다면 미리 마음의 준비를 해 두는 게 많은 도움이 된다. 일어날 수 있는 모든 부정적인 경우의 수를 헤아리고 나면 이제 무슨 일이 일어난다 해도 그에 대처할 수 있다는 사실을 알게 될 것이다.

그리고 난 다음 실제 부정적 시각화 훈련이 어떠했는지를 되돌아보고 글로 남기면 효과적으로 시간을 활용할 수 있다. 떠오르는 생각이나 아이디어를 적는 데는 그리 오랜 시간이 걸리진 않는다. 또한 이런 글을 쓰다 보면 일상에 감사한 마음을 갖는 데도 도움이 된다.

일곱 번째 방법

# 내 마음만은 내가 통제할 수 있다

"외부에서 벌어지는 사건은 우리 힘으로 어찌할 수 없지만
우리 마음은 우리 힘으로 다스릴 수 있다.
이 사실을 깨달으면 힘을 얻게 될 것이다."

— 마르쿠스 아우렐리우스 —

## • 요약 •

격렬한 감정은 훈련을 통해 통제하고 다스릴 수 있다.

## • 원리 •

인생은 때로 감정의 롤러코스터를 타기도 한다. 1분 전만 해도 분명히 즐겁고 행복한 시간을 보내고 있었는데 순식간에 이 모든 기분이 뒤집히는 일이 일어나곤 한다. 부정적인 사건은 격렬한 감정을 불러일으키는데, 사람들은 불과 몇 초 만에 감정에 휩싸여 상황에 대한 통제력을 잃기도 한다. 두려움이든 분노든 슬픔이든 질투든, 격렬한 감정은 대개 그 끝이 좋지 않다.

격렬한 감정은 다스리기 힘들다. 다 자란 성인도 유아처럼 행동하게 만들기 때문에 감정에 사로잡힌 사람이라면 매우 어리석은 일을 저지를 수도 있다. 장담컨대 누구나 이런 경험이 있을 것이다. 매우 어리석은 일도 저지를 수 있다는 대목에서 뜨끔해할 필요는 없다. 우리 모두에게 해당되는 이야기이니 말이다. 통제를 벗어난 부정적인 감정은 심각한 결과를 초래할 수 있으며, 때때로 내부적으로든 외부적으로든 다방면에 피해를 주는 파괴적인 행동으로 이어질 수도 있다. 감정을 효과적으로 관리하는 방법을 배우면 삶을 변화시킬 수 있다. 지금 당장 스토아주의에 입문하라….

스토아학파는 우리가 감정을 더 잘 통제하기를 바란다. 또한 우리가 운전석에 앉아 격렬한 감정의 노예가 되지 않기를 바란다. 내 생각도 다르지 않다. 감정에 압도당하지 않는 능력을 기르면 일희일비하지 않는 삶을 살 수 있고, 격렬한 감정이 치밀어 오를 만한 상황에서도 침착함을 유지할 수 있다. 한마디로 현명한 삶을 살 수 있는 것이다. 하지만 이게 말처럼 쉬운 일은 결코 아니다.

스토아학파는 이처럼 평온한 마음 상태를 가리켜 '**아파테이아**apatheia'라 부른다. 번역하기가 조금 까다롭지만 본질적으로 격렬한 감정에 휘둘리지 않고 평정심을 유지하는 것을 의미한다.

참고로 아파테이아를 '무관심'을 뜻하는 영어 단어 'apathy'와 혼동하지 말라. 종종 헷갈려 하는 사람들이 있는데 둘은 완전히 다른 단어다. 'apathy'는 부정적인 의미를 내포하는 단어로 감정이나 관심이 부족한 상태를 뜻하지만,

아파테이아는 격렬한 감정에 휩싸였을 때 통제력을 유지하는 능력을 뜻한다. 이처럼 이 둘은 아예 다른 단어다.

아파테이아의 목적은 감정을 완전히 제거한 채 무관심하고 차가운 로봇처럼 되는 것이 아니다. 스토아주의자라고 해서 강아지를 보며 '흥, 강아지가 아무리 귀여워도 내 마음은 꿈쩍도 하지 않아.'라고 말하진 않는다. 슬픈 일에 무감각한 것도 아니다. 스토아주의자도 슬프면 눈물을 흘리는, 정상적인 감정을 가진 사람이다. 다만 스토아주의자는 상황이 자신의 통제를 벗어나지 않게끔 평정심을 유지하려고 노력한다. 감정에 장악당하는 것을 원치 않기 때문이다.

만약 당신이 벽장에 숨어 있다가 갑자기 튀어나온다면, 제아무리 스토아학자라도 깜짝 놀라 펄쩍 뛰며 소리를 지를 것이다(집에서 이런 장난은 하지 말라). 이는 정상적인 반응이다. 다시 한번 말하지만 스토아 철학에서는 이러한 유형의 반응을 통제하거나 제거하려는 게 아니다. 이런 반응은 지극히 정상적인 행동이기 때문이다. 실제로 이러한 반응을 가리켜 스토아 철학에서는 '**프로파테이아**propatheia'라고 부른다. 프로파테이아는 본질적으로 외부 사건에 대한 반사적이고 원초적인 반응이나 첫인상을 뜻한다.

폭풍우가 휘몰아치는 가운데 배에 타고 있던 어느 스토아 철학자에 관한 멋진 이야기가 전해진다. 배에 탄 사람들은 모두 죽음의 공포로 인해 얼굴이 하얗게 질려 있었지만 이 스토아 철학자는 불평이나 걱정을 전혀 하지 않았다. 그 또한 다른 사람들과 마찬가지로 공포를 느끼긴 했지만, 눈앞의 현실을 한껏 부정적으로 부풀리다 정신에 대한 통제력을 잃어버리는 어리석음을 범하지는 않았다. 이 이야기는 제아무리 스토아주의자라도 감정의 동요를 경험한다는 사실을 보여 준다. 이러한 원초적인 반응은 통제할 수 있는 것이 아니다. 본능적인 반응이기 때문이다. 그러나 그 이후에 어떻게 반응하고 행동할지는 우리가 선택할 수 있다.

참고로 스토아 철학에서는 감정 대신 '열정'이라는 단어를 자주 사용하곤 한다. 엄밀히 따지자면 서로 다른 단어이긴 하지만 '열정'을 '감정'으로 대체해도 의미는 완벽하게 들어맞는다. 미리 알아 두면 스토아주의 관련 서적을 읽을 때 유용하다.

## 평정심을 기르는 법

우리는 스토아 철학에서 침착한 태도를 기르고 감정을 관리하는 훌륭한 전략을 찾을 수 있다. 어떤 상황에 닥쳤을 때 반응하지 않는 것부터 시작해 기본 덕목과 철학적 지혜에 기대어 상황을 바라보는 것까지 방법은 다양하다. 이 중에 일부 전략은 수천 년을 거쳐 왔음에도 여전히 강력한 효과를 발휘하고 있다.

격렬한 감정이 일어날 때 스토아 철학에서는 이를 억누르도록 권하지 않는다. 스토아주의에 대해 흔히들 오해하는 부분이 바로 이것이다. 감정을 억누르는 것은 좋은 생각이 아니다. 현대 심리학에서도 감정을 억압하는 것은 끔찍한 전략이며, 감정을 무시하다가는 엉뚱한 곳에서 문제가 터질 수도 있다고 말한다. 가령 화를 참으면 나중에 빵을 먹다가 갑자기 그 빵을 주먹으로 내리치고 있는 자신을 발견하게 될 수도 있다. 황당하고 전혀 과학적이지 않은 예처럼 들릴 수도 있지만 잠재의식이란 우리가 알 수 없는 방식으로 작동하기도 한다….

이 문제에 대한 스토아적 해결책은 감정이 격해지기 전에 그 기미를 포착하는 것이다. 일종의 예방적 접근 방식이라 할 수 있는데, 걷잡을 수 없어진 감정을 다스리기보다는 그 단계에 도달하기 전에 미리 처리하는 것이 목표다. 그러려면 재빨리 움직여야 한다. 격렬한 감정에 사로잡히는 데 몇 초밖에 걸리지 않을 수도 있기 때문이다.

스토아 철학자 아테노도루스는 로마 황제 옥타비아누스에게 철학을 가르쳤다. 아테노도루스는 황제에게 분노를 다스리는 비법을 전수했는데, 화가 나면 일단 알파벳을 거꾸로 외운 다음에 반응하라고 했다. 그야말로 사건과 반응 사이에 쉼표를 찍는 완벽한 예라고 할 수 있다. 아마도 옥타비아누스는 짜증 나는 일이 생기면 속으로 알파벳부터 거꾸로 읊었을 것이다. 상상만으로도 즐겁다!

스토아 철학이 알려 주는 격렬한 감정을 다스리는 또 다른 비법은 철학적으로 사고하는 것이다. 세네카는 커다란 슬픔이 닥쳤을 때 철학적 태도가 위로를 줄 수 있다고 조언했다. 여기서 철학은 이성적으로 사고하는 능력을 말한다. 이성을 매우 중시하는 스토아 철학에서는 이성이 감정을 다스릴 수 있는 훌륭한 도구라고 생각했다. 이성적으로 사고하면 지금 일어나고 있는 상황을 훨씬 더 객관적으로 이해할 수 있다.

나쁜 일이 생기면 부정적인 감정이 들 수밖에 없다. 그러나 '이렇게 혹은 저렇게 했다면 결과가 달랐을 텐데.' 이런 식으로 생각하기 시작하면 자기 자신을 괴롭히는 꼴밖에 되지 않는다. 어떤 일이 일어나고 어떤 일이 일어나지 않는지는 우리가 통제할 수 없다는 걸 인정하고 나면 마음이 편해진다. 그러니 자기 자신에게 가혹하게 굴 필요는 없다. 살다 보면 힘들 때도 있지만 적어도 그 상황에 어떻게 대응할지는 우리가 선택할 수 있다. 이것이야말로 우리가 상황에 대한 통제력을 되찾을 수 있는 유일한 방법이다. 스토아주의 황금률이 또다시 우리를 구해 준다!

요즘 많이 사용하는 치료법에서도 격한 감정이 치밀어 오를 때 논리와 이성으로 다스리게 하는 경우가 많다. 인지정서행동치료와 인지행동치료 역시 이를 기반으로 사회불안장애부터 우울증까지 다양한 문제를 치료한다. 이러한 치료법은 우리 안에서 일어나는 대화에 초점을 맞추고 있다는 걸 알 수 있는데, 바로 여기서 스토아주의가 미친 영향을 확인할 수 있다. 논리를 이용하면 스스로 만들어 낸 환상이나 망상을 깨뜨리는 데 도움이 된다. 감정에 관해서는 우리 자신이 최악의 적이 될 수 있지만 논리와 추론을 이용하면 이러한 환상 또한 깨부술 수 있다. 비바 라 로지카Viva La Logica! 논리 만세!

## 감정을 다스리는 또 다른 방법 2가지

격렬한 감정이 치밀어 오를 때 사용할 수 있는 2가지 방법이 있다. 흥미롭게도 이 2가지는 서로 모순된다. 하나는 차오르는 감정에 집중하지 않고 주의를 다른 데로 돌리는 것이고, 다른 하나는 반대로 자신의 감정을 자세히 들여다보는 것이다. 나는 불안, 짜증, 슬픔, 분노 등 다양한 감정을 다룰 때 이 2가지 방법 모두 도움이 되었다. 강력하고 효과적이니 직접 한번 확인해 보길 추천한다.

### 1) 주의를 분산시키기

감정에 휩싸이기 시작할 때 주의를 딴 데로 돌리면 놀라운 일이 일어난다. 우리 뇌에서 논리적 영역을 잘 활용하면 격렬한 감정의 파도를 효과적으로 다스릴 수 있다. 체스, 테트리스, 스도쿠 같은 게임을 할 때면 뇌의 논리적인 영역이 활성화된다. 논리적인 영역과 감정적인 영역을 동시에 사용하기는 힘들다. 따라서 논리적 사고를 요구하는 퍼즐과 게임으로 자극을 주면 마음가짐에 큰 변화를 일으킬 수 있다. 어떤 면에서 이 방법은 스토아 철학에서 말하는 감정 반응을 잠시 뒤로 미루는 것과 논리적이고 이성적으로 사고하는 것을 결합한 것이라 할 수 있다. 돌 하나로 두 마리의 새를 잡는 셈이라고나 할까?(참고로 테트리스는 공황 발작에 효과적이다. 예전에 공황 발작이 나타났을 때 테트리스를 했더니 큰 도움이 되었다).

또 다른 대안은 몸을 움직이는 것이다. 격렬한 감정이

치밀 때 할 수 있다면 팔굽혀펴기, 전력 질주, 스쿼트 같은 격렬한 신체 활동을 해 보라. 물론 어떤 신체 활동을 할지는 상황에 맞게 선택하길 바란다. 만약 상사에게 짜증이 치미는 말을 듣는 도중 어딘가를 향해 뛰어가 버리면 나중에 수습이 힘들 수도 있다. 어떤 상황이든 상식적인 범위 안에서 행동하길 바란다.

주의를 분산시켜 감정을 다스리는 방법은 효과는 있지만 문제의 근본 원인까지 해결되진 않는다. 물론 원인과 상관없이 단지 감정 조절에만 집중하고 싶은 사람도 있겠지만, 가능하다면 근본적인 원인에 대해 생각해 보는 것도 나쁘지 않다.

## 2) 감정과 감각에 집중하기

내면의 감정에 주의를 기울이면 상황에 대한 주도권을 되찾을 수 있다. 'ACT'라는 치료법이 있다. 스토아주의에서 유래하진 않았지만, 이 치료법의 몇 가지 중요한 개념들은 스토아주의에서 말하는 감정을 다스리는 방법을 뒷받침해 준다.

ACT는 '수용전념치료Acceptance and Commitment Therapy'의 약자로, 우리 안에서 실제로 어떤 격렬한 감정이 일어나는지 주의 깊게 인식하는 것이다. 감정마다 느껴지는 특정한 감각에 주의를 기울이고 이를 수용함으로써, 그 감각이 그대로 존재하도록 내버려 두는 방법을 배우는 것이다. 감정은 감추려고 할수록 기분이 안 좋아지기 때문이다.

이렇게 각각의 감정과 관련된 불편함을 완전히 수용하고 나면 감정과 나 사이의 역학 관계가 바뀐다. 내 안에서 일어나는 감정을 똑바로 응시하고 자세히 관찰하면 이내 그 감정이 힘을 잃고 사라지는 경우가 많다. 이해를 돕기 위해 실제적인 예를 살펴보자.

가령 얼음 목욕은 매우 고통스럽다. 그러나 고통에 정신을 집중하면 상황은 달라진다. 고통을 인정하고 우리 몸이 감각을 오롯이 느낄 수 있도록 내버려 두면 실제로 고통이 한결 견딜 만해진다. 예를 들어, 호기심을 가지고 살갗을 에는 추위를 탐구해 보라. 직관에 반하는 얘기 같지만 실제로 효과가 있다. 미친 소리처럼 들린다는 거 나도 잘 안다! 나 또한 실제로 시도해 보기 전까지는 믿지 못했다. 신체감각에 대해 탐구하다 보면 해당 감각을 다른 방식으로 경험할 수 있다.

감정도 마찬가지다. 감정을 온전히 느끼게 되면 감정을 수용하는 법 또한 배울 수 있다. 분노는 가슴이 타는 것처럼 뜨겁게 느껴질 수 있다. 두려움은 배 속에서 무언가가 부글부글 끓는 것처럼 느껴질 수 있다. 좌절감은 턱이 조여드는 것처럼 느껴질 수 있다. 이처럼 감정은 저마다 다양하게 나타나며 사람마다 느끼는 방식도 제각각이다. 우리가 감정을 있는 그대로 받아들이면 우리 뇌도 이런 감각에 둔감해져 조금이나마 긴장이 풀리게 된다. 또한 불현듯 찾아온 강렬한 감정일수록 그대로 지나가게 놓아주는 편이 더 쉽다는 사실을 깨닫게 된다.

하지만 말이 쉽지 실제로 수행해 보면 잘 되지 않는다. 이럴 때 'RAIN' 기법을 활용하면 매우 유용하다.

- **인식하기**Recognize

  **감정/감각을 느끼고 인식하라.**

- **수용하기**Accept

  **당신이 감정을 받아들이는 방식을 수용하라.**

- **탐구하기**Investigate

  **감각을 탐구하라. 온몸에서 일어나는 신체적 감각에 정신을 집중하라.**

- **놓아주기Non-attachment**

  **놓아주어라! 감정에 주관적인 이름표를 붙이지 말라. 지금 느껴지는 감각은 신체적인 반응 그 이상도 그 이하도 아니다. 감각이 사라져갈 때는 그대로 지나가도록 놓아주어라.**

다음은 까마득한 암벽을 등반하기 전 내가 RAIN 기법으로 감성을 다스렸던 예시다. 당시 나는 극도의 긴장감과 함께 온몸에서 아드레날린이 솟구치는 느낌이 들며 무릎까지 덜덜 떨렸다.

- **1단계 : 인식하기**

  **"엄청 가파르네. 흠, 약간 긴장되는군…."**

- **2단계 : 수용하기**

  **"괜찮아, 이건 정상이야. 자연스러운 감정이고 거쳐야 할 과정일 뿐이야."**

- **3단계 : 탐구하기**

  **"지금 어떤 느낌이 드냐면…, 입안이 바싹 마르고, 손바닥에 땀이 나면서, 심박수가 올라가고 있어. 살짝 메스꺼워. 움츠러드는 느낌이야."**

- **4단계 : 놓아주기**

**"그냥 지나가게 놔두자. 이런 감각들은 곧 사라질 거야. 이 순간적인 감각이 곧 내 자신인 건 아니야. 기분은 일시적일 뿐이야. 이제 올라가자."**

이런 과정을 거친 뒤 힘들이지 않고 수월하게 암벽 등반에 성공할 수도 있고, 반대로 계획대로 잘되지 않을 수도 있다. 어느 쪽이든 격렬한 감정을 수용하는 과정을 거치면 긴장감을 가라앉히는 데 도움이 된다.

한 걸음 더 나아가 애초에 왜 이렇게 격렬한 감정이 드는지 그 원인을 탐색해 볼 수도 있다. 직장에서 프레젠테이션을 앞두고 불안감을 느끼는 것은 어찌 보면 당연하다. 그러나 사소한 일에도 계속해서 분노나 슬픔이 치밀어 오른다면 근본적인 원인을 찾는 것이 도움이 된다. 강렬한 감정이 촉발되는 원인을 탐구하는 것은 이 책의 영역을 넘어서는 일이다. 그러니 필요한 사람들은 반드시 전문가의 도움을 받는 것이 좋다. 이와 관련한 심리학 서적도 많이 나와 있으니 참고하길 바란다.

## 분노/불안/슬픔/질투를 다스리는 방법

여기서는 일반적인 감정 몇 가지를 다루는 스토아적인 방식을 공유하려고 한다. 부정적인 감정을 몇 개 선정해 이를 관리하는 데 도움이 될 수 있는 스토아주의 개념이나 사상을 설명하려 한다. 감정에 휩싸일 때 직접 시험해 보고 무엇이 도움이 되는지 확인해 보라.

### 분노

세네카는 "분노를 치료하는 가장 좋은 방법은 분노를 늦추는 것"이라고 말했다. 그러니 다음번에 분노가 스멀스멀 피어오르는 게 느껴지면…, 즉시 멈춰라! 반응하지 말고 기다려라. 불에 기름을 붓지 마라. 격정적인 감정과 거리를 두고 어떻게 대응할지에만 집중하라. 옥타비아누스처럼 알파벳을 거꾸로 외우는 방법을 시도해 보는 것도 좋다.

### 불안(두려움)

아우렐리우스는 불안과 두려움을 어떤 식으로 인식하는지가 중요하다고 말한다. "오늘 나는 불안에서 벗어났다.

아니, 불안을 버렸다. 불안은 외부에 존재하는 것이 아니라 내 안에, 내 인식 속에 존재하기 때문이다." 그러므로 두려움이나 불안감이 느껴지기 시작하면 가장 먼저 논리에 의지하라. 이성적으로 두려움에 의문을 제기하고 자신의 사고 패턴을 점검하라. 당신의 불안은 현실에 근거한 것인가? 아니면 당신의 상상인가?

### 슬픔

세네카는 슬픔에 대처하는 방식에 대해 다음과 같이 간결하게 표현했다. "이성으로 정복한 슬픔은 영원히 진정된다." 그러므로 슬픈 상황을 맞닥뜨리거든 이성적으로 생각하려고 노력하라. 스토아주의 황금률에 따라 통제할 수 있는 것과 없는 것에 집중하는 것이 특히 도움이 될 것이다. 지금 당장 할 수 있는 일에 집중하고, 할 수 없는 일은 있는 그대로 받아들여라.

### 질투

아우렐리우스는 질투심이나 욕심, 감사하지 않는 마음 등이 들기 시작할 때 새겨들을 만한 훌륭한 조언을 남겼다.

"가지고 있지 않은 것에는 마음을 두지 말라…. 대신 지금 가지고 있는 것을 헤아려 보고, 만일 그것이 당신의 것이 아니었다면 얼마나 간절히 원했을까를 생각하며 감사히 여겨라." 가진 것에 감사하는 마음은 가지고 있지 않은 것을 질투하는 마음에 대처할 수 있는 훌륭한 해결책이다.

## 일곱 번째 방법을 마치며

스토아주의자가 된다는 것은 감정 없는 사람이 된다는 것을 의미하지 않는다. 전혀 그렇지 않다. 스토아주의자가 된다는 것은 격렬한 감정이 밀려올 때 이를 효과적으로 다스릴 수 있는 능력을 갖춘다는 것을 의미한다. 솔직히 말하자면 그런 상황은 자주 발생할 것이다. 한 치 앞도 내다볼 수 없는 것이 인생이기 때문이다. 따라서 스토아주의를 이야기할 때 감정이 없는 것과 감정을 다스리는 것을 구분하는 일은 매우 중요하다. 많은 사람이 스토아주의자를 감정이 없는 사람으로 오해한다. '스토아주의자도 감정이 있다.'라고 적힌 스티커를 제작하고 싶을 정도다.

우린 감정을 받아들여야 하지만 감정에 지배당해서는 안 된다. 아우렐리우스가 남긴 말로 일곱 번째 방법을 마무리할까 한다.

**"불쾌하거나 낯선 감정을 무시하고 차단할 때면**

**엄청난 만족감이 느껴진다.**

**뒤이어 찾아오는 마음의 평화까지 모두 말이다."**

## 스토아주의 연습하기

이번 훈련의 목적은 압도적인 감정을 조절하는 데 도움을 주는 것이다.

### 10까지 세기(그리고 다시 세기)

격렬한 감정에 휩싸여 반응하고자 하는 욕구가 치밀어 오를 때면 모든 것을 뒤로 미룬 채 10까지 세라. 그리고 나서 다시 10까지 세라. 알파벳을 거꾸로 외우거나 생각나는 문구가 있다면 암송하라(아무거나 길면 된다). 목표는 가능한 한 오랫동안 반응을 늦추는 것이다.

누군가가 당신을 화나게 하거나 격렬한 감정이 점점 불어나는 것이 느껴지면 잠시 아무것도 하지 마라. 그리고 이런 일이 일어날 때마다 일기장에 적어 보라. 무슨 일이 일어났는지, 어떤 느낌이었는지 그래서 결과는 어떻게 됐는지, 서너 차례에 걸쳐 사례를 수집해 보라.

### RAIN

수용전념치료에서 사용하는 RAIN 기법(인식하기/수용하기/조사하기/놓아주기)은 격렬한 감정을 다루기에 아주 좋은 방법이다.

강렬한 감정과 연관된 신체적 감각에 집중하면 그동안 대응해 왔던 것과는 다른 방식으로 해당 감정과 상호 작용할 수 있으며, 더 나아가 감정에 완전히 사로잡히는 대신 의식적인 관찰자가 되는 법 또한 배울 수 있다. 이에 대한 설명은 앞부분(231쪽)에 자세히 나와 있으니, 한번 시도해 보고 그 결과를 직접 확인해 보라.

### 논리적으로 해결책 모색하기

이 훈련은 모든 부정적인 생각에 의문을 제기하는 인지행동 치료법에 기반을 두고 있다. 격렬한 감정이 솟아오르면 논리적이고 이성적으로 의문을 제기해 보라. 스토아학파는 철학이 모든 것에 대한 치료법이라고 믿었기에 이런 종류의 논리적 탐구를 매우 좋아했다. 감정적일 때 논리적으로 생각하려고 노력해 보라. 마음속에 떠오르는 모든 생각에 의문을 제기해 보라. 이후 그 경험을 글로 기록해 보라.

### 주의 분산 전략

격렬한 감정에 휩싸일 때 주의를 분산시키는 전략은 통제권을 잃고 감정에 지배당하는 일을 피할 수 있게 해 준다. 감정적인 영역에서 벗어나 논리적인 영역으로 정신을 이동시키는 데에는 테트리스, 논리 게임, 십자말풀이, 체스, 스도쿠 등과 같은 게임이 좋다. 이 중에 몇 가지를 휴대폰에 다운로드해 두었다가 심각한 상황이 전개될 때 한번 시도해 보라.

**감정의 밑바닥 파헤치기**

이 훈련을 수행하려면 격렬한 감정의 바닥을 좀 더 깊게 들여다보아야 한다. 본질적으로 감정적 문제의 근본 원인을 철저하게 파고드는 것이다. 인생 전체를 돌아보며 자신이 모든 영역에서 균형 있는 삶을 살고 있는지 성찰하는 것은 어려운 일이지만, 이 불균형을 잘 해결한다면 의미 있는 성장을 이룰 수 있다. 그 시작으로 전문가를 찾아가거나 관련 서적을 찾아 읽어 보는 것도 좋다.

## 변화를 위한 글쓰기 미션

하루 종일 느꼈던 감정을 성찰해 보라. 반복해서 올라오는 감정이 있는가? 매번 다스리기 힘든 감정이 있는가? 여기서 목표는 어떤 감정에 치우치는 경향이 있는지 시간을 내서 찾아보는 것이다. 물론 그때그때 상황에 따라 느끼는 감정이 달라지긴 하지만, 매일 반복해서 경험하는 지배적인 감정이 있을 수도 있다. 이 감정의 정체를 알아내고, 바로 앞에서 훈련한 스토아식 대처법들(10까지 세기 등)을 적용해 보라. 연습 과제를 하나하나 수행해 보면서 강렬한 감정에 직면할 때 어떤 방법이 도움이 되는지 알아보고, 그 결과를 기록해 보라.

여덟 번째 방법

# 상대하기 힘든 사람을 만났을 때

"다른 사람이 하는 말과 생각,

행동에 신경을 끄면 마음이 평온해진다.

나 자신의 행동에만 신경을 기울여라."

— 무소니우스 루푸스 —

## • 요약 •

세상은 다양한 사람들이 모여 사는 곳이기에 다양한 관점이 존재한다는 사실 또한 받아들여야 한다. 다른 사람의 의견이 마음에 들지 않을지라도 우리는 철학적 관점에서 성숙하게 대처할 수 있다.

## • 원리 •

우리가 사는 세상에는 놀랍도록 다양한 문화와 환경, 사상이 공존하고 있다. 개인적으로는 이 다양성이야말로 존재의 가장 아름다운 측면이 아닐까 생각한다. 다양성은 곧 인생의 묘미다. 그러나 안타깝게도 이러한 차이점으로 인해 갈등이 일어나곤 한다. 특히 사상적 대립은 심각한 문제를 불러일으킬 수 있다. 비단 취향에 따라 호불호가 확연히 갈리는 마마이트 잼에 대한 논쟁만을 의미하는 것은 아니다….

인류 역사를 간단하게만 살펴보아도 의견의 차이가 전쟁, 기근, 고문, 죽음, 파괴, 증오, 분노 등과 같은 무시무시한 결과로 이어질 수 있다는 사실을 알 수 있다.

현대 사회는 서로 생각이 다른 사람들로 가득하다. 양극화는 현실이며, 때때로 사람들이 세상을 바라보는 시각은 극단적으로 나뉜다. 현실에서 문제가 되는 것은 양극화 그 자체가 아니라 사람들이 그 차이를 대하는 방식이다. 이와 관련해 우리는 스토아 철학에서 많은 지혜를 얻을 수 있다.

스토아 철학자들은 인류를 사랑하고 타인을 포용하는 태도를 기르고자 노력했다. 말하자면 '우리는 모두 운명 공동체'라고 생각했던 것이다. 아우렐리우스가 남긴 다음 명언은 이러한 사상을 함축해서 잘 보여 준다.

**"벌통에 해로운 것은 꿀벌에게도 해롭다."**

즉, 우리가 서로에게 해를 끼치면 그 피해는 고스란히 우리 자신에게로 되돌아온다는 뜻이다. 스토아 철학은 인류와 동료 시민을 아끼고 돌보는 것을 매우 중요한 윤리 덕목으로 생각한다. 이런 행동이 우리 각자를 더 나은 인간으로 그리고 이 세상을 좀 더 나은 곳으로 만드는 데 도움이 된다고 생각하는 것이다.

스토아학파의 창시자인 제논은 《국가The Republic》라는 책을 썼다(종종 《제논의 국가》라고 하기도 한다). 안타깝게도 이 책은 역사의 흐름 속에서 유실되어 오늘날 사본조차 전해지지 않는다. 이 책에 대해 알려진 바에 따르면, 제논은 깨달음을 얻은 동료 시민들의 집단, 즉 평등과 우정에 기초한 세상을 이상적인 국가로 여겼다.

포용성은 스토아 윤리에서 필수적인 요소다. 이 단어는 번역하기 매우 까다로운 용어인 '**오이케이오시스**oikeiôsis'라는 개념에서 유래했다. 최선을 다해 설명해 보자면, 오이케이오시스는 우리가 무언가를 자신의 것으로 인식한다는 의미다. 여기서는 '친밀감'이나 '소속감'으로 번역하는 게 더 적절할 것 같다. 스토아 철학자 히에로클레스는 동심원을 이용해 이 개념을 잘 설명해 냈다. 자, 히에로클레스의 그 유명한 동심원부터 먼저 살펴보자.

개념은 단순하다. 우리와 다른 모든 사람과의 관계는 동심원으로 볼 수 있다. 원이 여러 개 있는데, 그 중심에는 우리 자신이 있다. 다음 원에는 가족이 있다. 다음 원에는 친구와 친척이 있다. 다음 원에는 같은 동네에 사는 동료 시민이 있다. 다음 원에는 같은 나라에 사는 동료 시민이 있다. 마지막으로 인류 전체를 포괄하는 원이 있다. 이를 그림으로 표현하면 다음과 같다.

오이케이오시스의 목표는 이 모든 원을 중심에 더 가까이 다가오게끔 하는 것이다. 모든 인류를 자신에게 더 가까이 다가오게 한 다음 더 깊이 공감하며 돌볼 수 있게 하려는 것이다(그렇다. 여기에는 정말 이상한 이웃도 포함된다. 그야말로 모두를 한자리에 모으는 것이다).

이 개념은 기본적으로 타인을 같은 우주에서 살아가는 동료 시민으로 바라본다. 의견이 다를지라도 공통점은 있다는 사실에 주목하는 것이다. 그건 바로 우리가 모두 인간이라는 사실이다. 그러나 살다 보면 상대하기 까다로운 사람도 만나기 마련이다. 다행히도 스토아 철학은 이러한 문제에 도움이 되는 몇 가지 실용적인 조언을 제시한다.

## 상대하기 힘든 사람을 상대하는 법

스토아학파는 우리와 다른 의견을 가진 사람들이나 상대하기 힘든 사람들을 상대할 때 어떻게 해야 하는지에 대해 훌륭한 조언을 제시한다. 살아간다는 것은 곧 이런 유형의 사람과 마주칠 수밖에 없다는 뜻임을 받아들여야 한다.

아우렐리우스는 우리에게 이런 사람을 만날 수도 있다고 예상함으로써 미리 마음의 준비를 하라고 말한다.

**"아침에 일어나면 자신에게 말하라.**
**오늘 내가 상대할 사람들은**
**참견이 심하고, 감사할 줄 모르며, 오만하고,**
**정직하지 못하고, 질투심 많고, 무례할 것이라고."**

우리가 마주칠 모든 사람이 이렇다는 뜻은 아니다. 부디 아니길 바란다.

이런 부류의 사람을 만날 가능성이 있다는 것을 아는 것만으로도 세상을 현실적으로 바라보는 데 도움이 된다. 우리가 사는 세상은 디즈니 영화가 아니다. 그러므로 나쁜 사람들이 있는 건 당연하다. 물론 모든 사람이 끔찍하다거나, 이 세상은 뒤에서 음모를 꾸미는 사람들로만 가득한 소름 끼치고 잔인한 곳이라고만 생각하라는 뜻은 아니다(이런 시각 또한 현실을 비현실적으로 바라보는 태도이다). 다만 세상에는 상대하기 힘든 사람이 있다는 사실을 인식해야 한다는 말이다. 그래도 우리는 여전히 포용적인 태도로 그들 또한 같은 우주에 속한 동료 시민으로 바라봐야 한다. 하지만 그렇다고 해서 그들의 행동이나 사고방식까지 지지할 필요는 없다.

상대하기 까다로운 사람들에 대해 아우렐리우스는 그들이 그렇게 된 것은 잘못된 판단으로 인해 잘못된 행동을 하기 때문이라고 말한다. 그러면서 비록 세상을 바라보는 관점은 다르지만 그들의 본성은 여전히 우리와 비슷하기 때문에 그들도 변할 수 있다는 점을 기억해야 한다고 말한다. 그들 또한 여전히 어딘가에는 선한 본성을 지니고 있기 때문이다.

**"그들이 이러한 것은 선악을 분별하지 못하기 때문이다.**
**그러나 나는 선의 아름다움과 악의 추함을 보면서**
**범죄자도 나와 비슷한 본성을 가지고 있다는 사실을 깨달았다.**
**즉, 혈통이나 태생은 달라도 정신은 같으며**
**신의 일부를 지니고 있다는 점 또한 다르지 않다."**

**— 마르쿠스 아우렐리우스 —**

다른 사람들과의 차이점보다는 공통점을 찾는 것부터 시작하는 게 좋다. 어쩌면 한참을 거슬러 올라 우리는 모두 같은 인간이라는 사실에서부터 시작해야 할 수도 있다(상대하기 힘든 사람일수록 특히 더욱 그럴 것이다). 어쨌거나 우리가 얼마나 비슷한지에 초점을 맞추는 것은 협상을 시작하기에 좋은 발판이 된다.

일단 세상에는 상대하기 힘든 사람들이 있다는 사실을 받아들이자. 그들도 같은 우주에 속한 동료 시민이고 본질적으로는 우리와 같다는 사실 또한 받아들이자. 그들도 인간이다. 하지만 실제로 이런 사람을 만났을 때는 어떻게 해야 하는가? 그들의 행동을 도저히 용납할 수 없을 때는 어떻게 해야 하는가? 얼굴에 주먹을 날려도 마땅한 사람에게 주먹을 날리지 않으려면 어떻게 해야 하는가? 다행히도 우리에게는 몇 가지 선택권이 있다….

스토아학파는 인격을 매우 중요하게 생각했다. 상대하기 힘든 사람들을 상대할 때 우리의 인격이 확연히 드러난다. 하지만 그들이 무슨 말을 하고 어떤 행동을 할지 걱정하기보다는 그들의 행동에 우리가 어떻게 반응할 것이냐에 초점을 맞춰야 한다. 우리가 통제할 수 있는 유일한 것은 그것뿐이기 때문이다. 또다시 스토아주의 황금률로 돌아왔다.

우리는 다른 사람의 생각이나 행동을 통제할 수 없다. 다른 사람의 생각과 행동에 영향을 미치려고 노력할 수는 있지만 실제로 그들이 어떻게 생각하고 어떻게 행동할지는 우리에게 달려 있지 않다. 타인의 말과 행동에 지나치게 신경을 쓰다 보면 상황에 무관심할 수 없게 된다(스토아 철학은 상황에 무관심해야 한다고 말한다). 다른 사람이 나를 어떻게 생각하고 나한테 어떻게 행동하는지는 오로지 그들에게 달려 있다. 그들이 어떤 행동을 하든 우리는 여전히 인간으로서의 품위를 지킬 수 있다.

누군가 나에게 끔찍한 짓을 저지를 경우 어떻게 대응할지는 내가 선택할 수 있다. 만약 용서하는 법을 배운 사람이라면, 강인함이란 게 진정 어떤 것인지 보여 줄 수 있을 것이다. 형편없는 행동은 나약한 인격의 반영이기에 스토아학파는 그런 이들일수록 불쌍히 여기라고 말한다. 자신의 마음을 통제할 수 없는 사람들이기 때문이다. 자제력이 부족한 사람들이기 때문이다. 그들과 같은 수준으로 전락할 필요도, 똑같이 행동함으로써 나쁜 행동을 본받을 필요도 없다. 상대하기 힘든 사람을 상대할 때마다 우리는 절제된 행동을 하며 자신의 인격을 시험하는 기회로 삼을 수 있다.

**"눈에는 눈, 이에는 이라는 원칙에 따라**

악을 악으로 갚는 것은 짐승이나 할 짓이다."

— 무소니우스 루푸스 —

## 공감 능력을 키워라

스토아학파는 용서하는 법과 다른 사람의 장점을 보는 법을 배우라고 말한다. 이런 태도를 키우기 위한 방법으로 가장 좋은 것은 공감 능력을 높이는 것이다. 공감 능력을 높이려면 사물을 다른 관점에서 볼 줄 알아야 한다.

나의 아내 헬렌은 공감 능력이 뛰어날 뿐만 아니라 항상 다른 사람들을 배려한다. 나는 그 깊은 배려심을 존경한다. 헬렌은 항상 다른 관점에서 바라보려고 노력한다. 미친 듯이 운전하는 사람을 보면 헬렌은 아마 "서둘러 병원에 가는 길일지도 몰라." 혹은 "어쩌면 안 좋은 소식을 들어서 정신이 없을지도 몰라."라고 말할 것이다. 나에게서는 자연스럽게 나올 수 없는 반응이다. 미친 듯이 운전하는 사람을 볼 때면 나는 헬렌처럼 생각하기가 어렵다. 나는 보통 곧바로 경적을 울리는 타입이다. 하지만 경적을 울린다고 해서 상황이 나아지진 않는다. 솔직히 나도 점점 너그러운 마음으로 상황이 흘러가는 대로 두는 일에 익숙해지고 있다. 스토아적으로 귀감이 되는 아내의 태도를 배우고 있는 중이다.

이러한 사고방식의 이면에는 심리학이 탄탄하게 자리하고 있다. 우린 평소 스트레스가 사람들에게 미치는 영향을 과소평가하는 경향이 있다. 우리는 그들이 이렇게 행동하게 된 이유를 알지 못한다. 나쁜 행동이라 판단 내리는 일은 쉽지만, 그 행동 뒤에 감춰진 전체적인 맥락까지 파악하긴 쉽지 않다. 잘못된 일에 동조하거나 좋아할 필요는 물론 없지만 이러한 관점에서 생각함으로써 그런 행동을 하는 사람에게조차 공감할 수 있는 능력을 키울 수 있다.

모르는 사람이 아니라 친한 친구가 나쁜 짓이나 못마땅한 일을 저질렀을 때 우리가 얼마나 빨리 용서할 수 있는지를 생각해 보면 이해하기가 쉽다. 어쩌면 우린 그 친구를 대신해 변명을 해 줄지도 모른다. 최근에 스트레스를 심하게 받고 있다든가, 이런저런 이유 때문에 이런 일을 하게 된 거라고 주장하면서 말이다. 흥미롭게도 우리는 모르는 사람에게는 전혀 다른 잣대를 들이대는 경향이 있다. 누군가가 끔찍한 짓을 저질렀을 때 우리는 그 사람의 인격이 문제라고, 즉 타고난 성향 때문에 그렇다고 쉽게 단정을 내린다. 실제로 그가 어떤 사람인지, 전체적인 맥락은 무엇인지 잘 알지도 못하면서 말이다.

다른 사람의 관점에서 생각하는 것은 오이케이오시스,

즉 주변 사람들에 대한 친밀감을 키우는 데 도움이 된다. 심지어 마음에 들지 않는 행동을 하더라도 말이다. 가장 나약한 순간의 모습만 보고 사람을 판단해선 안 된다는 사실을 기억해야 한다.

## 비판만 하는 사람을 상대하는 법

스토아학파는 비판만 하는 사람들을 어떻게 대할지에 대해서도 훌륭한 조언을 제시한다. 주변에 그런 사람이 분명히 있을 것이다…. 그런 사람들은 좋은 소식을 들어도 어떻게든 부정적인 소식으로 둔갑시킬 방법을 찾아내고야 만다. 당신이 어떤 행동이나 말을 해도 그들은 항상 비판적이거나 부정적인 평가만을 내릴 것이다. "임신했다고? 이제 잠자기는 글렀네. 내 인생은 아이를 낳으면서 끝났어. 지금은 껍데기만 남았지. 하지만 축하해!"

이런 사람들은 무슨 이야기를 듣더라도 불평거리를 찾아낸다. 불평하고, 비난하고, 생각만 해도 지친다! 주변에 이런 사람들이 꼭 한 명씩은 있는데, 한마디로 '암적인 존재'라 할 수 있다. 피하거나 최대한 함께 보내는 시간을 줄이는 게 상책이다.

세계적으로 유명한 여행 플랫폼 트립어드바이저에 가서 세계적인 관광 명소에 달린 별 한 개짜리 리뷰만 찾아봐도 이런 사람들의 비판이 얼마나 터무니없는지 알 수 있다. 에펠탑, 피사의사탑, 나이아가라 폭포…, 전부 형편없어요! 마터호른은 너무 뾰족해요. 그랜드캐니언은 너무 덥고 화장실도 없어요. 모나리자는 너무 작아요. 북극 오로라는 볼 것도 없고, 심지어 1월 23일 오후 8시 53분에는 보이지도 않았어요. 피라미드는 너무 오래되었고 주변에 모래가 너무 많아요. 후지산에는 정상까지 올라갈 수 있는 리프트도 없답니다.

어딜 가도 매니저를 불러오라고 떠들어 댈 사람들 같다. 안타깝지만 세상엔 이런 부류의 사람들이 존재한다는 사실을 받아들이고 이들과 함께 살아가는 법을 배워야 한다. 우리가 할 수 있는 최선은 이런 사람들이 하는 비판을 한 귀로 듣고 한 귀로 흘리는 것이다.

물론 그들의 비판에 도움이 되는 내용이 있다면 이를 받아들이고 인격을 개선하는 데 활용할 수 있다. 그렇게만 된다면 더할 나위 없이 좋은 일이다! 하지만 건설적인 조언이 아니라 아무런 도움도 되지 않는 악의적인 비판이라면 완전히 무시하는 것이 현명하다.

**"나를 가장 사랑하는 사람은 나 자신인데,**
**정작 사람들은 자기 의견보다 남들 의견에 더 신경을 쓴다는 사실이**
**끊임없이 나를 놀라게 한다."**

**— 마르쿠스 아우렐리우스 —**

## 여덟 번째 방법을 마치며

우리는 살아가면서 다양한 사람들과 관계를 맺는다. 여기엔 공적으로 만나는 사람부터 사적으로 만나는 사람까지 다양한 인간 군상이 포함된다. 인간관계에서 우리가 할 수 있는 최선은 상대하기 어렵고 힘든 사람들을 마주칠 준비를 하는 것이다. 이는 피하려야 피할 수 없는 일이다. 인생을 살면서 이상한 사람을 마주칠 수밖에 없다면 그런 사람도 상대할 수 있어야 한다. 이런 사람을 만났을 때 스토아주의자답게 행동하려면 아래에 나오는 6단계를 적용하면 된다.

**1단계 : 상대하기 힘든 사람을 만나게 될 것이라는 사실을 받아들여라.**
**2단계 : 상대방의 나약한 성격을 안타깝게 여겨라.**
**3단계 : 상대하기 힘든 사람을 만나면 당신의 인격을 시험할**

**기회로 삼아라.**

**4단계 : 애정을 품고 머릿속으로 상대방의 얼굴을 떠올려 보아라. 아래 연습 과제에 나오는 자애 명상법Loving Kindness Meditation을 활용해 공감대를 구축하라.**

**5단계 : 상대하기 힘든 인간이라는 생각을 버리고 나와 같은 인류라는 관점에서 바라보라.**

**6단계 : 용서하라.**

스토아주의에 기반한 이 6단계 과정을 꾸준히 연습하면 언젠가는 상대하기 힘든 사람도 다룰 수 있게 될 것이다. 행운을 빈다! 아, 그리고 이런 사람을 상대하게 된다면 아우렐리우스가 남긴 이 말을 명심하라.

**"누군가가 나를 경멸하는가? 그건 그들의 문제다.**
**내가 할 일은 내 행동이나 말이**
**정말로 비웃음을 살 만한 일인지 확인하는 것이다.**
**누군가가 나를 싫어하는가? 다시 말하지만 그건 그들의 문제다.**
**내가 할 일은 나를 미워하는 사람을 포함해**
**모든 사람을 친절하고 자비롭게 대하는 것이다.**
**그렇게 그들 스스로 자신의 실수를 깨닫게 하는 것이다."**

## 스토아주의 연습하기

이번 훈련의 목적은 상대하기 힘든 사람을 상대하는 데 도움을 주고, 인류애를 더 높이는 것이다.

### 문제는 내가 아니라 너야

이 훈련은 무례하거나 불친절하거나 불쾌한 사람을 만났을 때 감정을 통제하는 방법에 관한 것이다. 극단적으로 반응하지 말고 천천히 생각하는 시간을 가져라. 모욕을 당할 때면 일종의 인격 테스트라 생각하면서 대응 방법을 연습하고, 이를 성장할 수 있는 기회로 삼아라. 그리고 경험한 것을 기록으로 남겨라.

### 우주 시민

무작위로 친절한 행동을 베풀어 보기를 권한다. 예를 들면 낯선 사람에게 커피 사 주기, 줄을 서 있다가 뒷사람을 앞으로 보내 주기, 낯선 사람에게 문 열어 주기, 자선 단체에 시간과 돈을 기부하기, 무작위로 칭찬하기 등이 있다. 창의력을 발휘해 당신이 할 수 있는 친절한 행동을 모두 떠올려 보라.

적극적인 지역 사회 구성원이 되어 친절을 베푸는 데 집중하면 세상을 더 나은 곳으로 만드는 일에 도움을 줄 수 있다. 작은 발걸음이지만 나부터 행동하면 세상은 달라질 수 있다.

스토아학파는 자신들을 우주 시민이라 여겼다. 스토아학파는 모든 사람을 평등하고 친절하게 대했는데 심지어 상대하기 힘든 사람들에게도 마찬가지였다. 이 개념을 당신의 삶에 적용해 인류의 일부이자 우주 시민으로서 생각하고 행동하도록 노력하라.

**공감 능력을 키워 주는 '자애 명상'**

공감 능력을 키울 수 있는 훌륭한 방법은 불교에서 찾을 수 있다. 바로 자애 명상이다. 비록 스토아주의와는 상관이 없지만 공감 능력을 높이고 스토아주의 훈련을 보완해 줄 수 있는 훌륭한 방법이다. 자애 명상은 당신에게 잘못한 사람이 잘되길 바라면서 적대감을 떨쳐 버리는 것인데, 자세한 방법은 다음과 같다.

먼저 당신이 마음속으로 깊이 아끼는 사람들을 떠올려 보라. 이제 그들이 행복하고 평안하길 기원하라. 기쁨에 찬 그들의 모습을 상상해 보라. 몇 분 동안 상상해 보라. 머릿속으로 명확한 그림을 그려 보라. 그들이 행복해하는 장면을 다양하게 상상해 보라. 어린 시절로 돌아가 뛰어놀고 있는 그들의 모습을 상상해 보라. 그들이 결혼하는 날을 상상해 보라. 가족들에게 둘러싸여 있는 모습을 상상해 보라. 창의력을 발휘해 주마등처럼 스쳐 지나가는 인생의 여정 속에서 그들이 매 순간 행복한 모습으로 지내는 걸 상상해 보라.

다음으로, 잘 알지 못하는 사람을 떠올리며 똑같은 상상을 해 보라. 그들이 잘되기를 기원하며 긍정적인 에너지를 보내라. 마지막으로 상대하기 힘든 사람을 떠올려 보라. 당신이 강한 반감을 품고 있는 사람을 떠올려 보라. 이제 그들의 행복과 평안을 기원하라. 명상을 진행하며 그들이 행복해하는 모습을 상상해 보라. 어려울 수 있다. 명상을 계속 이어나가면서 당신의 내면을 주의 깊게 살펴보라. 그 사람에 대한 생각이 조금이라도 바뀌었는가? 다른 관점에서 볼 수 있게 되었는가? 이 훈련은 공감 능력을 키우는 데 매우 효과적이다. 특별히 명상하기가 어려운 사람들이 있다고 해도 실망할 필요는 없다. 뒤집어 생각하면 앞으로 이 명상을 통해 얻을 수 있는 게 많다는 뜻이기도 하니까 말이다. 우리에겐 아직 성장할 여지가 있고, 마음속에 연민을 키울 수 있는 공간도 충분하다.

**가장 나약한 순간의 모습으로 상대방을 판단하지 않기**

이 훈련은 누군가를 싫어하는 마음을 누그러뜨리는 데 사용될 수 있다. 누군가가 나쁜 행동을 할 때, 그 행동의 원인이 될 만한 이유를 생각해 보라. 개인적으로 안 좋은 일이 있었거나 최근에 가까운 친척이나 배우자를 잃었을 수도 있다. 이 사람이 이렇게 나쁘게 행동하는 이유를 가능한 한 많이 생각해 보라.

이 훈련의 목표는 어떤 행동이든 전체적인 맥락에서 이해하려고 노력하고, 누구에게나 가장 나약한 모습이 드러나는 순간이 있다는 점을 이해하는 것이다. 단지 그 나약한 모습만 보고서 상대방을 판단해서는 안 된다는 사실을 기억하라.

물론 그 사람과 굳이 더 많은 시간을 함께 보낼 필요는 없지만 마음속에 그 사람에 대한 증오심을 품고 살아갈 필요도 없다. 그러면 당신만 불행해지고 당신의 삶만 균형을 잃게 된다. 누군가를 가장 나약한 순간의 모습으로 판단하지 않는 훈련을 하다 보면 그 사람에 대한 혐오감을 누그러뜨리거나 놓아주는 법을 배울 수 있다. 그 결과 당신은 다시 자유로워질 것이다.

**토론 시간**

일부러 어떤 주제에 관해 당신과 의견이 다른 사람을 찾아가 토론해 보라. 토론하는 동안 최대한 침착함을 유지하려고 노력해 보라. 의견이 다른 사람과 차분하게 대화하는 것은 당신이 감정을 얼마나 잘 통제하고 있는지를 판단할 수 있는 좋은 기준이 된다.

적대적인 토론 상대를 찾을 방법은 많다. 토론 동아리나 트위터에서 찾을 수도 있고 아니면 어떤 주제에 관해 확고하게 당신과 다른 의견을 가진 친구를 찾아가 대화를 나눌 수도 있다. 한번 시도해 보고 어떻게 진행되는지 확인해 보라.

## 변화를 위한 글쓰기 미션

그동안 만난 상대하기 힘들었던 사람들을 떠올려 보라. 명단을 작성하고 앞서 소개한 스토아주의 연습 과제들을 하나씩 수행해 보라. 어떤가? 인간으로서 공통점을 찾는 데 도움이 되었는가? 자애 명상은 시도해 보았는가? 얼마나 힘들게 느껴졌는가?

이해하기 힘들고 불합리한 행동을 하는 사람들을 접할 때마다 일기장에 기록하고 당신이 어떻게 대응했는지 점수를 매겨 보라. 실제로 그동안 대응해 왔던 방식대로 하지 않고 침착하게 행동했다면 A를 주면 된다. 현실 세계에서 상대하기 힘든 사람들을 만날 때마다 더 나은 성적을 얻으려고 노력해 보라. 무엇이 도움이 되었고 무엇이 도움이 되지 않았는지 주의 깊게 관찰해 보라. 이 모든 것을 기록하고 성찰하라.

아홉 번째 방법

# 언젠가는 죽는다는 사실을 기억하라

"인생의 마지막 순간에 이른 것처럼 마음의 준비를 하자.
아무것도 미루지 말자. 하루하루 인생이라는 책의 균형을 맞춰 나가자.
매일이 생의 마지막 날인 것처럼 하루를 사는 사람은
결코 시간이 부족하지 않다."

— 세네카 —

**• 경고 •**

'**메멘토 모리**'는 매우 심도 있는 스토아주의 개념이다. 이를 실천하기란 매우 까다로울 수 있으며, 자칫 잘못 사용하면 매우 부정적인 정신 상태에 빠질 수도 있다. 불안, 우울증, 기타 정신적인 문제를 겪고 있다면 특히 주의하라. 너무 버겁게 느껴지면 이 개념은 아예 건너뛰어도 좋다. 나중에 준비가 되었을 때 언제든지 다시 보면 된다.

**• 요약 •**

언젠가는 죽는다는 사실을 깊이 묵상하면 주어진 삶에 감사하는 마음을 갖는 데 도움이 된다. 또한 정신을 차리고 더 명확한 목적과 방향감각을 갖고 살아가는 데 도움이 된다.

## • 원리 •

스토아학파는 많은 시간을 죽음에 관해 글을 쓰고 이야기하며 보냈다. 철학에서 중요한 주제인 죽음에 관해 스토아 철학자들은 끊임없이 탐구하고 성찰을 이어 나갔다. 이는 우울하고 병적인 훈련이 아니라 삶을 더 감사하게 여기도록 하는 방법이었다. 또한 자아ego를 억누르는 좋은 방편이기도 했다.

로마 황제이자 당시 지구상에서 가장 강력한 권력을 가지고 있던 아우렐리우스는 종종 자신의 죽음을 성찰하곤 했다. 《명상록》에는 죽음에 관한 성찰이 끝없이 등장하는데, 아우렐리우스는 이를 통해 겸손함을 유지했다. 당대 최고의 권력을 지닌 자로서 스스로를 천하무적이라고 느끼기 쉬웠을 텐데도 그는 자신 또한 결국 죽음을 피할 수 없는 존재라는 걸 되새기면서 현실 감각을 잃지 않았다.

메멘토 모리는 라틴어로 '당신도 언젠가 죽는다는 사실을 기억하라.'라는 뜻이다. 스토아 철학에 자주 등장하는 문구이기도 하다. 실제로 스토아주의자뿐만 아니라 로마의 장군들도 새로운 자리에 임명될 때마다 귓속말로 메멘토 모리라는 말을 들어야 했는데, 이는 현실 감각을 잃지 않게 하려는 방법이었다. 그런데 만약 헬렌이 집에 와서 직장에서 승진했다고 이야기하는데 내가 거기다 대고 귓속말로 이렇게 말한다면 어떨까? “잘됐네, 여보. 그런데 당신도 언젠가는 반드시 죽는다는 사실을 잊지 마.” 내 생각에는 솔직히 잘 받아들여지지 않을 것 같다.

현대 사회에서 죽음에 대해 이야기하는 것은 무례하거나 무신경한 행동으로 비치기도 한다. 하지만 정말로 그럴까? 특히 서양에는 흥미롭게도 죽음을 금기시하는 문화가 있다. 그러나 원하든 원치 않든 간에 죽음은 누구나 직면해야 하는 현실이다. 그런데도 뇌를 냉동하거나 생명 유지 기술을 개발하는 등 죽음을 피하기 위해 필사적으로 노력하는 이들이 있다. 어쨌거나 아직까지 불멸은 공상 과학 소설에서나 나오는 이야기다. 다시 말해 우리 모두가 언젠가는 죽는다는 사실을 받아들여야 한다는 뜻이다.

죽음을 인정하지 않으려는 태도는 심각한 문제가 될 수 있다. 물론 내 존재가 사라지는 것에 대한 공포는 사람들에게 정신적으로 커다란 고통을 안겨 주기도 한다. 나도 과거에는 죽음에 대해 생각하기가 어려웠다. 하지만 생각하지 않는다고 해서 문제가 해결되는 것은 아니다. 결국엔 사실을 직시해야만 한다. 너무 오랫동안 방치하면 감당하기 힘들 정도로 문제가 커질 수 있으며, 자칫하다간 실존적 위기에 빠질지도 모른다. 때때로 가만히 앉아서 현실을 직시해야만 하는 순간이 있다. 아홉 번째 방법에서 우리가 마주해야 할 현실은 바로 죽음이다.

## 죽음 명상

스토아학파는 나쁜 것은 죽음이 아니라 죽음에 대한 두려움이라고 생각했다. 에픽테토스는 이렇게 말했다.

**"우리가 두려워해야 할 것은 고통과 죽음에 대한 두려움이다."**

다른 스토아 철학자들도 죽음에 관해선 에픽테토스와 견해를 같이했다. 죽음은 나쁘지 않다. 자연스러운 사건이기 때문이다. 그러나 죽음에 대한 비합리적인 두려움은 나쁘다. 우리는 죽음과 화해하는 법을 배워야 하며, 언젠가 반드시 직면해야 할 일이라는 걸 받아들여야 한다. 결코 쉬운 일은 아니지만, 스토아학파는 매우 구체적인 방법을 알고 있었다. 바로 죽음에 관해 명상을 하는 것이다.

간단히 말해 '죽음 명상'은 우리 자신의 죽음에 관해 깊이 생각하는 것이다. 이것은 매우 강도 높은 훈련으로, 삶에 감사하는 마음을 더 깊이 느끼게 하는 데 도움이 된다. 죽음을 생각하는 것이 어떻게 목적의식을 더 선명하게 하고 감사하는 마음을 더 깊게 하는 데 도움을 주는 걸까? 자신이 더 이상 살아 있지 않은 순간을 상상하면 실제로는 살아 있다는 사실에 감사하게 된다. 인생은 매우 소중하지만 우리는 종종 이 사실을 잊고 살아간다. 반복되는 일상 속에서 모든 것이 언제까지나 변함없이 유지되리라고 생각하게 된다. 그러나 이것이야말로 환상이다. 죽음 명상은 이런 환상을 극복할 수 있도록 도와준다.

죽음의 문턱까지 다녀온 사람들이 갑자기 인생의 방향을 바꾸는 경우는 셀 수 없이 많다. 예를 들어, 심각한 교통사고를 당한 사람들 중 어떤 이들은 자신이 지금 하고 있는 일을 좋아하지 않는다는 걸, 진정으로 원하는 것과는 거리가 먼 삶을 살고 있다는 걸 깨닫곤 한다. 이런 깨달음으로 인해 인생의 방향이 송두리째 바뀌기도 한다. 시간이 유한하다는 사실을 절실히 깨닫게 되면 불현듯 분명한 목적과 방향을 갖고 살고 싶다는 욕구가 생기기도 한다. 죽음 명상은 특별한 사건이나 계기 없이도 이러한 동기를 불러일으킬 수 있다. 유용하지 않은가?

죽음 명상은 (여섯 번째 방법인) 부정적 시각화의 다음 단계라 할 수 있다. 죽음에 관해 생각하는 것은 살아 있음에 감사하는 마음을 갖고 죽음을 심리적으로 준비하는 데 도움이 된다. 죽음 명상을 하는 방법은 다양한데, 여기서 그중 몇 가지를 소개하고자 한다.

그 전에 일러둘 주의 사항이 있다. 자신의 죽음에 대해 생각하는 것은 어렵고 힘든 일이다. 전문가의 도움이 필요할 만큼 심각한 문제가 발생할 수도 있다. 이 훈련을 하는 동안 죽음에 집착하게 되거나 자살 충동을 느낀다면 즉시 다른 사람에게 이야기하라. 마음의 변화에 주의를 기울이며 통제가 불가능한 상태로 흘러가지 않도록 조심하라.

자신의 죽음에 대해 생각해 볼 수 있는 방법은 다음과 같다.

- **당신의 장례식을 상상해 보라.**

장례식장 벽에 붙어 있는 파리가 되었다고 상상해 보라. 친구와 가족 들에게 둘러싸인 채 관 속에 누워 있는 당신의 모습을 상상해 보라. 사람들은 과연 어떤 말을 건넬까? 어떤 이야기를 할까? 장례식에는 누가 참석했을까? 사소한 부분까지 세밀하게 상상한 다음 어떤 기분이 들었는지 기록해 보라.

- **죽은 뒤에 무슨 일이 일어날지 상상해 보라.**

죽은 뒤에 어디로 가게 될지 상상해 보라. 사후 세계에 대한 인식은 사람마다 다를 것이다. 예를 들어, 종교가 있는 사람은 무신론자와는 다른 관점을 가지고 있을 것이다. 상상할 수 있는 모든 가능성을 탐색해 보라. 이 주제를 생각하다 보면 마음이 힘들고 혼란스러울 수 있다. 나중에 스토아학파는 사후 세계를 어떻게 생각했는지 살펴보는 것도 좋다.

- **이 세상에 태어나기 전에는 어디에 있었을지 상상해 보라.**

죽으면 그곳으로 다시 돌아가는 것일까? 세상에 아직 존재하지 않는 느낌은 어떤 걸까? 태어나기 이전이 죽음 이후보다 더 이해하기가 쉬운가? 아니면 더 어려운가?

- **당신이 없는 세상을 상상해 보라.**

먼저 당신이 살고 있지 않은 다른 지역을 떠올려 보라. 예를 들어 프랑스 파리에 산다고 상상해 보라(파리에 살고 있다면 다른 도시를 선택하라). 그 도시의 하루를 상상해 보라. 사람들은 바삐 거리로 나선다. 식당에는 손님들이 앉아 있다. 아이들은 학교에 간다. 그렇다면 당신은 어디에 있는가? 그렇다! 당신은 거기에 없다. 그래도 삶은 계속된다. 이제 당신이 없는 세상을 상상해 보라. 지금 당신이 누리고 있는 삶이 더욱 감사하게 느껴지는가? 아니면 겁이 나는가?

● **실제로 죽어 가는 과정을 상상해 보라.**

죽어 가는 느낌은 어떨까? 지나치게 생생하게 상상할 필요는 없다. 마지막 숨을 내뱉는 모습을 상상하는 것 정도로도 충분하다. 그다음에는 무슨 일이 일어날까? 어떤 느낌일까? 여러 가지 다른 방식으로 죽어 가는 모습을 상상해 보라…. 음, 이 훈련의 강도가 너무 세다고 느껴지는 사람들은 건너뛰거나 천천히 해도 좋다.

타이머를 설정한 뒤에 이러한 사고 실험을 차례차례 해 보자. 각각 5분씩 체계적으로 진행하고, 제한 시간 내에 최대한 집중하라.

이 과정이 결코 쉽진 않지만 제대로만 해낸다면 엄청난 경험이 될 것이다. 만약 잘못해서 기분이 나빠졌다면 언제든지 여섯 번째 방법에 나오는 '팁! 절망의 블랙홀에 빨려 들어갔다면'을 참조하면 된다. 부정적 시각화와 죽음 명상은 같은 원리에 기반하며 현재를 더 충실히 살아갈 수 있도록 도와준다. 참고로 이 두 가지 훈련을 수행하다가 지나치게 부정적인 생각의 소용돌이 속으로 휘말려 들어간다 싶으면 바로 웃긴 영상 같은 것을 찾아보면서 정신을 다른 곳으로 돌리는 게 좋다. 괜찮은 밈이 있다면 내게도 추천해 주기 바란다.

스토아학파는 아침저녁으로 매일 죽음 명상을 했다. 세네카는 "아침에 눈을 뜨면 오늘이 마지막 날인 것처럼 살라."고 말했다. 이런 생각으로 하루를 시작하면 과연 우리 생각과 행동이 어떻게 바뀔지 상상해 보라. 세네카는 또 매일 저녁 잠자리에 들기 전에 "내일 아침에는 깨어나지 못할 수도 있다."라고 말해 보길 권했다. 죽음을 끊임없이 인식하는 훈련은 우리가 목적의식을 가지고 행동할 수 있게 도와준다. 루푸스는 이를 한 문장으로 정리했다.

**"오늘을 마지막 날로 여기지 않으면 오늘을 잘 살 수 없다."**

나는 개인적으로 죽음 명상을 많이 했고 지금도 주기적으로 내 죽음에 대해 생각한다. 예전에 불안 증상이 심했을 땐 죽음 명상은 시도할 생각조차 못 했다. 하지만 불안 증상을 대하는 태도를 바꾸고 나 자신을 훨씬 더 잘 이해하게 된 후 죽음 명상은 나의 일상이 되었다. 그 효과를 직접 경험한 사람으로서 나는 죽음 명상이 인생을 어떻게 살고 있는지 되돌아보게 해 주는 아주 실용적인 방법이라는 걸 확신한다.

## 이 순간이 마지막일 수도 있다

우리는 언제 죽을지 전혀 알 수 없다. 오늘이나 내일이 될 수도 있고, 아주 먼 미래가 될 수도 있다. 그래서 스토아학파는 언제든지 이 세상을 떠날 수 있는 것처럼 행동하라고 조언한다. 아우렐리우스는 이렇게 말했다.

**"당장이라도 세상을 떠날 수 있다는 생각으로**
**매사에 행동하고 말하고 생각하라."**

만약 오늘 죽을 수도 있다면, 그래도 여전히 배우자와 말다툼을 하겠는가? 그래도 여전히 직장 동료에게 무례하게 행동하겠는가? 지금 그 모습이 사람들이 기억하는 살아생전 당신의 마지막 모습이 될 것이다. 그런 끔찍한 모습으로 영원히 기억되길 원하는가? 여전히 넷플릭스를 보느라 5시간을 날리겠는가? 아니면 밖으로 걸어 나가 마지막 일몰을 감상하겠는가?

언제든지 죽을 수 있다는 사실을 의식하게 되면 지금 이 순간 더 감사한 마음으로 할 일을 할 수 있다. 바로 여기, 지금의 삶에 집중할 수 있게 되는 것이다. 언제든 죽을 수 있다는 생각은 현재를 더 충실하게 살아갈 수 있게 해 준다.

나는 쓰레기통을 비우거나 설거지 같은 일상적인 일을 할 때 자주 이 생각을 적용한다. 이 일을 할 수 있는 게 마지막이라고 생각하면 귀찮은 생각보다는 감사한 마음이 앞선다. 즐거운 일을 할 때도 마찬가지다. 사랑스러운 순간을 경험할 때 지금 이 순간이 어쩌면 마지막일지도 모른다고 생각해 보라. 그러면 온 마음을 다해 그 순간을 음미하게 될 것이다.

## 목적과 의미를 갖고 살아가기

언제라도 죽을 수 있다는 생각은 자연스럽게 우리가 시간을 어떻게 보내고 있는지 돌아보게 한다. 만약 오늘이 지구상에서 보내는 마지막 날이라면 정말로 이렇게 시간을 보낼 것인가?

우리가 시간을 어떻게 사용하는지 되돌아보는 것은 인생에 강력한 영향을 미칠 수 있다. 인생의 3분의 1은 잠을 자면서 보내고, 많은 시간을 직장에서 보내고, 또 이런저런 사소한 일을 처리하는 데 적지 않은 시간을 쓴다고 할 때, 우리에게 실제로 남는 시간은 얼마나 될까? 과연 우리는 그 시간을 현명하게 보내고 있을까?

목적과 의미를 가지고 살아가는 것은 삶에서 만족감을 느낄 수 있도록 도와준다. 여기 우리에게 피가 되고 살이 되는 질문들이 있다. 나는 인생에서 무엇을 하고 있는가? 내가 가고 있는 방향에 만족하는가? 나의 가치는 무엇인가? 나는 선한 삶을 살고 있는가?

이 중에 어느 하나라도 정신이 번쩍 들게 하는 질문이 있는가? 내일 당장 죽을 수도 있다는 사실이 절실하게 다가오면, 이 질문들이 순식간에 삶의 진짜 우선순위가 된다. 그게 메멘토 모리의 힘이다. 삶에 동기를 부여하는 데 죽음을 되새기는 것만큼 효과적인 방법은 없다!

잘 사는 삶이란 의미 있고 가치 있는 일을 하면서 시간을 보내는 삶이다. 스토아학파는 얼마나 오래 사는지는 중요하지 않으며, 시간을 얼마나 현명하게 사용하는지가 중요하다고 주장한다.

**"인생이 짧다고들 말하지만,**
**인생이 짧은 게 아니라 우리가 너무 많은 시간을 낭비하는 것이다.**
**인생은 충분히 길며,**
**주어진 시간을 잘 활용한다면**
**여러 가지 위대한 일을 이루기에 충분하다.**
**그러나 사치와 방탕으로 시간을 낭비한다면,**

**선한 목적을 이루는 데 시간을 사용하지 않는다면,**

**죽음의 문턱에서야 시간이 눈 깜짝할 새에 흘러가 버렸다는 사실을**

**깨닫게 될 것이다. 그렇다.**

**우리에게 짧은 인생이 주어진 것이 아니라**

**우리가 그렇게 만든 것이다."**

**— 세네카 —**

시간을 어떻게 보내고 있는지 생각하는 데 에너지를 투자하라. 시간을 잘 보내고 있는가? 어쩌면 오래된 버킷 리스트를 다시 꺼내 보거나 새로운 버킷 리스트를 작성해야 할 수도 있다. 앞으로 남은 시간이 얼마나 되는지 알 수 없기에 우리는 하루하루를 충실히 살아야 한다.

## 죽음에 대한 스토아학파의 생각

**"죽음은 탄생과 마찬가지로 원소가 결합하고, 성장하고, 부패하고,**

**마침내 분해되어 완전히 흩어지는 자연스러운 과정일 뿐이다."**

**— 마르쿠스 아우렐리우스 —**

그렇다면 스토아학파는 실제로 죽음에 대해 어떻게 생각했을까? 스토아학파는 죽음을 자연의 섭리라 생각했기에 결코 부정적인 것으로 여기지 않았다. 영화 〈라이온 킹〉을 안 본 사람은 없으리라고 생각한다. 그 영화에 나오는 생명의 순환 같은…, 스토아학파는 죽음을 그렇게 바라보았다. 자연에는 섭리가 있다. 죽음은 생명의 자연스러운 일부다. 죽음이 없으면 생명도 없다. 그러므로 두려워할 필요가 없다.

스토아학파는 사후에 일어나는 일은 우리가 통제할 수 없기에 걱정할 필요가 없다고 생각했다. 일반적으로 스토아학파는 사후 세계와 영혼의 불멸성이라는 개념에 대해 불가지론적인 입장을 취했다. 그럼에도 스토아학파는 사람이 죽으면 다시 자연으로 돌아갈 것이라고, 태어나기 이전에 있었던 곳으로 돌아갈 것이라고 생각했다. 꽤 어렵다. 그렇지 않은가? 태어나기 전 우리가 과연 어디에 있었는지에 대해 생각하는 건 쉬운 일이 아니다. 이를 이해하기 위해 가끔 우리 정신은 고군분투하기도 한다(뭐, 적어도 내 정신은 그렇다). 그래서 나는 앞서 언급한 죽음 명상에서 태어나기 전에 우리가 어디에 있었는지에 대해 생각해 보는 것이 매우 흥미로운 훈련이라 생각한다. 이 연습을 통해 스토아학파가 죽음을 (그리고 태어나기 이전에 대해) 어떻게 생각했는지 이해하는 데 한 발짝 더 가까이 다가갈 수 있을 것이다.

## 죽음을 상기시켜 주는 물건을 지녀라

멕시코에는 '망자의 날Day of the Dead'이라는 공휴일이 있다. 이날은 가족과 친구들이 모여 죽은 이들을 기리며 한바탕 축제을 벌인다. 아마 정교한 해골 의상을 입고 얼굴에 페인트를 칠한 채 축제를 즐기는 사람들을 본 적이 있을 것이다. 알록달록한 색상의 향연에 축제 현장은 생동감이 넘쳐난다.

'라 칼라베라 카트리나La Calavera Catrina'는 화려한 모자를 쓴 우아한 여성 해골 캐릭터로, 망자의 날을 대표하는 캐릭터다. 그래서인지 축제 기간에 이 캐릭터 분장을 한 다양한 사람들을 만날 수 있다. 오늘날 우리가 알고 있는 현대적인 모습의 라 카트리나는 호세 과달루페 포사다가 창조했다. 정치 만화를 주로 그렸던 포사다는 사람들에게 죽음을 상기시키고자 해골을 그렸고, 그렇게 탄생한 라 카트리나는 부유한 귀족이 되고 싶어 하는 멕시코인을 상징하는 캐릭터가 되었다. 포사다는 당신이 누구인지, 어디서 왔는지, 재산이 얼마인지와 관계없이 결국은 해골이 된다는 사실을 기억하길 원했다. 그는 이 메시지를 "죽음은 민주적이다."는 유명한 말로 아름답게 요약했다!

해골은 우리 모두가 어디로 향하고 있는지를 시각적으로 상기시켜 준다. 해골 흉상을 보고 있노라면 누구나 결국에는 뼈 더미가 된다는 사실을 떠올리게 된다. 이 사실을 상기시켜 주는 것은 나쁜 일이 아니다. 오히려 우리가 매 순간 최선을 다해 살도록 자극을 준다. 어떤 사람들은 메멘토 모리를 문신으로 새기기도 하고, 또 어떤 사람들은 메멘토 모리를 상기시켜 주는 예술품을 집에 두기도 한다. 내 책상 위에도 작은 해골 모양의 망자의 날 기념품이 있는데, 알록달록해서 자꾸만 눈길이 간다. 나는 이 해골 조각상에 카토라는 이름을 지어 주었다.

우리 모두가 언젠가는 죽는다는 사실을 시각적으로 상기시키는 건 이 생각을 마음속에 간직할 수 있도록 하는 완벽한 방법이다. 당신만의 시각적 상기물을 만들어 이 스토아주의 원리를 음미하는 데 도움이 되도록 해 보는 것은 어떨까?

## 아홉 번째 방법을 마무리하며

우리가 죽음에 대해 깊이 생각하는 이유는 결국 죽음에 대한 두려움을 없애기 위함이다. 또한 죽음에 대해 철학적인 태도를 갖기 위함이다. 죽음에 대해 깊이 생각하는 것은 소름 끼치는 훈련이 아니라 분명한 열정과 목적을 가지고 인생을 살아갈 수 있도록 도와주는 유용한 방법이다. 죽음을 의식하는 것은 강력한 효과를 발휘해 우리가 인생을 살아가는 동안 헛된 공상에 빠지지 않도록 도와줄 수 있다.

아우렐리우스의 《명상록》이 죽음에 관한 단상으로 끝나는 것은 큰 의미가 있다. 아우렐리우스는 운명을 받아들이되 미련을 두지 말라고 조언한다. 마음속에 철학을 품고 우아하게 인생을 하직하라고 말한다. 메멘토 모리에 대한 글을 마무리하기에 이보다 완벽한 글귀는 없을 것 같다. 《명상록》은 이렇게 끝이 난다.

**"당신은 위대한 도시의 시민으로 살았다.**
**5년을 살았든 100년을 살았든 차이가 있는가?**
**법률적으로는 차이가 없다.**
**게다가 폭군이나 부정직한 재판관에 의해서가 아니라**
**애초에 당신을 초대한 자연에 의해**
**그곳에서 쫓겨나는 것이 뭐 그리 끔찍한 일인가?**
**이건 마치 연극이 끝나고 연출가가 무대에 선 배우들 앞으로**
**커튼을 내리는 것과 같다.**
**'하지만 난 이제 겨우 3막만 마쳤을 뿐인걸요….'**
**라고 항변할지도 모른다.**
**맞는 말이다. 그렇다면 당신의 인생은 3막으로 구성된**

연극이라 할 수 있다.

처음에 당신을 창조했고 이제 당신을 해체하려 드는 그 존재만이

당신의 인생을 언제 끝낼지 결정할 수 있다.

태어나는 것이나 죽는 것,

그 어느 쪽도 당신이 결정할 수 있는 일이 아니다.

그러므로 선의를 가지고 품위 있게 떠나라.

당신을 떠나보내는 결정 또한 선의로 이루어진 것이니까."

이번 훈련의 목적은 삶에 감사하는 마음을 더 깊이 느끼게 하려는 것이다.

**죽음 명상**

자신의 죽음에 대해 생각해 보는 시간을 가져라. 앞서 언급했듯이 타이머를 설정하고 온 정신을 집중해 다음과 같은 사고 실험을 수행해 보라.

- 당신의 장례식을 상상해 보라.
- 당신이 죽은 뒤에 무슨 일이 일어날지 상상해 보라.
- 이 세상에 태어나기 전에는 어디에 있었을지 상상해 보라.
- 당신이 없는 세상을 상상해 보라.
- 실제로 죽어가는 과정을 상상해 보라. 어떤 느낌이 드는가?

더 구체적인 지침을 보려면 언제든지 앞부분에 나오는 죽음 명상 부분을 참고하면 된다. 그리고 이 모든 과정을 기록해 두기를 추천한다.

### 시각적 상기물 만들기

메멘토 모리를 떠올릴 수 있는 시각적 상기물을 만들어 일주일 동안 지니고 다녀 보라. 망자의 날 해골에 색칠을 하거나, 작은 해골을 그려 책상 위에 붙여 놓을 수도 있다. 창의력을 한번 발휘해 보라. 손재주가 없는 편이라면 종이에 그냥 메멘토 모리라는 글자만 적어서 가지고 다녀도 좋다. 상기물이든 종이든 잘 보이는 곳에 전시해 두고 자주 되새겨라.

### 버킷 리스트

오늘이 지구상에서 허락된 마지막 날이라고 혹은 올해가 인생의 마지막 해라고 가정해 보라. 반드시 하지 않으면 후회하게 될 것 같은 일은 무엇인가? 전통적인 버킷 리스트를 작성한 다음 하나하나 어떻게 이루어 낼지 생각해 보라. 죽음이야말로 진정한 동기 부여가 될 수 있다!

### 나의 마지막 모습

언제 죽을지 모르기 때문에 이론적으로는 우리가 하는 모든 일이 마지막 순간이 될 수 있다. 다음과 같은 활동을 할 때 어쩌면 이번이 마지막이 될 수도 있다는 사실을 되새겨 보라.

- (마지막으로) 샤워하기
- (마지막으로) 현관문 열기
- (마지막으로) 출근하기

자신의 행동을 의식하고 모든 순간을 음미하려고 노력해 보라. 이 훈련의 목적은 매 순간 어떤 행동을 하는지 더 많이 인식하며 살아가도록 하는 데 있다.
여기서 한 걸음 더 나아가 당신만의 '나의 마지막 모습' 목록을 만들고, 그 목록에 있는 행동을 현실을 더 충실하게 살아가기 위한 자극제로 활용하라.

**인생의 의미에 대해 묻기**

인생의 의미는 무엇인가? 무엇을 하러 이 세상에 왔는가? 가치관은 무엇인가? 그 가치관에 따라 인생을 살고 싶은가? 이 훈련은 인생의 더 깊은 의미와 목적을 찾도록 해 줄 것이다. 인생의 의미를 깊이 생각한 뒤 글로 적고 가족과 친구들에게 이야기해 보라.

인생의 의미를 수집해 볼 수도 있다. 만나는 사람마다 인생의 의미가 무엇이라고 생각하는지 물어보고 답변을 기록하라.

## 변화를 위한 글쓰기 미션

죽음에 대한 글을 쓰는 것은 쉽지 않은 일이다. 죽음 명상 도중에 떠오른 생각과 질문을 적어 내려가는 것부터 시작해 보자. 고민거리를 적어 둔 다음 나중에 잘 풀린 일들을 따로 모아 기록해 두자. 자신의 죽음을 생각할 땐 누구나 머릿속에 오만 가지 생각이 들기 마련이다. 이런 감정을 모두 글로 풀어내고 나면 마음이 정화되는 느낌을 받을 수 있을 것이다.

삶의 의미를 주제로 글을 쓰는 것 또한 좋은 방법이다. 자신의 가치관 혹은 인생을 살면서 답을 찾고 싶은 중요한 질문들을 적은 뒤 그에 대한 답들을 틈틈이 메모하라. 이에 대해 다른 사람들이 말하는 내용을 귀담아들었다가 기록해 두어도 좋다.

열 번째 방법

# 우주적 관점을 지녀라

"세상의 거대함을 이해함으로써…,
무한한 시간에 대해 숙고함으로써…,
사물이 변하는 속도에 대해 생각함으로써…,
우리는 마음을 어지럽히는 쓰레기들을 전부 갖다 버리고
우리 자신을 위한 공간을 비워 둘 수 있다.
부분이 모여 전체가 된다. 탄생과 죽음은 종이 한 장 차이다.
우리 앞에도 무한한 시간이 있고 우리 뒤에도 무한한 시간이 있다."

— 마르쿠스 아우렐리우스 —

## • 요약 •

우주의 광대함에 대해 묵상함으로써 우리는 인생에 대한 관점과 감사하는 마음 그리고 객관성을 가지게 된다.

## • 원리 •

인생은 놀라움 그 자체다. 당신이 지금 살아 있을 확률은 정말 믿기 어려울 정도로 작다. 어느 정도냐 하면 400조분의 1밖에 되지 않는다. 미쳤다! 설령 이 수치가 살아 있을 확률을 너무 과소평가한 것이라 할지라도 여전히 말도 안 되게 작은 확률인 건 변함이 없다.

생존 확률이 얼마나 작은지에 대해 생각하는 것은 시작에 불과하다. 뒤로 물러나 큰 그림을 보면 다른 관점을 얻을 수 있다. 스토아학파는 우주의 장대한 규모와 시간의 무한함, 드넓은 세상과 존재의 덧없음에 대해 성찰하면 좀 더 객관성을 갖고 다양한 관점으로 세상을 바라볼 수 있게 된다고 말한다. 이처럼 큰 그림을 그려 보는 일은 나의 존재가 우주와 연결되어 있다는 느낌을 가질 수 있도록 도와준다. 또한 우리가 더 큰 무언가의 일부라고 느낄 수 있도록 해 주기도 한다. 대부분의 사람들은 일상의 자잘한 활동에 쉽게 얽매이기에 곧잘 큰 그림을 외면한 채 살아가곤 한다. 우리의 존재 자체가 기적이라는 사실을 더 또렷하게 인식할수록 불필요한 걱정에서 좀 더 쉽게 벗어날 수 있다. 물론 이게 말처럼 쉬운 일은 아니지만 보다 큰 그림을 생각하는 훈련은 많은 도움을 줄 수 있다.

## 우주의 모든 것은 서로 연결되어 있다

스토아주의에는 '**심파테이아**sympatheia'라는 중요한 개념이 있다. 이는 우주의 모든 것이 서로 연결되어 있다는 생각이다. 자연의 일부인 우리는 세상과 분리될 수 없으며, 존재하는 모든 것과 똑같은 재료로 만들어졌다. 과학자 칼 세이건은 이 사실을 다음과 같이 완벽하게 설명한다.

**"우리의 DNA를 구성하는 질소, 치아를 구성하는 칼슘,**
**혈액 속의 철, 애플파이 속의 탄소는**
**모두 붕괴하는 별의 내부에서 합성되었다.**

**그러므로 우리는 모두 별의 자녀다.”**

우리를 구성하는 원자는 태초부터 다양한 형태를 품고 있었다. 어쩌면 지금 당신 몸 안에 있는 원자 중 일부는 과거 티라노사우루스의 발톱 안에 있었을지도 모른다. 농담은 제쳐 두고, 우리가 모두 같은 물질로 만들어졌다는 사실은 평등이라는 가치를 실현하도록 동기를 부여할 수도 있다. 우리를 구성하는 물질은 모두 동일하다. 우리 모두 말이다! 국적이 어디인지는 중요하지 않다. 왜냐하면 궁극적으로 우리 모두는 우주의 시민이기 때문이다. 우리는 모두 같은 별에서 왔다! 너무나도 아름다운 개념이다.

심파테이아는 우리가 포용적인 세계관을 갖도록 도와준다. 스토아학파는 심파테이아를 높이 평가했으며, 2,000년 전에 만들어진 개념임에도 불구하고 오늘날에도 여전히 유효하다. 우리가 서로 연결되어 있다는 사실을 고찰하는 일은 우리가 더 나은 사람이 되는 데 도움을 준다. 심파테이아는 우리의 차이점보다는 공통점이 무엇인지 생각하게 만드는데, 이는 양극화와 분열이 만연한 세상에서 누구에게나 유익하게 작용한다. 심파테이아는 우리를 하나로 모아 주는 동시에, 서로를 더 친절하게 대하는 데 도움을 주는 개념이다.

## 위에서 내려다보기

그렇다면 어떻게 심파테이아를 실천할 수 있을까? '위에서 내려다보기The View from Above'라는 고전적인 스토아주의 훈련을 하면 된다. 우리가 할 일은 그저 (머릿속으로) 세상이 조그맣게 보일 때까지 위로 올라가서 우리 자신을 내려다보는 것뿐이다. 그러고 난 다음 그 관점을 계속 유지하기만 하면 된다!

원한다면 지금 당장 시도해 볼 수도 있다….

먼저 몸이 두둥실 떠올라 천장에서 아래를 내려다본다고 상상해 보라. 무엇이 보이는가? 아마도 당신의 정수리와 주변의 것들이 한눈에 들어올 것이다. 책상 위에 놓인 녹차잔이 보인다고? 잘했다! 이제 더 높이 올라가 보라. 무엇이 보이는가? 지붕? 공원? 개미처럼 조그맣게 보이는 사람들? 이제 더 올라가라. 수백 미터쯤 더 올라가 보라. 이제 무엇이 보이는가? 마을이나 도시? 시골? 더 높이 올라가 보라. 이제 무엇이 보이는가? 나라? 지구의 일부? 더, 더 높이 올라가라! 이제 무엇이 보이는가? 지구 전체? 계속 올라가라…. 뭐가 보이는가? 태양? 또 올라가라! 이제 무엇이 보이는가? 은하수? 멈추지 말고 계속 올라가라! 이제 무엇이 보이는가? 아아! 작디작은 우리 머리로 우주의 광대함을 이해하려니 머리가 터질 것만 같지 않은가?

홍미롭게도 많은 우주 비행사가 우주에서 지구를 보고 난 뒤 모든 인류에게 더 큰 유대감을 느낀다고 한다. 공허한 어둠에 둘러싸인 채 덩그러니 놓인 우리 행성은 외로워 보인다. 가까운 이웃도 없는 이 암석 덩어리가 (현재로선) 우리가 가진 전부다. 지구는 우리가 돌봐 주어야 할 약하고 귀한 존재처럼 보인다. 실제로 우주에서 지구를 내려다보는 것은 상상만으로도 강렬한 경험이며 말로는 표현할 수 없는 감정마저 들게 만든다. 아폴로 14호의 우주 비행사이자 인류 역사상 여섯 번째로 달에 발을 디딘 에드거 미첼은 우주에서 지구를 본 후 모든 것과 깊게 연결되어 있다는 느낌을 받았다. 이 경험에서 깊은 감명을 받은 에드거는 이후 '순수지성론 연구소Institute of Noetic Sciences'를 설립했다. 에드거의 설명을 듣고 있자면 스토아학파의 심파테이아 개념을 완벽하게 묘사하는 것만 같다. 우주에서 돌아온 후 에드거는 과학적 관점에서 이 경험을 탐구하는 데 남은 생애를 전부 쏟았다. 에드거가 쓴 책을 꼭 한번 읽어 보길 추천한다.

나는 개인적으로 우주에 관해 공부하는 걸 좋아한다. 우주는 참으로 매력적인 주제다. 먼 행성과 은하계에 관한 책을 읽거나 우주 비행사가 우주에서 어떻게 잠을 자는지에 대한 영상을 보는 것만으로도 충분하다(참고로 우주 비행사는 벽에 고정된 채 공중에 떠 있는 침낭에서 잠을 잔다). 우주와 관련된 통계와 사진을 찾아보는 것도 이러한 연결감을 경험할 수 있는 훌륭한 방법이다. 이런 시도는 확실히 심파테이아를 키우는 데 도움이 된다. 한번 시도해 보아라.

## 영원한 것은 없다

생명은 끊임없이 변화한다. 우리 주변에 있는 모든 것은 끊임없이 움직이며 변화해 나간다. 영원한 것은 없다. 덧없음은 스토아 철학의 중요한 주제이자 여러 고대 문헌에서 발견되는 개념이다. 아우렐리우스는 이 덧없음이라는 개념에 대해 자주 언급하고 오랜 시간을 들여 묵상했다.

**"지금 존재하거나 앞으로 존재할 모든 것이**
**얼마나 빨리 우리 곁을 스쳐 지나가고**
**시야에서 사라질지 생각해 보라.**
**세상 만물은 쉼 없이 흐르는 강과 같아서 끊임없이 변화하고,**
**그 변화 또한 무한하기에, 제자리에 머물러 있는 것은 거의 없다.**
**그리고 우리 곁에는 언제나 깊이를 알 수 없는 과거와**
**모든 것을 집어삼키는 미래라는 심연이 놓여 있다.**

**이러한 세상의 섭리 가운데서 교만하게도**
**자신에게 닥친 고난이 마치 영원할 것처럼 괴로워하며**
**운명을 한탄하는 사람이 있다면**
**어찌 어리석지 않다 하겠는가?"**

고대 그리스 철학자 헤라클레이토스(기원전 540?~480?)는 스토아학파에 많은 영감을 주었다. 스토아학파가 등장하기 이전에 활동했던 헤라클레이토스는 덧없음에 관한 연구로 유명했는데, 변화에 대한 그의 생각을 간결하게 요약한 두 개의 문구가 있다.

**"같은 강물에 발을 두 번 담글 수는 없다."**
**"모든 것이 변한다. 가만히 머물러 있는 것은 아무것도 없다."**

헤라클레이토스는 스토아 철학에서 자주 접하게 되는 '로고스logos'라는 용어를 확립한 인물이기도 하다. 로고스는 우주의 근원과 질서를 가리킨다. 따라서 스토아학파가 사물을 바라보는 사고방식에 헤라클레이토스가 영향을 미쳤다는 주장은 타당하다. 앞서 소개한 아우렐리우스의 인용문에 나타난 강의 비유만 보아도 헤라클레이토스가 스토아학파에 직접적인 영향을 미쳤다는 사실을 확인할 수 있다.

오늘날 우리가 살고 있는 세상에서 '변화'가 중요한 역할을 한다는 걸 받아들이긴 어렵지 않지만, 대부분의 사람들은 이 사실을 쉽게 잊어버린다. 그래서 우리는 언젠가는 끝이 날 게 뻔한 상황에서도 쉽게 절망에 빠진다.

매일 마주하는 일상적인 일을 처리할 때 우리가 보이는 태도를 생각해 보면 이를 이해하기가 쉽다. 우리는 이 상황이 영원하지 않을 걸 알면서도 막상 그 일을 하고 있을 때는 상황에 매몰된 채 이 또한 지나가리라는 사실마저 까맣게 잊곤 한다. 이럴 땐 모든 것이 덧없다는 진실을 성찰하는 것이 효과적이다. "이 또한 지나가리라."하고 큰 목소리로 외치는 것만으로도 도움이 된다. 뭐, 목청껏 욕하는 것보다는 이게 훨씬 낫지 않은가! 지루한 서류 작업, 상담원 전화 연결 대기, 교통 체증 등 우리를 미치게 만드는 일상적인 것들을 떠올려 보라. 내게는 화장실 청소와 장보기가 그런 일이다. 그러나 이 모든 것은 영원하지 않다. 이런 일로 좌절감을 느낄 때마다 이 사실을 기억하라.

감당하기 힘들고 불편한 상황(고통과 같은 강렬한 감정을 느낄 때)을 마주할 때도 덧없음에 대해 생각하는 것이 도움이 된다. 이 또한 변하거나 지나가리라는 사실을 아는 것은 자신이 마주한 문제를 받아들이고 이 또한 영원하지 않으리라는 사실을 기억하는 데 도움이 된다.

결국 이 이야기의 교훈은 다음과 같다. 변화를 포용하라! 원하든 원치 않든 일어날 일은 일어나기 마련이다. 불평을 멈추고, 유연하게 대처하며, 이 세상에 영원한 것은 없다는 사실을 기억하라.

## 자연과 교감하라

나는 심파테이아를 키우기 위해 밖으로 나가 자연과 교감하는 것을 좋아한다. 자연에 몰입하는 것이 내 정신 건강에 매우 긍정적인 영향을 미친다는 걸 아주 잘 알고 있기 때문이다. 자연에서 시간을 보내고 나면 나를 둘러싼 환경이나 세상과도 더 깊은 유대감을 느끼게 된다. 그러나 하루 종일 컴퓨터 앞에 앉아 일을 하느라 집 밖으로 나가 맑은 공기를 마시지 못한 날은 기분이 좋지 않다.

내 인생에서 가장 심오하고 감동적인 경험도 자연에서 했다. 그랜드캐니언을 방문했을 당시 내 불안 증상은 최고조에 달해 있었다. 컨디션이 엉망진창인 상태라 불안 증상은 걷잡을 수 없을 정도로 심해져만 갔다. 우여곡절 끝에 그랜드캐니언에 도착한 나는 운전대를 잡는 일조차 쉽지 않은 상황에서 제정신이 아닌 상태로 주차장에 차를 댔다. 그런데 잠시 후 그랜드캐니언을 보자마자 마음이 급격히 안정되었다. 눈앞에 펼쳐진 장대한 풍광을 보고 있자니 순식간에 마음에 평화가 찾아왔다. 말로 표현하기 어려운 평온함과 유대감이 내면 깊숙한 곳에서 올라왔다. 당시 나는 그랜드캐니언이라는 대자연이 지닌 깊이와 광대함에 완전히 사로잡혔는데, 그 심정을 묘사하기에 합당한 단어는 '경외심awe'밖에 없었다. 사실 이 말조차 한참 부족하게 느껴진다. 흥미로운 사실은 그랜드캐니언을 떠나자마자 곧바로 다시 불안 증상이 시작되었다는 점이다. 대자연의 한 조각은 최고조에 다다른 내 불안 증상을 순식간에 무너뜨릴 만큼 너무나 강력했던 것이다.

'숭고함sublime'이라는, 나를 매료시켰던 철학적 개념이 있다(스토아주의에서 나온 개념은 아니지만 정말 흥미롭다). 자연에서 숭고함을 느낀다는 건 대자연 앞에서 우리가 얼마나 연약한 존재인지를 깨닫는 것과 동시에 자연으로부터 영감을 얻고 연결감을 느끼는 것을 말한다. 경외감을 불러일으키는 풍경이 우리를 파괴할 수 있는 잠재력까지 가지고 있을 때 우리는 그 앞에서 숭고함을 느끼게 된다. 끝이 보이지 않는 깊은 골짜기, 장대한 산맥, 넓게 뻗은 협곡, 깎아지른 듯한 바다 절벽, 풀 한 포기 나지 않는 사막, 얼어붙은 북극의 풍경을 상상해 보라. 이 모든 자연환경은 형언할 수 없을 만큼 아름다운 동시에 그만큼 위험하다. 대자연을 경험하고 나면 우리 정신에 크나큰 변화가 일어날 수 있다. 대자연 앞에서 우리는 한없이 작고 하찮은 존재처럼 느껴지지만, 때론 그 압도적인 아름다움이 우리에게 커다란 영감을 주기도 한다.

내가 야외에서 하는 스포츠를 그토록 좋아하는 것도 바로 이러한 이유 때문이다. 강이나 바다에서 하는 수영, 산악 달리기, 등산 등과 같은 야외 활동은 매력적인 방식으로 자연과 소통할 수 있게 해 주는 동시에 살아 있다는 감정을 느끼게 해 준다. 굳이 멀리 여행을 가지 않아도 이런 활동을 통해 얼마든지 대자연과 교감할 수 있다. 단지 잠시 시간을 내어 자연과 소통하는 것만으로도 '숭고한 감정'을 체험할 수 있다. 외딴곳에 있는 장대한 풍광을 찾아 여행길에 오를 필요도 없다. 아무리 작은 자연의 일부라도 그런 감정을 불러일으킬 수 있다!

이 모든 것과 관련해 '생태심리학ecopsychology'이라는 또 다른 흥미로운 개념이 있다. 생태심리학은 심리적 관점에서 자연과의 교감이 얼마나 중요한지를 탐구하는 학문이다. 이 학문은 기본적으로 자연 속에서 시간을 보내는 것이 선한 삶을 살 수 있는 열쇠라고 결론 짓는다. 일본에는 '신

린요쿠shinrin-yoku'라는 치료법이 있다. '삼림욕'이라는 뜻이다. 나무 사이를 거닐며 자연과 교감하게 하는 방법인데, 생태심리학에서 권하는 활동도 이와 크게 다르지 않다.

주변 세계와 더 깊은 연결감을 키워 나가는 또 다른 방법으로 자연의 법칙을 탐구하는 것이 있다. 나는 개인적으로 자연 다큐멘터리는 보고 또 봐도 질리지 않는다(나는 데이비드 애튼버러의 다큐멘터리를 가장 좋아한다). 신비한 생물에 대해 알아 가는 것만큼 자연 세계에서 영감을 얻기 좋은 방법은 없다. 가슴에 털이 난 설인게yeti crab나 속눈썹에 서식하는 진드기에 관한 글을 읽어 보면 내 말이 무슨 뜻인지 이해가 갈 것이다. 그렇다, 가슴에 털이 난 게도 있다! 그렇다, 우리 속눈썹에는 작은 진드기가 살고 있다. 3분의 1mm에 불과한 몸길이에 반투명한 이 생물은 우리 몸에서 죽은 피부와 기름을 먹고 산다. 얼마나 맛있을까! 자연은 정말 신비하다.

자연을 탐구하고 그 속에서 시간을 보내다 보면 자연스레 자연을 아끼고 보살피게 된다. 자연은 우리가 가진 전부이며, 곧 우리 자신이다! 우리는 모두 연결되어 있고 지구라는 행성을 공유한 채 살아가고 있다. 우리가 이 사실을 기억하며 살아가는 데 스토아주의에서 이야기하는 심파테이아가 많은 도움이 된다.

## 신비롭고 놀라운 통계들

머릿속으로 신비롭고 놀라운 사실들을 곱씹다 보면 멍해지는 느낌이 들 때가 있다. 바로 이 압도적인 경외감이 신비롭고 놀라운 사실들을 계속해서 탐구하고 생각하게 만든다. 우리는 모두 이 광대한 우주의 일부다. 크고 작은 개념에 대해 생각하나 보면 우리가 흥미로운 방식으로 모든 것과 연결되어 있다는 걸 느낄 수 있다. 나는 머리를 핑핑 돌게 만드는 놀라운 통계 자료들을 찾아보는 걸 좋아하는데, 그중에 몇 가지를 소개하려 한다. 다음 통계들을 하나하나 들여다보며 곱씹어 보길 바란다.

1. 매일 약 36만 명의 아기가 태어난다. 초당 4명씩이다.
2. 매일 약 15만 명이 사망한다. 초당 거의 2명씩이다.
3. 우주에는 대략 1,000,000,000,000,000,000,000,000(1셉틸리언)개의 별이 있다. 이는 관측 가능한 별만 헤아린 숫자로, 가늠하기조차 힘든 수치다. 이는 지구상에 존재하는 모래알의 수와 비슷하다(지구상에 존재하는 모든 해변과 사막을 상상해 보라. 그곳의 모래알은 이루 헤아릴 수 없이 많을 것이다).
4. 인체는 대략 7,000,000,000,000,000,000,000,000,

000(7옥틸리언)개의 원자로 구성되어 있다. 2020년 봉쇄 기간 동안 내가 피자를 먹은 횟수와 맞먹는다.

5. 원자는 속이 거의 텅 비어 있다. 그러므로 당신은 99% 이상이 무無로 이루어져 있는 것과 다름없다.
6. 인체의 약 60%는 물로 구성되어 있다. 이를 바로 앞의 사실과 종합하면 우리는 빈 물 잔이라고 할 수 있다.
7. 매년 전 세계적으로 약 50억 개의 피자가 판매된다.
8. 폭탄을 탐지하도록 꿀벌을 훈련시킬 수 있다. 인정한다. 이건 주제를 조금 벗어났다.
9. 평균적인 인간의 심장은 평균 수명을 기준으로 평생 25억 번 이상 뛴다.
10. 우주의 역사를 1년으로 압축한다면 인류의 역사는 마지막 몇 분에 불과하다. 더 정확히 말하자면 인류의 역사는 12월 31일 오후 11시 59분부터 시작된 셈이다. 이것만 놓고 봐도 우주적 규모로 볼 때 우리의 존재가 얼마나 미약한지 알 수 있다.

## 열 번째 방법을 마치며

스토아학파가 우주적 관점에서 세상을 바라본 까닭은 인생이 덧없다는 사실을 통해 우울함을 느끼려던 게 아니었다. 오히려 반대로 삶이라는 기적 같은 선물에 감사함을 느끼고자 했을 뿐이다. 또한 우리의 고통을 덜어 주기 위함이었다. 아무리 고통스러운 일도 우주적 관점에서 바라보면 별것 아닌 것처럼 느낄 수 있기 때문이다.

큰 그림을 그려 보는 관점은 우리에게 해방감을 선사한다. 오늘 있었던 사소한 일에 얽매이지 않으면 해방감을 느낄 수 있다. 또한 내가 자연과 연결되어 있다는 느낌에서 오는 해방감도 있다. 스토아학파는 정말로 이 개념을 깨달은 현명한 사람들이었다!

살아 있다는 것은 행운이다. 그러니 우리에게 주어진 것을 받아들이고 지금 이 순간을 충실히 살아야 한다. 그 밖에 다른 것은 존재하지 않기 때문이다. 눈앞에 놓인 치즈 피클 샌드위치를 맛있게 먹고 감사하라. 이 순간 또한 지나갈 것이다.

**"우주 만물이 서로 긴밀하게 연결되어 있고**
**서로 의존하고 있다는 사실에 대해 묵상하라.**

우주 만물은 서로 뒤얽힌 채 상생한다.

근본적으로 동일한 물질을 구성하는 일부로서

서로가 서로의 움직임을 좇고, 반응하기 때문이다.”

— 마르쿠스 아우렐리우스 —

## 스토아주의 연습하기

이번 훈련의 목적은 우리가 주변 세계와 연결되어 있음을 느끼고 인생에 대해 경외감을 갖게 하는 데 있다.

**위에서 내려다보기**

우주에서 바라본 지구 사진을 찾아서 감상해 보라. 사진이 너무 많아서 고르는 데 시간이 걸릴 수도 있다. 우리가 사는 행성의 아름다움을 감상하며 이를 보전하기 위해 내가 할 수 있는 일은 무엇일지 생각해 보라.
국제우주정거장(ISS)에서 보낸 시간을 기록한 크리스 해드필드의 환상적인 영상들을 꼭 찾아보라.
또한 앞에서 자세히 설명한 위에서 내려다보기 훈련을 수행해 보라. 새로운 관점에서 세상을 바라볼 수 있을 것이다!

**자연과의 교감**

가까운 자연을 찾아가 그 경이로움을 만끽하라. 조용히 앉아 자연 속에서 자신의 역할이 무엇인지 생각해 보라. 모든 것을 우주적 관점에서 고찰하는 것은 스토아주의에 딱 맞는 훈련이다. 자연 속에서 시간을 보내는 것은 우주적 관점을 이해하는 데 아주 좋은 방법이다.

### 덧없음을 기억하라

옛날 사진을 찾아 자신이 얼마나 변했는지 관찰해 보라. 저런 머리를 하고 잘도 돌아다녔구나 싶을 것이다! 이제 세월이 얼마나 빠른지 떠올려 보고 나아가 세상 만물의 덧없음에 대해 생각해 보라.

일상생활에서 직면하는 상황에 덧없음이라는 개념을 적용해 보라. 교통 체증이 우주적 관점에서 보면 얼마나 사소한 일인지 생각해 보라…. 슈퍼마켓 계산대 앞에 늘어선 줄이 우주적 관점에서 보면 얼마나 사소한 일인지 생각해 보라…. 기억하라, 이 또한 지나간다는 사실을. 일기장에 이러한 경험에 대해 기록해 보라.

### 니모의 이상한 사촌을 찾아서

지구상에 존재하는 신비한 생물을 탐구하다 보면 지구와 더 연결된 느낌을 받을 수 있다. 구글에서 블롭피시를 검색하거나 자연 다큐멘터리를 보며 놀라울 정도로 다양한 생물을 만나 보라. 자연을 감상함으로써 우리는 자연을 더 존중하고 더 잘 돌볼 수 있다. 이처럼 과학과 자연을 탐구하다 보면 우리도 그 일부임을 느낄 수 있다. 내가 본 것 중에 독자 여러분도 꼭 찾아봤으면 하는 가장 특이한 생물 목록은 다음과 같다.

블롭피시, 거대 등각류, 가슴에 털이 난 설인게, 악솔로틀(우파루파 또는 멕시코도롱뇽이라고도 불린다_옮긴이), 바다돼지.

**신비롭고 놀라운 사실**

앞에서 내가 알려준 '신비롭고 놀라운 통계'처럼 영감과 겸허함을 동시에 느끼게 해 주는 사실들을 모아서 기록해 보라. 우주는 좋은 주제다. (현미경으로만 관찰 가능한) 미세한 세계도, 시간도 훌륭한 주제다. 선택할 수 있는 주제는 넘쳐나니, 지금 당장 찾아보라!

당신의 마음을 사로잡은 신비롭고 놀라운 사실을 한곳(휴대폰이나 일기장)에 모아 두고 계속해서 목록을 추가해 나가라. 내게 소셜 미디어로 공유도 해 달라. 많으면 많을수록 좋다!

## 변화를 위한 글쓰기 미션

열 번째 방법에 대한 글쓰기 주제는 두 가지다.

첫째, 신비롭고 놀라운 통계와 이상한 생물을 수집해 적어 보라. 또한 아름다운 자연으로 유명한 지역 명소들의 목록을 만들고 실제로 방문해 본 다음, 일기장에 방문한 횟수를 기록해 보라. 자연과 관련된 버킷 리스트를 만들어 보라. 다양한 자연환경 찾아가기, 익숙하지 않은 식물이나 나무 찾아보기, 야생 동물 관찰하기 등 목록에 추가할 수 있는 것은 너무 많다. 말 그대로 선택의 여지가 넘쳐 난다.

둘째, '자연과 교감하기, 위에서 내려다보기' 이 2가지를 훈련하고 느낀 점을 글로 써 보라. 자연 속에 들어가 세상 만물의 일부로서 자기 자신을 바라보기 시작했을 때 어떤 느낌이 들었는가? 휴대폰이나 컴퓨터로 우주를 탐험할 때는 어떤 느낌이 들었는가? 작아진 느낌이 들었는가 아니면 연결된 느낌이 들었는가? 아니면 둘 다 느꼈는가? 이 모든 경험을 글로 적어 보라.

# 스토아주의 실천하기

PART 03

지금까지 스토아 철학에서 제시하는 인생을 뒤바꿀 10가지 방법과 50가지에 달하는 연습 과제 등 많은 내용을 다루었다. 초반에 언급한 스토아주의 황금률과 기본 덕목까지 헤아리면 소화해야 할 내용은 훨씬 더 많아진다.

중요한 건 실제로 활용하지 않으면 이 모든 정보를 잊어버리기 쉽다는 점이다. 철학적 개념과 사상은 적극적으로 되새기고 실천하지 않으면 금세 잊힌다. 안타까운 일이 아닐 수 없다. 따라서 3부에서는 이 모든 사상을 종합하여 스토아주의자처럼 생각하는 최선의 방법을 간략하게 설명하려 한다. 여러 가지 방법을 실천하다 보면 그 과정에서 많은 즐거움을 누릴 수 있을 것이다.

• 01 •

# 스토아주의가 남긴 것들

마음에 드는 인용문을 수집하는 것은 지금껏 학습한 스토아주의 사상을 종합할 수 있는 좋은 방법이다. 스토아 철학의 핵심 사상을 담고 있으면서도 마음에 크게 와닿는 인용문을 선택하라. 마음에 드는 인용문 몇 개를 암기해 두면 매우 유용하다. 크고 작은 어려움에 직면했을 때 재빨리 평소에 외워둔 인용문을 떠올리면 스토아적인 마음가짐을 가지고 행동할 수 있게 된다.

인용문을 연극배우처럼 소리 내어 암송해야 한다는 뜻은 아니다. 필요할 때마다 마음의 눈으로 읽을 수 있을 정도면 된다. 평소에 외워 두면 어렵고 힘든 상황에 직면할 때마다 머릿속에 바로 떠올릴 수 있다. 이는 고대로부터 전해 내려오는 지혜를 그때그때 떠올릴 수 있도록 마음을 프로그래밍하는 것과 같다. 내가 가장 좋아하는 인용문은 다음과 같다.

**"자기 인생을 제대로 살고 있는 사람은**
**남들에게 인정을 갈구하지 않는다."**

**— 에픽테토스 —**

**"남에게는 관대하고 자기 자신에게는 엄격하라."**

**— 마르쿠스 아우렐리우스 —**

**"진정한 행복은 미래를 걱정하거나 미래에 의존하지 않고**
**현재를 즐기는 것이다."**

**— 세네카 —**

**"자기 자신을 존경할 수 있을 때**
**모든 사람의 존경을 얻게 될 것이다."**

**— 무소니우스 루푸스 —**

**"작은 걸음이 모여 행복한 삶이 되지만,**

**이는 결코 작은 일이 아니다."**

**— 제논 —**

**"인생의 행복은 생각의 질에 달려 있다."**

**— 마르쿠스 아우렐리우스 —**

**"원하는 것을 모두 가질 수 있는 권리는 누구에게도 없다.**

**하지만 가지지 않은 것을 원하지 않을 권리와**

**가진 것을 바르게 사용할 권리는 누구에게나 있다."**

**— 세네카 —**

마음에 드는 인용문을 골라 일기장에 기록하거나 휴대폰에 저장해 두자. 인쇄하거나 직접 적어서 집 안 곳곳에 붙여 두는 것은 어떨까? 욕실 거울이나 냉장고 앞 혹은 시리얼 상자에 붙여 둬도 좋다. 인용문을 외우는 것은 그 안에 담긴 철학 사상을 깊이 새기고 완전히 체화하는 데 좋은 방법이다.

여기서 더 나아가 스토아주의 격언을 문신으로 새기는 사람도 있다. 분명히 말하지만 나는 스토아주의 격언을 온몸에 새기라고 하는 게 아니다(이건 전적으로 본인이 선택할 문제다). 단지 문신을 할 정도로 스토아주의 철학을 중요시하는 사람들이 많다는 걸 이야기하고 싶었을 뿐이다. 이처럼 인용문은 강력한 효과를 발휘하기 때문에 많은 스토아주의자들이 최대한 가까이 두고 되새기고 싶어 한다.

## 스토아주의 철학자들의 격언

스토아주의 격언이야말로 간결하고 쉽게 기억할 수 있는 일종의 규칙이다. 철학 사상을 효과적으로 요약한 짧은 문장이기에 마음속에 간직하는 데도 도움이 된다. 스토아주의 개념을 반영한 자기 자신만의 격언을 만들어 보는 것도 스토아 철학을 적극적으로 실천하며 살아갈 수 있는 또 다른 방법이다.

나에게는 힘들고 어려운 상황에 닥쳤을 때 스스로 되뇌는 나만의 스토아주의 격언이 있다. 다음은 내가 주기적으로 (특히 크고 작은 역경에 부딪혔을 때) 되뇌는 3가지 격언이다.

**1. 이건 나의 인격을 구축해 나가는 과정이다.**

**2. 내가 통제할 수 있는 것에만 집중하자.**

**3. 이 또한 지나가리라.**

이 3가지 격언은 스토아주의의 주요 개념 즉, 기본 덕목과 스토아주의 황금률, 세상만사의 덧없음에 집중하는 데 도움이 된다. 어렵고 힘든 상황에서도 이 3가지 개념이 도움이 되는 이유는 다음과 같다.

1. 아무리 힘든 상황이라도 이 또한 인격을 구축하고 스토아주의자답게 문제를 처리할 기회라 생각하면 나름의 가치를 부여할 수 있다.
2. 실제로 문제를 해결할 수 있는 방법(내가 통제할 수 있는 것)에만 집중하면 올바르게 사고할 수 있다.
3. 큰 그림을 보려고 노력하면 이 어려움 또한 결국에는 지나가리라는 사실을 상기할 수 있다.

이러한 격언들은 빠르게 암송할 수 있다. 또한 굳이 소리 내어 외울 필요도 없다. 물론 나는 그렇게 할 때도 있지만 말이다! 이 3가지 격언을 암송하는 것은 마음가짐을 똑바로 하는 데 엄청나게 효과적이다.

특히 까다로운 문제나 역경을 마주했을 때, 이 3가지 격언을 하나하나 더 자세히 살펴보며 논리를 확장해 나가라. 논리적으로 자세히 분석하다 보면 위기 상황에서도 침착하게 대처할 수 있다.

자유롭게 수정하거나 자신만의 격언을 새롭게 만들어 활용해도 좋다. 창의력을 발휘하여 자신의 상황에 가장 잘 들어맞는 스토아주의 사상을 요약해 보라. 짧을수록 더 기억하기 쉽다는 사실을 명심하라. 또한 짧을수록 암송하는 데 시간도 더 적게 걸리고 요점도 더 빨리 파악할 수 있다. 그야말로 일석이조다!

## 스토아 철학자들이 남긴 저서

이 책에 담긴 내용을 일상에서 실천해 보는 것과 더불어 스토아 철학서를 읽어 보길 권한다.

스토아주의자처럼 생각하려면 스토아주의 고전을 읽는 것도 하나의 방법이다. 여기까지 책장을 넘기며 살펴본 인용문만으로도 당신은 이미 스토아주의 고전을 상당 부분 접했다. 하지만 인용문이 담겨 있는 고전을 처음부터 끝까지 읽는 것도 중요하다. 이 책을 보는 동안 스토아주의 원전을 읽어 볼 마음이 생겼다면 나의 목표는 성공한 셈이다. 스토아주의 고전은 정말이지 훌륭하다!

책 마지막 부분에 스토아주의 추천 도서 목록을 실어 두었으니, 이 주제에 관해선 나중에 다시 자세히 살펴보기로 하자. 그전에 스토아주의 도전 과제를 먼저 소개하고자 한다.

• 02 •

# 스토아주의 도전 과제

자, 이제 재미있는 일만 남았다. 여기에선 이 책을 읽는 이들이 스토아주의를 일상생활에 적용할 수 있도록 다양한 종류의 도전 과제를 제시할 것이다. 난이도와 소요 기간은 제각각이지만 목표는 전부 동일하다. 즉, 이 책에 담긴 철학을 종합하여 실천에 옮길 수 있도록 돕는 것이다. 하나하나 살펴보고 가장 마음에 드는 도전 과제를 선택해 실행에 옮겨보라. 지금까지 배운 모든 내용을 바탕으로 이를 실천하다 보면 실생활에서 스토아 철학을 더 깊이 체험할 수 있을 것이다. 설레지 않는가!

내가 제안하는 스토아주의 도전 과제는 다음과 같다.

1. **10일짜리 도전 과제**
2. **1달짜리 도전 과제**
3. **1년짜리 도전 과제**
4. **나, 벤이 추천하는 도전 과제**

하나하나 살펴보면서 자기 자신에게 가장 적합한 도전 과제를 선택하기만 하면 된다.

## 10일짜리 도전 과제

**목표** : 이 책에 나오는 10가지 방법의 실용성을 경험해 보자. 더불어 스토아주의자다운 일상적인 습관 몇 가지를 확립하고, 매일 스토아주의 고전 원문을 조금씩 읽어 보자.

**소요 시간** : 하루 30분씩 10일

**추천 이유** : 큰 부담 없이 이 책에 담긴 철학 사상을 시험하고 경험하기에 좋다. 10일은 스토아주의를 실천에 옮겼

을 때 삶이 어떻게 바뀌는지 체험하는 데 충분한 시간이다. 스토아주의 입문자라면 이 10일짜리 과제부터 도전해 보자.

**준비물** :

- 인터넷
- 마르쿠스 아우렐리우스의 《명상록》
- 메모장 또는 일기장
- 최종적으로 선택한 연습 과제를 수행하는 데 필요한 준비물들

**도전 과제** :

- 마르쿠스 아우렐리우스의 《명상록》 읽기
- 10일 동안 하루에 하나씩, 10가지 방법에 소개된 연습 과제 1개씩 수행하기
- 아침이나 저녁 일과로 스토아주의 연습 과제를 실천하고 스토아주의 고전 읽기
- 매일 저녁 일기 쓰기
- 스토아주의 인용문 3개 암기하기
- 10일 내내 스토아주의 황금률 되새기며 살아가기

**방법** : 10일짜리 도전 과제는 시간이 많이 들지는 않지

만 그럼에도 계획을 체계적으로 세워야 한다. 첫째, 방법별로 선택한 연습 과제를 수행할 수 있도록 하루의 시작과 끝에 글을 읽고 성찰할 수 있는 일정을 계획하라.

매일 아침 아우렐리우스의 《명상록》을 읽으면서 하루를 시작하라. 그런 다음 그날의 도전 과제(10가지 방법별로 하루에 하나씩)를 선택하고 이를 일과 중에 언제, 어떻게 실천할지 생각해 보라.

잠자리에 들기 전, 눈 뜨는 순간부터 지금까지 있었던 모든 일을 되돌아보며 일기를 써라. 오늘 하루 느꼈던 점과 감사했던 점을 적어 보라. 아니면 에픽테토스처럼 좋았던 점, 나빴던 점, 앞으로 더 노력해야 할 점에 대해 써도 좋다. 선택하기 나름이다.

## 1개월짜리 도전 과제

**목표 :** 한 달 동안 이 책에 나오는 10가지 방법을 확실히 이해하는 것이 목표다. 스토아 철학에서 가장 중요한 책 3권을 읽고, 스토아 철학 일기를 쓰고, 아침과 저녁 일과를 계획하고 실천하라.

**소요 시간** : 하루 30분에서 1시간씩 1개월

**추천 이유** : 1개월짜리 도전 과제는 스토아주의를 체험하기에 완벽한 방법이다. 한 달이 짧게 느껴질 수도 있지만, 계획대로 잘 실천한다면 많은 것을 이룰 수 있는 시간이다. 이 도전 과제를 실천하는 동안 당신은 스토아 철학의 실질적인 효과를 체험하게 될 것이다. 이 과제는 철학을 삶으로 살아 낼 수 있는 훌륭한 방법이기 때문이다.

**준비물** :

- 인터넷
- 마르쿠스 아우렐리우스의 《명상록》
- 에픽테토스의 《담화록Discourses and Selected Writings》
- 세네카의 《스토아 철학자의 편지Letters from a Stoic》
- 메모장 또는 일기장
- 최종적으로 선택한 연습 과제를 수행하는 데 필요한 준비물들

**도전 과제** :

- 마르쿠스 아우렐리우스의 《명상록》 읽기
- 에픽테토스의 《담화록》 읽기

- 세네카의 《스토아 철학자의 편지》 읽기
- 10가지 방법별로 연습 과제 2개씩 수행하기(한 달간 20개)
- 아침이나 저녁 일과로 스토아주의 연습 과제를 실천하고 스토아주의 고전 읽기
- 매일 저녁 일기 쓰기(172쪽 '스토아주의 연습하기' 참고)
- 스토아주의 인용문 10개 암기하기
- 한 달 내내 스토아주의 황금률을 되새기며 살아가기
- 한 달 내내 스토아주의 기본 덕목들을 되새기며 살아가기

**방법** : 이 도전 과제에 포함된 추천 도서를 완독하려면 꽤 많은 시간이 걸리므로 충분한 시간을 확보하라. 독서뿐만 아니라 저녁마다 일기를 쓰는 습관을 들이고 10가지 방법별 연습 과제를 수행할 수 있는 시간도 충분히 확보하라. 일기를 쓸 때는 각 방법별 마지막 장에 나오는 '변화를 위한 글쓰기 미션'을 참고하라. 한 달 동안 방법별로 연습 과제 2개씩 총 20개를 완료해야 한다. 연습 과제를 즐겁게 수행하는 것이 목표이므로 정말 재미있어 보이는 과제를 고른 다음 시간표를 잘 짜서 실천해 보라.

## 1년짜리 도전 과제

**목표** : 앞의 도전 과제와 비교해서 훨씬 더 많은 노력이 필요하지만, 그만큼 스토아주의를 깊고 세세하게 이해할 수 있다.

**소요 시간** : 1년 또는 그 이상

**추천 이유** : 1년짜리 도전 과제를 모두 빠짐없이 수행하고 나면, 당신은 지구상에 존재하는 대다수의 사람들보다 스토아 철학을 훨씬 더 잘 이해하게 될 것이다. 스토아 철학의 정수를 담고 있는 여러 고전 원문을 읽고, 스토아주의 역사를 철저히 이해하며, 그 사상을 실천하는 사람이 될 것이다. 세상을 보는 눈이 완전히 바뀔 수도 있다. 믿어도 좋다!

**준비물** :

- 인터넷
- 이 책에 수록된 '스토아주의 추천 도서 목록'에 있는 모든 책
- 메모장 또는 일기장
- 이 책에 실린 모든 연습 과제를 수행하는 데 필요한

준비물들

**도전 과제 :**

- 이 책에 실린 모든 연습 과제 완수하기(총 50개)
- 스토아주의 추천 도서 꼼꼼하게 살펴보기
- 아침이나 저녁 일과로 스토아주의 연습 과제를 실천하고 스토아주의 고전 읽기
- 매일 저녁 일기 쓰기('변화를 위한 글쓰기 미션'들과 169쪽에 나오는 '에픽테토스의 저녁 일과 중 자기 성찰 시간' 참조)
- 스토아주의 인용문 여러 개 암기하기
- 스토아주의 커뮤니티에서 활동하기
- 유명한 스토아주의 사상가의 인터뷰나 팟캐스트 듣기

**방법 :** 1년 동안 완수해야 할 도전 과제는 꽤 많다. 하지만 크게 보면 2가지 정도로 요약할 수 있다. 바로 이 책에 나오는 모든 추천 도서 읽기와 모든 연습 과제 수행하기다. 이 도전 과제를 완수하는 방법은 다양하지만 무엇보다 시간표를 잘 짜야 한다. 다음에 나오는 예시를 참고하여 체계적인 계획을 수립해 보자.

매달 10가지 방법 중 하나에 해당하는 연습 과제를 모두 수행하고 부록에 실린 추천 도서 목록 중 하나를 읽어라.

예를 들어, 첫 번째 달에는 첫 번째 방법인 '자발적 불편함'과 관련된 모든 연습 과제를 수행하고, 아우렐리우스의 《명상록》을 읽어라. 두 번째 달에는 두 번째 방법인 '있는 그대로 바라보기'와 관련된 모든 연습 과제를 수행하고, 에픽테토스의 《담화록》을 읽어라. 이런 식으로 각각의 달에 실천할 계획을 수립하면 된다.

이렇게 계획을 세우면 스토아주의 추천 도서는 한 달에 한 권만 읽으면 되고, 연습 과제는 일주일에 대략 1개만 시도하면 된다. 식은 죽 먹기 아닌가! 꼭 방법별 연습 과제를 순차적으로 수행할 필요는 없다. 그때그때 하고 싶은 연습 과제를 골라 해도 상관없다. 계획은 짜는 사람 마음이다.

연습 과제를 수행하고 방대한 추천 도서 목록을 읽어 나가는 동시에 일기 쓰는 습관과 아침 및 저녁 일과도 확립해야 한다. 이를 매일매일 실천하기란 쉽지 않기 때문에 이따금 건너뛰는 일이 생길 수도 있다. 그런 경우 너무 낙심하지 말라. 우리의 목표는 장기적인 변화다. 이는 곧 예상치 못한 일 때문에 계획을 수행하는 데 차질이 생길 수도 있다는 뜻이다. 중요한 것은 그다음에 어떻게 하느냐다. 다시 일상으로 돌아와 하던 일을 계속해 나갈 수 있겠는가?

스토아주의 커뮤니티에서 활동해 보는 것도 추천한다. 유튜브에서 스토아주의에 관한 동영상을 검색해 시청해 보

라. 현대 스토아 철학자 및 작가와의 인터뷰나 팟캐스트를 찾아 들어보라. www.modernstoicism.com이라는 웹 사이트에서 기사를 읽으며 이 고대 철학을 탐닉해 보라.

이 도전 과제를 장기적으로 실천할 방법에 대해 깊이 고민해 보라. 1년이라는 긴 시간 동안 과제들을 어떻게 완수할 것인가? 할 일이 많아 보여도 1년이라는 시간은 이 모든 과제를 수행하기에 절대 부족하지 않다. 결국엔 이 '스토아주의 프로젝트'가 바쁜 일상 속에도 큰 무리 없이 녹아들 거라 생각한다.

## 나, 벤이 추천하는 도전 과제

**목표** : 하루 동안 극단적인 스토아주의자처럼 생활하는 것이다.

**소요 시간** : 24시간

**추천 이유** : 이 도전 과제는 스토아주의 단기 속성 강좌를 원하는 사람들을 위한 것이다. 불과 24시간 만에 스토아주의의 핵심 개념을 몇 가지 이해할 수 있다. 물론 도전을

하는 사람 입장에서는 엄청난 노력이 필요하다. 그러나 이 모든 과정은 당신이 생각한 대로 즐거운 경험이 될 것이다! 당분간은 이 경험을 결코 잊지 못하리라 확신한다.

**준비물 :**

- 인터넷
- 바나나
- 줄이나 끈
- 마르쿠스 아우렐리우스의 《명상록》
- 메모장 또는 일기장

**도전 과제 :**

- 베개나 매트리스 없이 바닥에서 잠자기(91쪽 참조)
- 찬물로 샤워하기(89쪽 참조)
- 음료 말고 물만 마시기(95쪽 참조)
- 간단한 음식 외에 당분 섭취 일절 금지하기(95쪽 참조)
- 번화한 공공장소에서 애완 바나나 또는 채소 산책시키기(93쪽 참조)
- 마르쿠스 아우렐리우스의 《명상록》 읽기
- 10분간 죽음 명상하기(267쪽 참조)
- 10분간 부정적인 시각화 연습하기(213쪽 참조)

- 존 콜트레인의 〈올라툰지 콘서트: 마지막 라이브 앨범〉 듣기(122쪽 참조)
- 내면에 주의를 기울인 채 자가 유배지에서 1시간 보내기(127쪽 참조)
- 여덟 번째 방법의 연습 과제였던 '토론 시간'을 이성을 잃지 않고 완수하기(261쪽 참조)
- 역할 모델 명단 작성하기(180쪽 참조)
- 안티 역할 모델 명단 작성하기(183쪽 참조)
- 무작위로 3명을 골라 친절한 행동 1번씩 하기(257쪽 참조)
- 유튜브에서 신비롭고 놀라운 우주에 관한 동영상 시청하기(292쪽 참조)
- www.modernstoicism.com에서 기사 몇 개 읽기
- 스토아주의 인용문 3개 암기하기
- (해골이나 해골 사진 등) 메멘토 모리를 상기시켜 주는 물건 만들기(278쪽 참조)
- 격렬한 운동하기(88쪽 참조)
- 저녁에 오늘 하루를 되돌아보며 경험한 것과 느낀 점 글로 남기기

**방법** : 오늘 하루만큼은 온종일 스토아주의를 생각하고 실천하는 날이다. 잠자리에서 일어나는 순간부터 잠자리에 들 때까지 스토아주의와 함께할 것이다. 그럼 이제 하루 동안 수행해야 할 도전 과제를 살펴보자.

목표는 24시간 이내에 도전 과제 20개를 완수하는 것이다. 결코 쉽지 않겠지만…, 그게 바로 이 과제의 요점이다. 이 책에 나오는 방법들을 이용해 자신을 밀어붙이는 것이다.

시간표를 잘 짜야 하므로 목록을 살펴보면서 어떤 순서로 수행할지 먼저 결정하라. 정해진 규칙이 있는 건 아니므로 종이와 펜을 들고 하루를 자유롭게 계획하면 된다.

물만 마시기, 간단한 음식만 먹기 등 하루 종일 지속되는 과제도 있고, 《명상록》 읽기처럼 시간이 걸리는 과제도 있으며, 찬물 샤워나 바나나 산책시키기 등 단숨에 끝나는 과제도 있다. 빠르게 끝낼 수 있는 과제를 먼저 처리하고 나머지 시간을 온전히 독서와 묵상에 집중하는 방법도 있고, 이와 다르게 할 수도 있다. 하루짜리 도전 과제를 완수하는 방법은 계획하기 나름이므로 창의력을 발휘해 재미있는 시간표를 구성해 보라.

사진이나 짧은 동영상을 찍어 하루를 기록한 다음 소셜 미디어에 공유해 보면 어떨까? 만약 그럴 예정이라면 내 계정에도 들러서 소식을 전해 달라. 내 인스타그램 계정은 @dothingsthatchallengyou이고 내 트위터 계정은 @iambenaldridge이다.

사진이나 동영상 대신 일기장에 과제 목록을 만들고 각각의 수행 경험을 세세하게 기록하면 과제를 실천해 나가는 과정도 점검할 수 있을 뿐만 아니라 24시간 동안 수행한 온갖 기행을 글로 남길 수 있다.

오늘 하루 가족이나 친구들과 함께 스토아주의 도전 과제를 완수하는 것도 스토아주의를 전파하는 좋은 방법이 될 수 있다.

행운을 빈다. 기상천외한 하루가 펼쳐질 것이다!

자, 지금까지 4종류의 스토아주의 도전 과제를 살펴보았다. 사람마다 선호하는 도전 과제가 다르겠지만 무엇을 선택하든 스토아 철학을 더 깊이 이해하는 데 도움이 될 것이다.

• 03 •

# 스토아주의의 미래

솔직히 말해 스토아주의를 실천한다고 해서 인생이 한순간에 쉬워지는 것은 아니다. 사회적 불평등부터 기후 변화와 인공지능의 도입에 이르기까지, 세상에는 우리 모두가 함께 노력해야만 해결할 수 있고, 관리할 수 있고, 대비할 수 있는 문제가 많다. 인류 문명이 발전하려면 이러한 문제를 적극적으로 해결해야 한다. 그런데 이 모든 불확실성을 헤쳐 나가는 데 도움이 되는 철학적 지침이 있다면 어떨까.

나는 인류가 미래에 직면할 여러 가지 문제에 대해 스토아주의가 해답이 될 수 있다고 믿는다. 개인적으로나 사회적으로 스토아 철학은 이러한 문제를 객관적이고 공정한 관점에서 바라볼 수 있도록 도와준다. 스토아 철학이 논리와 이성에 크게 기반하고 있다는 사실은 21세기 과학기술 그리고 사회 진보와도 상호 보완적인 관계가 될 수 있음을 의미한다. 내가 보기에 스토아 철학의 전망이 밝은 것도 이러한 이유 때문이다. 스토아주의는 이성과 논리에 뿌리내린 철학이다. 이성과 논리가 없으면 상황이 혼란스러워질 뿐만 아니라 비과학적인 사고가 난무할 수 있다. 이성적이고 논리적으로 사고하는 사람은 새로운 사실이 밝혀지거나 사회적 담론이 바뀌면 기존의 입장을 기꺼이 바꾼다. 이는 현대를 살아가는 우리에게 가장 필요한 자질이라 할 수 있다. 이성과 논리는 누구에게도 도움이 되지 않는 의견을 고집하는 걸 장려하지 않는다.

스토아 철학에서는 '자연과 조화를 이루는 삶'에 대해 자주 이야기한다. 스토아학파는 자연의 섭리에 순응하며 사는 것이 곧 이성적인 삶이라 믿었다. 이성은 인간에게 주어진 선물이다. 이성적으로 사고할 수 있는 능력 덕분에 인류는 번영할 수 있었다. 만약 이성을 내팽개치고 야생 동물처럼 살아간다면 인간으로서 의무를 다하지 못할 것이다. 다가오는 미래를 대비하기에 명확한 사고와 타당한 논리보다 더 나은 수단이 있을까?

스토아주의는 무조건 따라야 하는, 고정되어 있는 사상 체계가 아니다. 철학으로서 스토아주의는 끊임없이 진보하고 변화해 나가고 있다. 그 덕분에 인류와 함께 앞으로 나아가고 발전할 수 있는 것이다. 우리가 살아가고 있는 이 우주는 역동적으로 움직이고 있다. 이런 이유로 과학과 우주에 대한 이해가 급격히 발전하고 있는 이 시대엔 우리가 가진 사상 또한 함께 성장해 나갈 수 있는지가 매우 중요하다. 스토아주의 번역가이자 편집자인 로버트 도빈은 펭귄클래식 출판사에서 출간한 에픽테토스의《담화록》에 실린 역자 서문에서 이렇게 말했다.

**"실제로 수정을 적극적으로 받아들이는 개방성은 스토아학파가 지닌 특별한 강점이었다."**

최근에 스토아 철학의 인기가 높아지는 것을 보면 그 미래가 매우 기대된다. 나는 스토아학파가 적절한 시기에 부활했다고 믿는다(낙천주의자라면 스토아주의 혁명이 도래했다는 표현도 서슴지 않을 것이다). 스토아주의는 인류를 하나로 모으는 데 큰 역할을 할 수 있다. 출신 배경이나 종교는 중요하지 않다. 또한 스토아주의는 삶을 꾸려 나가는 하나의 기틀로서 전 세계 사람들에게 공감을 불러일으킬 수 있다. 이는 모든 인류가 합심해 올바른 태도를 가지고 전 세계가 직면한 커다란 문제를 해결하는 데 도움이 될 것이다. 그렇다. 나는 이상주의자다. 하지만 뭐가 됐든 시작점은 있어야 하지 않는가!

이미 물결은 형성되고 있으며 스토아주의는 곧 주류 사상으로 올라서게 될 것이다. 반드시 그렇게 되기를 바란다. 이는 분명 인류에게 좋은 일이다. 어쨌거나 이 운동에 동참할 수 있어 기쁘다. 스토아주의 사상을 실천하는 여러분 또한 이 운동에 동참하는 것이다!

## 스토아주의를 학교에서 가르친다면

스토아 철학을 교육 과정에 도입하면 놀라운 일이 일어날 것이다. 스토아주의가 메울 수 있는 교육 과정의 틈들이 내 눈에는 보인다. 다음 세대에게 스토아 철학을 가르친다면 정신 건강을 잘 관리하고 역경에 대처하는 능력을 키우는 데 매우 긍정적인 영향을 미칠 것이다.

실제로 나는 10년이 넘는 세월 동안 교육 분야에 종사한 경험이 있다. 다음 세대에게 이 철학을 전파하는 일에 열정을 쏟는 것도 이 때문이다. 주로 초등학교에서 근무했지만 중·고등학교에서 근무한 경험도 있다. 스토아주의는 다양한 방식으로 이 모든 연령대에 도움이 될 거라 생각한다.

나는 어렸을 때 스토아 철학을 단 한 번도 접해 볼 기회가 없었는데, 그랬기 때문에 다음 세대에게 이 철학을 가르치고 싶은 마음이 더욱 간절하다. 내가 어린 시절에 받았던 학교 교육에는 인생에서 매우 중요한 요소 중 몇 가지가 빠져 있었다. 정신 건강, 그게 뭔데? 감정을 관리하는 방법? 그냥 노력해! 일이 뜻대로 되지 않았을 땐? 너는 낙제점을 받은 거야. 원주율을 계산하는 방법은 배웠지만 학교를 졸업한 이후 문자 그대로 단 한 번도 이를 사용해 본 적이 없다. 정작 알아야 할 격렬한 감정을 다스리는 법, 정신 건강을 관리하는 법, 실패나 역경에 대처하는 법을 배우지 못했기에, 나는 교육이 실패했다고 느꼈다. 요즘엔 상황이 달라지고 있는 것 같긴 하지만 이러한 삶의 기술은 여전히 엄청나게 중요하다. 그리고 스토아 철학을 통해 이와 관련된 많은 것들을 배울 수 있다.

스토아 철학을 가르친다면 매우 흥미롭고 실용적인 교과목이 될 것이다. 이 책에 실린 연습 과제처럼, 고대로부터 전해 내려오는 개념을 실생활에서 실천할 수 있는 여러 가지 방법을 제시해 주기 때문이다. 예를 들어 10대 자녀에게 번화가에서 애완 바나나를 산책시키도록 하면 오랫동안 잊지 못할 경험이 될 것이다!

참신한 경험은 기억 속에 오래도록 남는다. 과학 수업 시간에 아기 모양의 젤리를 녹였던 기억이 난다. 따분하게만 느껴지던 지루한 교육 과정 속에서 이 실험은 내게 한 줄기 빛이 되어 주었다. 앞으로 각자 자신만의 도전과 역경을 경험하게 될 다음 세대에게 스토아 철학은 재미있고, 이상하고, 매력적이고, 실용적인 동시에 무한한 영감과 도움을 주는 학문이 될 수 있다. 청소년기는 힘든 시기다. 내가 누구인지 깨달으며 자아 정체성을 형성해 가는 이 시기에 스토아 철학을 배울 수 있다는 건 일종의 행운이다.

교육 과정에 스토아주의를 도입하면 곁다리로 역사 공부도 같이 할 수 있다. 로마와 그리스 시대부터 전해 내려오는 개념을 일상생활에서 실천하는 것만큼 로마와 그리스 역사를 공부하기에 더 좋은 방법이 있을까? 이야말로 일석이조가 아닌가!

스토아 철학은 우리 자녀들을 비롯한 다음 세대에게 앞으로 마주할 인생 역경에 잘 대처할 수 있는 능력을 일찍부터 키워줄 수 있다. 스토아 철학에서 배우는 여러 개념은 현대를 살아가는 데 유용한 도구가 될 것이다. 개인적으로는 학생들이 스토아 철학에서 이야기하는 개념을 실생활에서 시험해 볼 수 있도록 실용적으로 가르쳤으면 한다. 먼저 이렇게 배운 다음, 학년이 올라갔을 때 스토아주의 고전을 읽으면 이 철학 사상을 더 깊이 이해할 수 있을 거라 생각한다. 부디 교과 과정에 에픽테토스가 추가되길 바란다. 제발!

## 내가 꿈꾸는 스토아주의의 미래

나에겐 꿈이 있다…. 온통 장밋빛 전망이지만 여기서 한번 나누어 보고 싶다. 첫 번째 꿈은 지역사회에서 스토아주의 행사가 더 많이 열리는 것이다. 이미 멋진 행사들이 진행되고 있는데, 대부분 www.modernstoicism.com 운영진이 힘써 준 덕분이다. 이들은 다양한 스토아주의 행사를 주체하며 다른 이들에게도 동기를 부여하는 놀라운 일을 하고 있다. 예를 들어 1주일간 진행되는 '스토이콘Stoicon'이라는 학회엔 전 세계적으로 수천 명이 참석한다. 또한 TEDx와 유사한 Stoicon-x를 개최하기도 하는데, 이 행사는 지역 단위로 운영되며 누구나 참여할 수 있다(그렇다. 원한다면 여러분이 주체가 되어 거주하는 지역에 Stoicon-x를 유치할 수도 있다). 이미 많은 행사가 진행되고 있지만 욕심 많은 나는…, 스토아주의 관련 행사가 더욱더 활성화되길 바란다.

사람들이 모여 스토아 철학을 토론할 수 있는 스토아주의 전용 건물을 지으면 어떨까? 다소 종교적으로 들릴 수도 있지만, 매우 실용적인 공간이 될 거라는 생각이 든다. 전용 건물(혹은 스토아 포이킬레 같은 거대한 회랑)이 있으면 스토아주의 지역 커뮤니티를 활성화하는 데도 도움이 될 것이다. 문제는 누가 이런 건물을 지을 것이냐 하는 것인데…. 글쎄, 누구나 가능하지 않을까?

또 다른 꿈은 예술, 문학, 영화, 음악 등 문화 분야에서 더 많은 스토아 철학을 접하게 되는 것이다. 블록버스터급 영화 몇 개만 제작하면 스토아주의도 주류 콘텐츠 반열에 올라설 수 있지 않을까? 실베스터 스탤론이 에픽테토스를 연기한다고 상상해 보라. 상상만으로도 멋지다.

마지막으로 지난 몇 년간 마음챙김과 명상 운동에 어떤 변화가 일어났는지 살펴보자. 그동안 마음챙김과 명상이라는 개념을 뒷받침해 주는 방대한 자료가 구축되었고, 이것들이 현대인에게 꼭 필요한 훈련이라는 사실 또한 과학적으로 입증되었다. 나는 스토아주의도 비슷한 위치로 올라서길 바란다. 이다음에 또 무슨 일이 일어날지는 누구도 예측할 수 없다.

· 04 ·

# 더 발전된 스토아주의

새로운 아이디어가 떠올랐을 때 이를 어떻게 개선하고 발전시킬지 고민하는 것은 가치 있는 일이다. 이 과정에서 아이디어의 한계를 발견하고 개선 방안을 고민할 수 있기 때문이다. 바비큐 소스 맛 피자도 이렇게 탄생했다!

철학도 마찬가지다. 핵심 사상을 잘 이해하면 어떤 개념이 효과가 있고 없는지 판단할 수 있게 된다. 그러면 개념을 살짝 수정해 보는 단계까지도 나아갈 수 있다. 그런 다음 스스로에게 질문해 보라. 수정된 개념이 더 나은가? 그렇다면 훌륭하다. 그렇지 않다면 또 다른 수정 방안을 생각해 보면 된다. 이 과정이 바로 비판적 사고다.

스토아주의는 현대인의 삶에 놀랍도록 잘 들어맞는, 유용하면서도 포괄적인 철학이다. 실제로 나는 스토아주의에서 수정하고 싶은 부분이 별로 없다. 물론 고대인의 삶에서 중요한 부분을 차지했던 제우스와 관련된 부분에는 그다지 관심이 없지만, 제우스를 자연과 동의어로 본다면 굳이 신경이 거슬릴 것도 없다. 나는 그랬다!

도대체 당신이 누구길래 수천 년 동안 완벽한 형태로 전해 내려온 철학을 바꾸려 드느냐고 반문하는 사람도 있을 것이다. 그렇다면 이 시점에서 세네카가 남긴 명언을 들려주겠다.

**"나는 스토아학파의 어떤 스승에게도 얽매이지 않는다.**
**나 역시 의견을 제시할 권리가 있다."**

스토아주의를 더 발전시키려면 어떻게 해야 하는가? 내가 할 수 있는 일은 무엇인가? 스토아 철학이 더 발전하는 데 기여할 수 있는 방법엔 2가지가 있다. 사소하지만 효과적인 방법이라고 생각한다. 기존 개념을 수정하는 것이 아니라 추가하는 것이다. 바로 명상과 안티 버킷 리스트다.

## 명상

스토아 철학에서 전통적인 명상은 그다지 중요한 요소가 아니다. 하지만 나는 중요한 요소가 되어야 한다고 생각한다. 조용히 앉아 호흡에 집중하며 마음을 안정시키는 것은 일상에서 스토아주의를 실천할 수 있는 훌륭한 방법이기 때문이다.

현재에 충실하며 매 순간을 의식하라는 것은 스토아학파가 늘 하는 말이다. 심지어 스토아 철학에는 '**프로소케** Prosochê'라는 단어도 있었다. 프로소케는 본질적으로 마음챙김, 즉 잡생각을 버리고 현재에 집중하는 능력을 의미한다. 원문에 충실한 번역은 '주의attention'다. 우리가 알고 있는 현대적인 개념의 마음챙김과는 조금 다르지만, 어쨌거나 마음에 주의를 기울이는 것은 매우 중요한 과제이고, 나 자신이 꼭 다루고 싶은 주제이기도 하다. 세네카는 이를 다음과 같이 설득력 있는 문장으로 표현했다.

**"미래는 불확실하니 현재를 살아라."**

현재를 충실히 산다는 것은 스토아 철학에서 낯선 개념이 아니다. 따라서 이를 훈련하라는 제안은 매우 합리적이다. 실제로 명상은 현재를 충실히 살 수 있도록 훈련하는 가장 좋은 방법이다. 과학조차 명상을 많이 할수록 현실을 충실하게 살 수 있다고 말한다. 실제로 명상을 하면 뇌의 여러 부분이 자극을 받아 회백질에 변화가 생기면서 주의 집중 시간이 늘어난다. 이는 현대인에게 너무나도 중요한 문제다. 스마트폰과 전자 기기에서 쏟아져 나오는 각종 알림음과 정보 과부하는 심각한 문제가 되고 있다. 우리의 뇌는 정신적 피로에 시달리는 와중에도 자극을 갈망한다. 명상은 그 반대다. 명상은 우리에게 생각할 여유를 제공한다. 현재를 충실히 살아가고 자신이 가진 것을 소중히 여기도록 도와준다. 짐작하다시피 나는 명상을 정말 좋아한다.

명상은 현재를 살아가는 데 도움이 될 뿐만 아니라 감사하는 마음을 키우는 데도 도움이 된다. 명상을 하면 자신의 마음과 사고 패턴에 대해 더 잘 이해할 수 있고, 더 나아가 자신의 생각을 무작정 믿지 않게 된다(내면적 대화가 부정적일 경우에 매우 유용하다). 또한 긴장을 풀고 스트레스를 해소하는 데도 도움이 된다. 그러니 도대체 명상을 하지 않을 이유가 어디 있겠는가? 뿐만 아니라 이 책에서 언급한 몇몇 스토아주의 연습 과제와 결합시킬 수도 있다.

참고로 스토아학파도 명상 수련을 했지만, 이는 사실

사고 실험과 자아 성찰에 더 가까웠다. 스토아학파는 주로 일기를 쓰면서 명상을 수행했다. 부정적 시각화와 메멘토 모리도 스토아학파에게는 일종의 명상이었다.

전통적인 명상법을 간략하게 설명하자면 다음과 같다.

1. **타이머를 10분으로 설정하라.**
2. **주의를 집중할 수 있는 편안한 곳에 자리를 잡고 앉아라.**
3. **숨을 들이쉬고 내쉬는 데 집중하라.**
4. **타이머가 울릴 때까지 반복해서 호흡하라.**

너무 쉬운가! 글쎄, 항상 쉬운 건 아니다. 주의가 흐트러지고 호흡에 집중하는 것을 잊어버릴 때도 있지만, 이는 지극히 정상적인 반응이니 자책할 필요는 없다. 주의가 산만해질 때마다 계속해서 다시 호흡에 집중하라. 명상이 규칙적인 일과가 되려면 훈련이 조금 필요하지만 노력한 만큼 혜택과 보상이 뒤따를 것이다.

명상 도우미를 활용하면 효과적이다. 내가 가장 좋아하는 앱은 샘 해리스가 만든 '웨이킹업'과 '헤드스페이스'다. 무엇을 선택해도 후회는 없을 것이다.

## 안티 버킷 리스트

안티 버킷 리스트도 내가 스토아 철학에 추가한 개념이다. 책의 앞부분에 내가 안티 버킷 리스트를 어떻게 활용했는지에 관해 쓰기도 했다. 아이디어는 간단하다. 무서운 일 (그리고 정말로 하고 싶지 않은 일)에 대한 목록을 만든 다음 적극적으로 찾아다니며 하는 것이다. 이 책에 나오는 연습 과제를 수행하고 있다면 이미 목록 작성을 시작했을 수도 있다. 이 과정에서 당신은 분명 진정한 자기 자신을 발견하게 될 것이다!

내가 자발적 불편함을 실천했을 때의 이야기를 들려주면 사람들은 늘 안티 버킷 리스트에 많은 관심을 보인다. 자연스러운 반응이라 생각한다. 단순하게 생각하면 안티 버킷 리스트는 직관에 반하는 것처럼 느껴지기 때문이다. 하지만 우리는 두려운 일에 도전하는 자신의 모습을 시각화할 수 있는 능력을 가지고 있기도 하다. 앞서 언급했듯, 두려움과 놀이는 일반적으로 서로 어울리는 조합이 아니기 때문에 두려움을 가지고 놀라는 제안은 매우 흥미롭다. 그래서인지 이상하게 들리는 이 아이디어를 많은 사람이 즐기고 공감해 주는 것 같다.

자발적 불편함의 확장 버전인 안티 버킷 리스트는 각자

가 두려워하는 것에 초점을 맞춘 것이기에 스토아 철학에 추가하는 데 손색이 없다. 두려움을 찾아 나섬으로써 우리는 역경을 극복할 기회를 얻을 수 있다. 이는 본질적으로 자발적 불편함과 매우 비슷하다.

나는 이렇게 스토아 철학에 전통적인 명상법과 안티 버킷 리스트를 추가했다. 이 2가지 방법이 스토아 철학이 발전하는 데 조금이나마 도움이 되길 바란다. 이는 새롭고 급진적인 방법을 도입한 것이라기보다는 기존의 스토아주의 사상을 좀 더 발전시키고 확장한 것에 가깝다.

이 책에서 접한 스토아주의 사상이나 개념 가운데 가장 공감이 갔던 것들에 대해 생각해 보라. 당신은 그중 무엇을 좀 더 발전시키고 싶은가? 아니면 있는 그대로 유지하는 게 더 낫다고 보는가? 생각해 보기에 좋은 주제다.

철학적 개념을 결합하는 걸 좋아하는 나는 항상 새로운 아이디어를 모색한다. 중요한 것은 열린 마음이다.

epilogue

# 굳이
# 기다릴 이유가
# 있을까?

스토아 철학은 내 삶에 심오한 영향을 미쳤고, 결국 스토아주의에 관해 책까지 쓰게 만들었다! 이 책에서 나는 최대한 가볍고 접근하기 쉬운 방식으로 스토아주의를 공유하고자 최선을 다했다. 여기 소개된 방법과 사상이 독자 여러분의 공감을 불러일으킬 수 있기를 진심으로 바란다. 스토아주의를 제대로 실천하면 인생이 바뀔 수 있다. 이런 철학 사상을 여러분과 공유할 수 있게 되어 다행이다.

이 책을 쓰는 동안 나는 스토아주의라는 철학을 더 깊이 이해할 수 있었을 뿐만 아니라 시대를 초월한 지혜에 끊임없이 깊은 감명을 받았다. 나는 항상 새로운 것을 배우면 실생활에 적용하고 그 개념을 시험해 보는 걸 좋아한다. 애완 바나나 산책부터 셀프 추방까지, 스토아주의 개념을 실제 행동으로 옮기는 과정에서 많은 재미를 느꼈기에 앞으로도 나의 도전은 멈추지 않을 것이다. 그러니 여러분도 계속해서 관심을 가져 주길 바란다!

정신력을 키우고자 스토아주의에 입문했지만, 결국엔 이 철학이 그보다 훨씬 더 많은 것을 품고 있다는 사실을 깨달았다. 스토아 철학에 담긴 개념들은 현대인의 삶에 너무나 잘 들어맞을 뿐만 아니라 수많은 상황에서 길잡이가 되어 준다. 또한 다양한 주제들을 깊이 있게 다루고 있어 인생을 살아갈 때 참고할 만한 기틀을 마련해 준다. 나는 진심으로 스토아 철학이 인류를 더 나은 방향으로 변화시킬 수 있다고 믿는다. 스토아 철학은 사람들이 자신의 인격을 되돌아보고 자신의 행동에 책임을 지도록 장려한다. 이뿐만이 아니다. 주변 사람들을 용서하고 주어진 삶에 더 깊이 감사하는 마음을 가지도록 하며, 의미 있는 방식으로 자연과 교감하고 타인에게 공감하도록 장려하기도 한다. 우리 모두가 아주 조금이라도 스토아주의자처럼 생각한다면 세상은 지금보다 더 나은 곳이 될 것이다.

그러니 시간을 내어 주변의 아름다움을 감상해 보라. 걸음을 멈추고 장미 향기를 맡아 보라. 인생은 언젠가 끝이 나고, 그럼 더 이상 피자를 먹을 수 없게 될 거란 걸 기억하라. 미래는 불확실성의 연속임을 기억하라. 그리고 우리가 통제할 수 있는 일은 거의 없다는 사실을 기억하라. 하지만, 괜찮다. 당신에게는 어떤 어려움에도 맞설 수 있는 힘이 있으며, 훈련을 통해 그 힘을 더욱 키울 수 있다. 외부 사건에 어떻게 대응할 것이냐 그리고 어떤 사람이 될 것이냐에만 집중하라. 그리하면 세상이 아무리 혼란스럽고 통제 불능인 것처럼 보일지라도 어떻게든 통제력을 되찾을 수 있다. 또한 정신력을 키우고 삶에 깊은 만족감을 느끼는 사람이 되어 앞으로도 이 고대 철학을 실천하며 살 수 있을 것이다.

최고의 행운이 당신과 함께하길 바란다!

"자신에게 가장 좋은 것인 줄 알면서

굳이 기다릴 이유가 있는가?"

— 에픽테토스 —

## 스토아주의 추천 도서 목록

스토아 철학을 더 자세히 이해하려면 고전 원문을 읽는 것이 필수다. 그 어떤 2차 저작물도 원문을 능가할 수 없기 때문이다.
스토아학파의 사상을 깊이 있고 명확하게 이해할 수 있도록 추천 도서 목록을 만들었다. 자유롭게 선택해서 읽으면 된다. 하지만 스토아학파의 저서부터 읽는 것을 추천한다.
참고로 스토아학파의 저서는 다양한 번역본이 존재한다. 그래서 그냥 내 마음에 드는 번역본을 선택했다. 이 책에 나오는 수많은 인용문은 다양한 출처에서 나왔으며, 그중에 상당수는 아래 목록에 포함되어 있다.

※한국에서 출간된 책은 별표(*) 표시와 함께 표기해 두었다.

### 스토아학파가 저술한 책

Aurelius, Marcus. *Meditations*. (Gregory Hay's transltion) Weidenfeld and Nicholson, 2004.
마르쿠스 아우렐리우스의 《명상록》은 스토아 철학에서 가장 중요한 문헌이자 역사상 가장 중요한 철학서 가운데 하나다. 스토아주의 입문서로서 손색이 없다. 게다가 이 책에서 수도 없이 언급한 책이니 꼭 한번 읽어 보길 바란다!
*마르쿠스 아우렐리우스, 《명상록》, 박문재 옮김(현대지성, 2018).

Epictetus. *Discourse and Selected Writings*. Penguin Books, 2008.(국내 미발간)
에픽테토스의 《담화록》은 다양한 주제에 관한 짧은 글을 모아 둔 책으로 마치 고대 블로그 같다. 《엥케이리디온》이라는 삶의 지침이 담긴 소책자도 이 판본에 포함되어 있다(별도로 구입할 수도 있다). 둘 다 시대를 초월한 지혜로 가득한 걸작이다.

Seneca. *Letters from a Stoic*. Penguin Books, 2004.(국내 미발간)
《스토아 철학자의 편지》는 세네카가 친구 루실리우스에게 쓴 편지를 엮은 책이다. 다양한 주제가 등장하며 오늘날에도 유효한 인생의 조언으로 가득하다. 나는 이 책을 읽고 세네카를 로마의 '오프라 윈프리'라고 생각하게 되었다.

Seneca. *On the Shortness of Life*. Penguin Books, 2004.
세네카의 《인생의 짧음에 관하여》는 제목 그대로 인생이 얼마나 짧은지와 왜 낭비해서는 안 되는지에 대한 내용이다. 빠르게 읽을 수 있어 세네카의 사상을 맛보기에 좋다.
* 세네카, 《세네카의 행복론》, 천병희 옮김(숲, 2015).

Rufus, Musonius. *That One Should Disdain Hardships: The Teachings of a Roman Stoic*. Yale University Press, 2020.
《고난을 대수롭지 않게 여겨야 한다: 어느 로마 스토아 철학자의 가르침》은 루푸스의 짧은 글들을 모은 책이다. 책 말미에는 루푸스가 남긴 명언과 격언도 수록되어 있다. 짧지만 다양한 주제를 다루고 있다. 강력 추천한다.
* 가이우스 무소니우스 루푸스, 《소박한 삶: 어느 스토아 철학자의 건강한 생활 원칙》, 서미석 옮김(유유, 2023).

### 스토아주의에 관한 책

시중에 스토아주의에 관한 책이 넘쳐 나다 보니 읽어 보기도 전에 질리기 십상이다. 그러나 여기서 추천하는 책들은 현대 사회에 스토아학파의 지혜를 전파하는 데 엄청난 역할을 하고 있는 것들이다. 내가 가장 좋아하는 책들로만 추렸다. 이 책들은 스토아주의라는 고대 철학을 훌륭하게 소개하고 있을 뿐만 아니라 모두 쉽게 읽힌다.

Hanselman, Stephen and Holiday, Ryan. *The Daily Stoic*. Portfolio, 2016.
1년 365일 동안 하루에 하나씩 읽을 수 있도록 스토아학파의 명언과 그 명언을 간략하게 설명해 놓은 글들을 모은 책이다. 하루 일과에 끼워 넣는 데 안성맞춤이다. 아침에 인용문 하나를 읽고 하루 동안 이에 대해 묵상해 보라. 완벽하지 않은가!
*라이언 홀리데이, 스티븐 핸슬먼, 《데일리 필로소피: 아침을 바꾸는 철학자의 질문》, 장원철 옮김(다산초당, 2021).

Hanselman, Stephen and Holiday, Ryan. *Lives of the Stoics*. Portfolio, 2020.
스토아 철학사에서 중요한 모든 인물을 상세히 다루고 있는 책이다. 뿐만 아니라 잘 알려지지 않은 스토아 철학자들도 소개해 준다. 스토아학파의 역사와 기원에 관심이 있는 사람들에게 추천한다.
*라이언 홀리데이, 스티븐 핸슬먼, 《스토아 수업: 철학은 어떻게 삶의 기술이 되는가》, 조율리 옮김(다산초당, 2021).

Robertson, Donald. *How to Think Like a Roman Emperor*. Griffin, 2020.
로마 황제이자 스토아 철학자였던 마르쿠스 아우렐리우스의 생애를 탐구한 책이다. 역사상 가장 유명한 스토아주의자에 대해 더 많은 것을 알고 싶은 사람들에게 적극 추천한다.
*도널드 로버트슨, 《로마 황제처럼 생각하는 법: 스토아주의자는 어떻게 위대한 황제가 되었을까》, 석기용 옮김(황금거북, 2022).

Robertson, Donald. *Stoicism and the Art of Happiness*. Teach Yourself, 2018.(국내 미발간)
도널드 로버트슨이 쓴 또 다른 책으로 스토아주의라는 철학을 전반적으로 깊이 있게 다룬 역작이다. 현직 인지행동 치료사로 활동하고 있는 저자는 현대 심리

치료에 관한 전문 지식과 고대 역사를 결합해 정확한 지식을 전달한다.

Pigliucci, Massimo. *How to be a stoic: Using ancient philosophy to live a modern life*. Random, 2017.
스토아 철학을 폭넓게 이해하는 데 도움이 되는 훌륭한 책이다. 주요 주제를 깊이 있게 다루며, 설명이 간결하고 명확하며 정확하다. 스토아 철학이 어렵게 느껴졌던 사람들에게 추천한다.
*마시모 피글리우치, 《그리고 나는 스토아주의자가 되었다: 성격 급한 뉴요커, 고대 철학의 지혜를 만나다》, 석기용 옮김(든, 2019).

Pigliucci, Massimo. *The Stoic Guide to a Happy Life: 53 Brief Lessons for Living*. Rider, 2020.
에픽테토스의 《엥케이리디온》을 현대적으로 재해석한 책이다. 정말이지 놀라운 일을 해낸 마시모는 우리 시대 가장 위대한 스토아 사상가로 역사에 길이 남을 것이다. 꼭 한 번 읽어 보길 권한다. 특히 에픽테토스의 팬이라면 말이다.
*마시모 피글리우치, 《가장 단호한 행복: 삶의 주도권을 지키는 간결한 철학 연습》, 방진이 옮김(다른, 2020).

Irvine, William B. *A Guide to the Good Life: The Ancient Art of Stoic Joy*. Oxford University Press, 2008.
스토아주의를 속속들이 파헤친 최고의 개론서로, 문체가 아름다워 개인적으로 정말 좋아하는 책이다. 단언컨대 읽고 나면 정말 많은 것을 얻을 수 있다.
*윌리엄 B. 어빈, 《좋은 삶을 위한 안내서》, 이재석 옮김(마음친구, 2022).

Irvine, William B. *The Stoic Challenge: A Philosopher's Guide to Becoming Tougher, Calmer and More Resilient*. W.W. Norton & Company, 2021.
역경에 대처하는 법과 어려움을 도전적으로 재구성하는 법을 중점적으로 다룬 책이다. 매우 실용적이며 실생활에서 시험해 볼 수 있는 내용들로 가득하다. 내 책을 재미있게 읽었다면 이 책도 재밌고 유익할 것이다.

* 윌리엄 B. 어빈, 《좌절의 기술: 철학은 어떻게 삶을 버티게 하는가》, 석기용 옮김(어크로스, 2020).

Holiday, Ryan. *The Obstacle is the Way: The Ancient Art of Turning Adversity to Advantage*. Profile Books Ltd, 2015.
수많은 이들에게 스토아주의에 입문하는 계기가 된 훌륭한 책이다. 스토아주의를 널리 알리는 데 큰 역할을 한 명작이다. 저자는 스토아주의자답게 인생의 장애물과 역경을 우아하고 능숙하게 처리하는 데 초점을 맞추고 있다.
* 라이언 홀리데이, 《돌파력: 스토아 철학에서 배우는 '스스로 운명을 바꾸는 힘'》, 안종설 옮김(심플라이프, 2017).

Goodman, Rob. *Rome's Last Citizen: The Life and Legacy of Cato, Mortal Enemy of Caesar*. St. Martin's Griffin, 2014.(국내 미발간)
카토의 삶을 매혹적인 시각에서 탐구한 책이다. 한 스토아 철학자의 흥미로운 인생사를 통해 어떻게 인생을 살아야 할지에 대한 통찰력을 제공한다. 스토아학파의 역사를 더 깊이 알고 싶은 사람들에게 추천한다.

Hadot, Pierre. *The Inner Citadel: The Meditations of Marcus Aurelius*. Harvard University Press, 2001.
마르쿠스 아우렐리우스의 삶과 철학을 더 깊고 자세하게 들여다보고 싶은 사람들에게 추천한다. 약간 학술적이긴 하지만, 실제로 무언가를 깊이 있게 탐구하려는 사람들에겐 딱 맞는 책이다. 스토아주의 커뮤니티에서 유명한 책으로 이 책을 안다는 사실만으로 인정받을 수도 있다.
* 피에르 아도, 《명상록 수업: 마르쿠스 아우렐리우스의 공부와 그의 시대》, 이세진 옮김(복복서가, 2023).

## 심화 추천 도서

스토아학파가 저술한 책과 스토아주의에 관한 책을 모두 독파한 다음 여기서 한 걸음 더 나아가고 싶은 사람들에게 추천하는 도서 목록이다. 여기엔 스토아주의에 국한하지 않고 일반 철학 서적을 비롯해 앞서 언급한 모든 책을 포함시켰다. 이중에는 스토아주의와 연결고리가 약한 책도 있지만 상호 보완적인 측면에서 도움이 되리라 믿는다.

Edgley, Ross. *The Art of Resilience*. HarperCollins, 2020.(국내 미발간)
정말로 영감을 주는 책이다. 수영으로 영국 본토를 완주한 로스 에글리의 여정은 독자들이 자신만의 도전을 찾아 나서도록 열정에 불을 지필 것이다. 또한 이 책엔 스토아 철학을 배경으로 한 실용적인 아이디어가 가득하다. 로스는 '현대적인 스토아주의자'의 본보기로 손색이 없다. 로스의 겸손함과 근면 성실함에 대해 읽고 나면 의지가 불타오를 것이다. 오늘날 스토아주의를 활용해 어떤 위대한 일을 해낼 수 있는지 보여 주는 훌륭한 책이다.

Frank, Anne. *The Diary of a Young Girl: The Definitive Edition of the World's Most Famous Diary*. Penguin Books, 2012.
안네의 일기는 심금을 울린다. 일기가 얼마나 훌륭한 도구가 되고 힘이 되는지 여실히 보여 주는 책이다. 아무리 추천해도 지나치지 않다.
* 안네 프랑크,《안네의 일기》, 배수아 옮김(책세상, 2021).

Itzler, Jesse. *Living with a SEAL: 31 Days Training with the Toughest Man on the Planet*. Center Street, 2016.(국내 미발간)
이 책은 앞서 언급했듯이 현대적인 자발적 불편함의 좋은 예를 보여 준다. 네이비실과 동거하는 것은 다소 극단적인 방법이지만 놀랍도록 재미있는 읽을거리를 제공한다.

Cathcart, Thomas and Klein, Daniel. *Plato and a Platypus Walk into a*

*Bar: Understanding Philosophy Through Jokes*. Penguin Books, 2008.(국내 미발간)
철학을 재미있고 쉽게 공부하고 싶은 사람을 위한 책이다! 쉴 새 없이 쏟아지는 농담에 읽는 내내 입가에서 미소가 떠나지 않을 것이다. 강력 추천한다.

Cathcart, Thomas and Klein, Daniel. *Heidegger and a Hippo Walk Through Those Pearly Gates: Using Philosophy (and Jokes!) to Explore Life, Death, the Afterlife, and Everything in Between*. Penguin Books, 2010.
바로 위에 소개한 책의 속편으로, 토머스 캐스카트와 대니얼 클라인의 코미디와 철학을 결합한 책이다. 위의 책만큼이나 재치 있고 예리하며 재밌다. 다양한 출처에서 얻은 지혜로 가득한 동시에 술술 읽힌다.
*토머스 캐스카트, 대니얼 클라인, 《시끌벅적한 철학자들 죽음을 요리하다》, 윤인숙 옮김(함께읽는책, 2010).

Evans, Jules. *Philosophy for Life and Other Dangerous Situations*. Rider, 2012.
스토아주의뿐만 아니라 다양한 철학 사조를 깊이 있게 다룬 훌륭한 책이다. 스토아주의에서 벗어나 철학의 세계를 전체적으로 살펴보기에 좋다.
*줄스 에반스, 《철학을 권하다: 삶을 사랑하는 기술》, 서영조 옮김(더퀘스트, 2012).

Russell, Bertrand. *History of Western Philosophy*. Routledge, 2004.
이 한 권의 책에 철학의 모든 것이 담겨 있다. 소크라테스 시대부터 현대에 이르기까지 모든 것을 학문적으로 설명한다. 역사상 가장 중요한 철학 서적이며, 서양 철학을 하나로 정리한 놀라운 결과물이라 할 수 있다. 대학에서 철학을 전공하는 이들에게는 필독서다.
*버트런드 러셀 지음, 《러셀 서양철학사》, 서상복 옮김(을유문화사, 2020).

Macaro, Antonia. *More Than Happiness: Buddhist and Stoic Wisdom for a*

*Sceptical Age*. Icon Books, 2018.(국내 미발간)
불교와 스토아주의를 비교한 책이다. 읽다 보면 얼마나 유사점이 많은지 놀라울 따름이다! 안토니아가 이 일을 훌륭히 해낸 덕분에 재밌게 읽을 수 있다.

Wright, Robert. *Why Buddhism is True: The Science and Philosophy of Meditation and Enlightenment*. Simon & Schuster, 2018.
개인적으로 가장 좋아하는 불교 관련 서적이다. 빼어난 문체로 진화심리학의 관점에서 세상을 바라본다. 불교와 스토아주의 사이의 실질적인 유사점을 발견해 나가는 과정이 흥미롭고 재밌다!
*로버트 라이트, 《불교는 왜 진실인가: 진화심리학으로 보는 불교의 명상과 깨달음》, 이재석, 김철호 옮김(마음친구, 2019).

Harris, Russ. *The Happiness Trap: How to Stop Struggling, Start Living*. Trumpeter, 2008.
앞서 언급한 수용전념치료에 대해 더 공부하고 싶은 사람들에게는 이만한 책이 없다. 이 치료법을 자세히 알아보고 싶은 사람들에게 추천한다. 정말 잘 쓰인 책이라 부정적인 내면적 대화 구조를 바꾸고자 하는 사람들에게 특히 도움이 될 것이다.
*러스 해리스, 《행복 전환 연습: 행복의 함정에서 벗어나는 법》, 김미옥 옮김(마인드빌딩, 2023).

Wilding, Christine. *Cognitive Behavioural Therapy*. Teach Yourself, 2015.(국내 미발간)
인지행동치료에 대해 더 공부하고 싶은 사람들에게 추천하는 책이다. 이해하기 쉽게 쓰였으며, 머릿속에 있는 부정적인 생각을 이성과 논리로 한 방에 날려 버릴 수 있다!

## 스토아주의에 관한 온라인 자료

온라인에서 스토아주의에 관한 정보를 얻을 수 있는 곳은 너무나도 많다. 유튜브 동영상, 팟캐스트, 블로그, 소셜 미디어 계정 등 다양한 선택지가 있지만, 제공하는 정보의 질은 천차만별이다. 어디로 가야 할지 몰라 갈팡질팡하고 있다면 개인적으로 www.modernstoicism.com과 www.dailystoic.com을 추천한다. 한동안은 게시물을 읽느라 시간 가는 줄 모를 것이다.

## 스토아주의 주요 용어 정리

여기엔 필요할 때마다 빠르게 찾아볼 수 있도록 스토아주의 주요 용어를 간략히 정리해 두었다. 앞서 언급한 용어 외에 무작위로 추가한 내용은 없으니 걱정하지 않아도 된다.

**에우다이모니아eudaimonia**

스토아주의의 목적이다. 본질적으로 행복, 평온, 균형, 번영, 웰빙 등을 뜻한다.

**아레테aretê**

매 순간 자신에게서 이끌어 낼 수 있는 최선의 모습으로 살아가는 것이다.

**무관심indifferences**

여기에 해당하는 것들은 본질적으로 좋지도 나쁘지도 않지만, 일반적으로 볼 때 (대부분) 우리가 통제할 수 없는 것들이다. 돈, 평판, 건강, 외모 등이 있다.

**선호할 만한 무관심의 대상들preferred indifferences**

이것들이 무관심해야 할 영역에 속한다는 사실은 변함이 없지만, 건강한 신체나 두둑한 지갑 등 일반적으로 인간이라면 더 선호할 만한 대상을 가리킨다.

**기본 덕목The Cardinal Virtues**

스토아학파가 삶의 지침으로 삼은 네 가지 덕목 즉, 용기, 지혜, 정의, 절제를 가리킨다. 가발을 쓰고 절제된 삶을 사는 스토아 사자를 아직 기억하는가?!

**오이케이오시스oikeiôsis**

타인을 더 친밀하게 대하고 자신의 일부로 받아들이는 것이다. 낯선 사람을 가족이나 친척처럼 보살피는 것으로, 이를테면 크리스마스에 가난한 이웃을 외면

하지 않는 것이다.

**프로소케prosochê**
주의 혹은 마음챙김. 쉽게 말해 어떻게 행동해야 할지를 의식하는 것이다. 현재를 충실히 사는 것과 비슷한 개념이지만 순간순간 자신의 마음에 더 초점을 맞추는 걸 말한다.

**아파테이아apatheia**
감정을 통제하고 격렬한 감정에 사로잡히지 않을 수 있는 능력을 뜻한다. 감정을 억누르는 것이 아니라 통제하는 능력이다.

**프로파테이아propatheia**
원초적인 반응. 예를 들어 누군가 우리를 깜짝 놀라게 했을 때 펄쩍 뛰어오르는 것 같은 반응을 가리킨다. 지극히 정상적인 행동이다.

**심파테이아sympatheia**
인류 전체, 자연, 우주 간의 상호 연결성.

**열정passions**
격렬한 부정적인 감정.

**스토아 포이킬레Stoa Poikile**
제논을 비롯해 그리스 스토아학파의 지도자들이 강연하던 아테네 북쪽에 위치한 거대한 채색 주랑.

**통제의 이분법The Dichotomy of Control / 스토아주의 황금률The Stoic Golden Rule**
외부에서 벌어지는 일을 통제할 수는 없지만 우리가 어떻게 대응할지는 선택할 수 있다.

**자연과 조화를 이루는 삶Living in Agreement with Nature**

논리와 이성에 따라 사는 것.

**후펙사이레시스hupexairesis**

'스토아주의 보류 조항'이라고도 알려진 이 용어는 본질적으로 인생에서 보장되는 것은 아무것도 없다는 사실을 스스로에게 상기시키는 것이다. 미래에 대한 계획을 이야기할 때 문장 끝에 덧붙이는 '운명이 허락한다면'과 비슷한 개념이다.

**동의에 관한 학문Discipline of Assent**

인생을 살아가는 방식에 논리와 이성을 적용하는 것이다. 격렬한 감정에 휩싸였을 때 통제력을 유지하고 정보에 입각한 판단을 내리는 능력을 뜻한다.

**행동에 관한 학문Discipline of Action**

스토아 윤리학에 기반하여 우리의 행동에 초점을 맞추는 학문이다. 나와 인류와의 관계도 살펴본다.

**욕망에 관한 학문Discipline of Desire**

우리가 통제할 수 있는 것과 없는 것을 살펴보고, 우주적 질서라는 관점에서 사고하도록 장려한다.

**아모르파티Amor Fati**

운명에 대한 사랑. 본질적으로 우리에게 일어나는 모든 일을 포용하는 능력을 뜻한다.

**메멘토 모리Memento Mori**

'당신도 언젠가 죽는다는 사실을 기억하라'는 뜻의 라틴어 문구.

**아스케시스askêsis**

'훈련'을 뜻함.

앞서 살펴본 인생을 뒤바꿀 10가지 방법을 간단히 요약하면 다음과 같다.

### 1. 자발적 불편함을 추구하라

의도적으로 (심리적) 안전지대에서 벗어나 다양한 방식으로 불편함을 견뎌 냄으로써 정신력을 키울 수 있다.

### 2. 있는 그대로 바라보라

외부 사건을 어떻게 판단하느냐는 인생을 살아가는 방식에 큰 영향을 미칠 수 있다. 우리 정신이 외부 세계를 어떻게 인식하는지, 내면적 대화의 패턴은 어떤지 주의 깊게 살펴봐야 한다.

### 3. 운명을 사랑하라

크고 작은 역경을 마주할 때 우리가 올바른 마음가짐으로 상황에 대처하는지 점검해야 한다. 통제할 수 없는 것보다 통제할 수 있는 것에 초점을 맞추고, 어떻게 대응할 것이냐에 집중해야 한다.

### 4. 스스로를 돌아보라

매일매일 인생을 돌아보면 인격적으로 성숙할 수 있다. 내면을 성찰하다 보면 자신을 더 잘 이해하게 되고, 더 나은 삶을 살기 위해 어떤 노력이 필요한지 파악할 수 있다.

### 5. 역할 모델을 찾아라

인생에서 긍정적인 역할 모델과 부정적인 역할 모델을 찾아야 한다. 그들의 행동을 기준으로, 해야 할 일과 하지 말아야 할 일을 구별해야 한다.

### 6. 부정적인 상황도 염두에 두어라

실패하거나 실수할 가능성을 미리 생각해 두면 앞으로 일어날 일에 선제적으로 대비할 수 있다. 또한 가지고 있는 것을 상실했을 때 어떨지 생각해 보면 자신에게 주어진 모든 것들에 더 깊이 감사하는 마음을 가질 수 있다.

### 7. 내 마음만은 내가 통제할 수 있다

부정적인 감정이 치밀어 오를 때는 반응을 늦추고 감정을 가라앉힐 시간을 갖는 것이 현명하다. 외부 사건에 신중하게 반응하고 감정을 통제하는 능력은 매우 중요하다.

### 8. 상대하기 힘든 사람을 만났을 때

살면서 상대하기 어려운 사람들을 만나는 건 당연한 일이다. 이때 어떻게 대응할지는 스스로 선택할 수 있다. 자신의 대응 방식에만 집중하라. 그리고 부정적인 인간관계를 자신의 인격을 테스트하는 기회로 삼아라. 더 나아가 우리는 모두 같은 인간이라는 사실을 기억하라. 특히 상대하기 어려운 사람들을 대할 때는 이 공통분모에 초점을 맞춰야 한다.

### 9. 언젠가는 죽는다는 사실을 기억하라

우리 모두 언젠가는 죽는다는 사실을 깊이 생각하면 주어진 삶이 그 자체로 더욱 감사하게 느껴진다. 죽음을 기억하는 것은 우리가 목적의식과 감사한 마음을 가지고 살아가는 데 도움이 된다.

### 10. 우주적 관점을 지녀라

멀리서 보면 우리 인생이 얼마나 짧은지 깨닫게 된다. 우주적 관점에서 보면 우리에게 허락된 시간은 많지 않다. 따라서 주어진 시간을 현명하게 사용해야 한다. 자연과 적극적으로 교감하고 지역사회의 활동에 적극적으로 참여할 때 주변에 존재하는 모든 것과 더 깊은 유대 관계를 형성할 수 있다.

# 감사의 글

이 책이 세상에 나오기까지 도움을 주신 분들께 이 자리를 빌어 감사 인사를 전하고 싶다.

먼저 웰백 출판사에 감사드린다. 함께 일하는 동안 수많은 인재들과 협력하는 즐거움을 누릴 수 있었다. 이 책이 세상에 나오기까지 함께해 주신 웰벡 출판사의 모든 관계자 분들께 깊은 감사를 전하고 싶다. 감사합니다! 여러분의 노고에 진심으로 감사드립니다!

담당 에이전트였던 로버트 그윈 파머 씨는 함께 일을 시작한 첫날부터 든든한 나의 대변인이 되어 주었다. 그와 같이 또 다른 책을 출간하게 되어 매우 기쁘다. 이 모든 과정 내내 현명한 조언을 아끼지 않은 파머 씨께 깊은 감사를 드린다. 파머 씨 같은 사람을 내 편으로 두게 되어 영광이다.

이 책이 나오기까지 지혜와 조언을 아끼지 않았던 조랄에게도 진심 어린 감사를 전한다. 그녀가 없었다면 이 모든 일은 불가능했을 것이다. 다시 한 번 함께 일할 수 있게 된 것은 정말이지 큰 행운이었다. 그녀가 맡은 바 역할을 너무나도 훌륭하게 수행해 준 덕분에 세상과 공유할 수 있는 진정으로 자랑스러운 결과물이 나왔다.

케이트 라쌈이라는 훌륭한 편집자와 함께 작업할 수 있어 정말 좋았다. 함께 힘을 합쳐 첫 번째 책을 출간하고 다시 두 번째 책까지 같이하게 되어 너무 기쁘다. 유능한 편집자인 그녀 덕분에 많은 것을 배울 수 있었다.

책 쓰는 일을 열성적으로 지지해 준 친구들에게도 정말 감사하다. 심오한 철학적 대화를 할 때도, 힘들게 암벽 등반을 하거나 얼음물에 입수할 때도, 그냥 하릴없이 사람들과 어울리며 바보처럼 행동할 때도, 한결같이 나를 응원해 주는 친구들이 그토록 많다는 사실만으로 나는 참 복이 많은 사람이란 걸 느꼈다. 모두에게 감사를 전한다(이름은 따로 말하지 않아도 다 알 것이다!).

이 책을 쓰는 내내 조언을 아끼지 않으신 어머니와 아버지께도 특별한 감사를 드린다. 부모님이 지금껏 베풀어 주신 모든 은혜에 그리고 시간을 내어 내 책을 읽어 주신 것에 대해 정말 감사드린다. 어머니, 아버지 두 분은 내게 영웅이나 다름없다!

그리고 사랑하는 아내이자 스토아주의자인 헬렌! 무슨 일을 하든 변함없이 나를 지지해 주는 그녀가 매번 놀라우면서도 감사하다. 내가 에베레스트산 높이만큼 계단을 오르락내리락하는 등 말도 안 되는 짓을 벌일 때도 그녀는 언제나 응원해 주었다. 그런 아내가 옆에 있다는 건 평생 감사해야 할 일이다. 그뿐만이 아니다. 이 책이 나오기까지 헬렌은 원고를 교정하는 일 외에도 지혜로운 조언과 아이디어로 많은 도움을 주었다. 그래서 더욱더 감사하다!

그리고 마지막으로 독자 여러분께 깊은 감사의 말씀을 전하고 싶다. 그렇다, 바로 당신에게 말이다! 이 책을 읽어 주는 여러분 덕분에 나는 작가의 꿈을 이룰 수 있었다. 읽어 주는 사람이 없다면 이 모든 얘기는 혼잣말에 불과할 것이다. 나와 이 여정을 함께해 준 것에 대해 진심으로 감사드린다.

옮긴이 김지연

KAIST 경영과학과 졸업 후 미국 듀케인대학교에서 레토릭 및 커뮤니케이션 철학을 공부하고 석사 학위를 받았다. 다년간 번역가로 활동하였으며, 현재 번역에이전시 엔터스코리아에서 전문 번역가로 활동하고 있다.
주요 역서로는 《정확히 읽어내는 타로 리딩》《프로방스에서의 25년: 영국 이방인의 애정 어린 눈에 비친 프랑스 남부 시골 마을의 유쾌한 일상》《외로움의 해부학》《발견의 시대: 신 르네상스의 새로운 기회를 찾아서》《알렉산더 해밀턴: 현대 자본주의 미국을 만든 역사상 가장 건설적인 정치가(공역)》《영향력과 설득: 말솜씨가 없어도 사람의 마음을 얻는 법》《더미를 위한 밀레니얼 세대 인사관리》《놀라움의 힘》 등이 있다.

바나나 산책시키기

1판 1쇄 인쇄 2024년 5월 10일
1판 1쇄 발행 2024년 5월 30일

지은이 | 벤 알드리지
펴낸이 | 이정훈 · 정택구
책임편집 | 박현아
펴낸곳 | (주)혜다
출판등록 | 2017년 7월 4일(제406-2017-000095호)
주소 | 경기도 고양시 일산동구 태극로11 102동
대표전화 | 031-901-7810
팩스 | 0303-0955-7810
홈페이지 | www.hyedabooks.co.kr
이메일 | hyeda@hyedabooks.co.kr

인쇄 | (주)재능인쇄

ISBN 979-11-91183-30-6 03190